JN485376

시각적으로 협업하라

회의와 프로젝트, 프로세스를 위한 강력한 도구 모음

올레 퀴스트-쇠렌센과 로아 보스트루프 지음
Ole Qvist-Sørensen and Loa Baastrup

소피 린 메스테르톤 그림
Sofie Lind Mesterton

조순익·김민재 옮김

“『시각적으로 협업하라』는 시각적 과정을 촉진하고, 구조와 프로세스, 기술과 질문의 균형을 맞추며, 시작부터 규모 조율에 이르는 과정을 인식하는 방법을 보여주는 최고의 예시 중 하나다. 이 모든 사례들은 매력적인 스타일의 삽화만으로도 자체적인 교훈을 전해준다.”

데이비드 시베트, 그로브 컨설턴트 인터내셔널 창립자 겸 최고경영자, 『비주얼 팀(Visual Teams)』, 『비주얼 미팅(Visual Meetings)』, 『비주얼 리더(Visual Leaders)』, 『비주얼 컨설팅(Visual Consulting)』의 저자.

“이 책은 특별하다. 쉽게 읽히는데도 미묘한 뉘앙스와 깊이가 느껴져 초심자와 숙련된 실천가 모두에게 유익하다. 조직의 변화와 활성화, 소통, 집단 작업에 관심이 있다면 누구에게든 잘 맞을 책이다. 시각 협업은 카오스필롯에서 오랫동안 진행해온 핵심적인 교육 방식이었을 뿐만 아니라, 우리 학생들이 배우는 핵심 기술 중 하나이기도 하다. 우리는 이런 책을 기다려왔다.”

크리스테르 윈델뢰우-리드셀리우스, 카오스필롯(Kaospilot) 교장

“나는 회사에서 전략적 기업 관리를 주도하는 한 사람으로서 복잡한 문제들을 설명해야 할 상황에 놓일 때가 많다. 이런 상황에서는 시각적으로 그림을 그리는 게 좋은 방법이다. 그렇게 하면 서로가 서로의 개입을 유도해 공통된 이해에 도달할 가능성이 높아진다. 이 책은 조직의 복잡한 문제들을 다루는 기술을 개발하고 향상시키는 데 도움을 준다.”

레네 에이낭 플라크, 노르웨이 방송협회 프로젝트 감독

“시각 도구는 참여를 증진하고 소유권자의 주체성을 높여 대화를 활성화하는 방식으로 회의와 프로그램 및 프로세스를 관리하기에 효과적인 수단이다. 상상을 활성화하며 사회를 변화시키고자 하는 복잡한 조직과 모든 사람에게 더없이 훌륭한 영감의 원천!”

블리스 브라운, 이매진 시카고 대표 겸 창립자

“이 책의 저자들이 그야말로 우아하고도 손쉽게 자신들의 이론적 체계를 실천적 지침으로 해석해 제시하고 있다는 게 꽤나 인상적이다. 그들은 어렵게 들릴 수밖에 없는 ‘오토포이에시스’ 같은 개념을 매력적이고 대담하게, 사회적 과정을 이해하기에 영락없이 중요한 개념으로 제시한다.”

옌스 라스무센, 덴마크 교육대학교 교수

“협업은 사실상 모든 회사에서 핵심적으로 중요한 어려운 과정이다. 이 놀라운 책의 저자들은 그러한 협업을 쉽고 즐거운 과정으로 만들어놓았다.”

수니 브라운, 베스트셀러의 저자이자 인간 잠재력 자문가

“창조적 파괴와 창발적 생성의 세계에서, 모든 조직은 우리 모두가 원하고 필요로 하는 공동의 미래를 지향하며 상상해야 하는 도전에 직면한다. 이런 목표를 이루려면 다양한 관점을 시각화하며 공유하는 게 매우 중요하다. 이 책의 저자들은 수십 년간 ‘최첨단’ 시각 협업을 정의하고 실천해왔으며, 이 책에서는 향후의 모든 전략 개발과 프로세스 계획 및 시행 단계에 필수가 될 요소들을 풍부하게 나누고 있다. 이 책은 공동 참여와 시각적 통찰, 역량과 도구를 개발하기를 열망하는 모두에게 고전적인 참고자료가 될 것이다.”

톰 커밍스, 이사회 및 고위직 자문가, 『리더십 랜드스케이프(Leadership Landscapes)』의 저자

“이 책을 정말 재밌게 봤다. 시각 언어가 탄탄하다. 개념적으로 깔끔하고, 제시되는 도구들은 실속이 있으며 사용하기 쉽다. 조직에서 회의와 워크숍, 전략 과정을 설계하고 진흥하는 사람이라면 이 책을 필히 읽어야 한다.”

홀거 닐스 폴, 워크비주얼 인스티튜트 창립자, 『명료하게 만들기』의 저자, 비즈포키즈의 공동크리에이터

“복잡성과 혼란함과 속도가 우리를 압도하는 세상에서, 『시각적으로 협업하라』는 우리의 본능적인 시각 처리 능력이야말로 우리가 가진 가장 강력한 기술임을 일깨워준다. 팀 작업을 하는 이들에게 헤아릴 수 없는 가치를 갖는 책이다.”

리사 케이 솔로몬, 『임팩트의 순간(Moments of Impact)』과 『더 좋은 사업체를 설계하라(Design A Better Business)』의 공동 저자

“이 책은 복잡성을 포용하면서 여러 팀과 프로세스 및 문화를 아우르는 하나의 시각 언어로 개념과 사유를 표현하는 데 도움을 준다. 올바른 결정을 더 빨리 내리게 해주는 틀을 제공하는 이 책은 한 번 읽고 말 책이 아니다. 변화를 다루면서도 그야말로 당신의 팀을 모아 정연한 결과물을 만들 필요가 있을 때, 또는 그저 업무를 더 분명하고 재미있게 만들고 싶을 때 참고자료로 삼을 만한 책이다.”

브라이언 카이드, 에어테임 최고경영자

“활성가의 입장에서 내가 가장 높이 사는 이 책의 장점은 시각 언어 실무를 통해 단순한 생각이든 복잡한 생각이든 시각적으로 표현하는 법을 배워나가게 해준다는 데에 있다. 이제 나는 모든 회의와 워크숍에서 이런 기술을 즉각 활용할 수 있다. 다른 사람들도 어떤 시각적 접근이 만드는 차이를 보게 될수록 이 과정에 즐겁게 참여한다.”

타티아나 글라트, 임팩트 허브 암스테르담의 공동창립자 겸 디렉터

"이 책은 매우 교육학적이고 논리적인 방식으로 구성되어 있다. 명쾌하고 이해하기 쉬우며 삽화가 풍부해서, 빠른 시일에 성공적인 드로잉을 경험하게 해준다. 저자들이 오랜 기간 프로세스 설계와 시각 활성화 실무를 통해 얻은 경험을 나누는 책이다. 지도자와 프로세스 설계자, 교육자, 그리고 배움에 관심이 있는 모든 이들에게 『시각적으로 협업하라』를 강력 추천한다."

로테 다르쇠, 오르후스 대학교 부교수, 『아트풀 크리에이션(Artful Creation)』의 저자

"『시각적으로 협업하라』는 놀랍고 새로운 형식으로 조직 내의 협업과 혁신을 할 수 있게 해준다. 나는 저자들과 여러 번 협업하는 특권을 누렸는데, 이 책은 누구든지 자기 업무에 자신만의 독특한 기술과 능력을 활용할 수 있게 해준다."

론 볼프, 트레이드시프트의 글로벌 앱 비즈니스 개발 부사장

"이 책은 드로잉과 시각화가 어떻게 협업의 폭을 늘려주는지를 보여준다. 우리가 복잡한 상황에서 일할 때 절실히 필요로 하는 책이다. 이 책은 필독서이자, 우리 회사에 없어서는 안 될 필수 도구의 일부가 되었다."

헨리크 샬리스, 이머징의 공동창립자 겸 수석 조직혁신 컨설턴트

"내가 시각 활성화를 처음 접했을 때는 컨설턴트가 의뢰인을 위해 그림을 그리고 시각화할 수 있는 능력은 있으면 좋은 덤이었다. 오늘날 그런 능력은 필수 요건이다. 이 책은 매우 인상적인데, 모든 컨설턴트의 책장에 꽂아 둬야 할 책이다!"

야콥 스토르슈, PhD, 기업가, 조인트 액션과 어트랙터의 창립자

"『시각적으로 협업하라』는 단지 읽기용이 아니라 활용하게 될 책이다. 나는 스케치를 더 잘하고 싶고, 시각화를 더 잘 활용하는 법을 배우고 싶다. 하나의 그림은 천 개의 단어만한 가치가 있다."

라스 콜린, 오티콘의 전직 최고경영자, 이사회 임원, 기업가, 『언보스(Unboss)』의 저자

"나는 참여 과정과 전략적 대화에 관한 프로세스 컨설턴트로서, 시각화가 집단적 이해와 기억을 증진한다는 걸 배웠다. 『시시각적으로 협업하라』는 시각 도구와 기법을 교육적이고 간단한 방식으로 활용하는 법을 전반적으로 알기 쉽게 설명한다. 이 책은 초심자부터 보다 숙련된 사용자에 이르기까지 다양한 경험 및 실무 수준을 지닌 독자들을 대상으로 한다."

모니카 니센, 프로세스 컨설턴트, 인터체인지의 공동창립자

"나는 『시각적으로 협업하라』에서 기술하는 방법들의 진화 과정을 초기부터 주시해왔다. 초심자에게든 숙련자에게든 조직과 공동체 내부에서 참여적이고 창조적인 방식으로 소통되는 협력적 혁신과 건설적 변화를 지원할 '대화의 시각화' 능력에 관한 핵심 메시지를 볼 수 있어서 기쁘다. 전략적 대화와 집단 지성에 대한 더 월드 카페의 접근이 세계적으로 확산할 수 있었던 건 이 분야에 중요하게 기여한 이 책의 접근법들로부터 엄청난 도움을 받았기 때문이다."

와니타 브라운, PhD, 더 월드 카페의 공동창립자

"『시각적으로 협업하라』는 회의와 워크숍을 조직하거나 주최할 때 활용할 보다 시각적인 접근법에 관심 있는 모든 이에게 영감을 줄 지침서다. 이 책은 새로운 시각 언어를 발견하는 단계부터 다른 사람들이 더 시각적으로 업무를 수행할 수 있게 해주는 단계까지 한걸음씩 독자를 안내한다. 독자는 실용적인 비법의 도움을 받을 뿐만 아니라, 어떤 종류의 회의와 워크숍에도 쉽게 맞춤화할 수 있는 기본 틀로부터 영감도 얻게 된다."

도나도 카르파렐리, 쉰들러 엘리베이디의 글로벌 제품 혁신 수석

Visual Collaboration: A Powerful Toolkit for Improving Meetings, Projects, and Processes
Copyright © 2020 by John Wiley & Sons, Inc
All Rights Reserved

Korean translation © 2020 by SPACETIME PUBLISHER
This translation published under licence with John Wiley & Sons, Inc.
through EYA(Eric Yang Agency)

이 책은 한국어판 저작권은 EYE(에릭양 에이전시)를 통한
John Wiley & Sons, Inc. 사와의 독점계약으로
시공문화사가 소유합니다.
저작권법에 의하여 한국 내에서 보호를 받는 저작물이므로
무단전재 및 복제를 금합니다.

표지 이미지: 소피 린 메스테르톤(Sofie Lind Mesterton)
표지 디자인: 토마스 마드센(Thomas Madsen)

『시각적으로 협업하라』에 오신 것을 환영합니다(Welcome to Visual Collaboration)

점점 늘어가는 복잡성을 관리하기 위한 참여적이고 효과적인 소통 과정을 찾고자 분투하는 조직들이 많습니다. 디지털 해법과 새로운 조직 구조를 시도하는 경우도 있고, 여전히 복잡한 조직에 요구되는 지속적인 협업을 장려할 도구들을 찾는 경우도 있습니다.

회의와 프로젝트 및 프로세스를 보다 참여적이고 효율적이며 강력한 효과가 느껴지게 운영하고 싶다면, 이 책에서 발견하게 될 도구들이 어디서든 사유와 소통과 협업을 강화해줄 것입니다. 『시각적으로 협업하라』는 누구든 배울 수 있는 간단한 드로잉을 비롯한 시각 도구와 기법을 활용해 어떤 유형의 조직이든 복잡한 프로젝트를 관리하고 혁신을 장려하게 도와줄 것입니다. 여러분이 각자의 업무에서 기초가 되는 시각 언어 능력을 튼튼히 계발할 수 있도록 도와줄 것입니다.

시각 정보를 전략적으로 활용하는 법을 처음 접하는 독자라면 이제부터는 업무에 임하는 사고방식을 흥미롭게 바꾸게 될 것입니다. 한편 시각 정보를 능숙하게 다루는 독자라면 이 책에서 제시하는 '시각 협업의 다섯 가지 구성단위(Five Building Blocks of Visual Collaboration™)'에서 독자 고유의 시각 언어 능력을 더 발전시키고 함께 일하는 팀의 시각 기술을 강화할 새롭고 체계적인 접근을 배우게 될 거라고 믿습니다.

이 책에서 독자는 사물과 사람, 장소, 과정뿐만 아니라 사용자 경험이나 사업 계획, 전략과 같은 복잡한 개념들을 그림으로 표현하는 법을 배우게 될 것입니다. 또한 회의나 프로젝트, 프로세스를 설계하는 법, 동료의 참여를 유도할 만큼 강력한 질문들을 정의하는 법, 그리고 어떤 대화에도 맞출 수 있는 시각적 템플릿을 만드는 법도 배우게 될 것입니다.

함께 그림을 그리면 함께 배우게 됩니다. 큰 그림이 시야에 들어오고, 모든 사람이 그 속에서 자신의 위치를 볼 수 있게 됩니다. 레고와 국제연합, 머스크, 이케아, 적십자와 같은 선두주자들은 이미 이런 업무 방식을 채택해서 성공을 거뒀지요. 여러분은 어떨까요?

목차

컬러로 표시된 다섯 장들은 시각 작업을 위한 실천 방법의 트레이드마크인 '시각 협업의 다섯 가지 구성단위'를 나타낸다. 나머지 장들은 시각 협업에 관한 다른 관점들을 제시한다.

당신이 점점 더 복잡한 상황에 놓이고 있는데 그에 맞지 않는 방법과 도구 기술에 갇혀있다고 느껴본 적이 있나요?

시각 협업의 다섯 가지 구성단위를 적용해보세요.

…그리고 생각과 소통, 협업을 강화하는 새로운 방식들로 업무를 시작하세요.

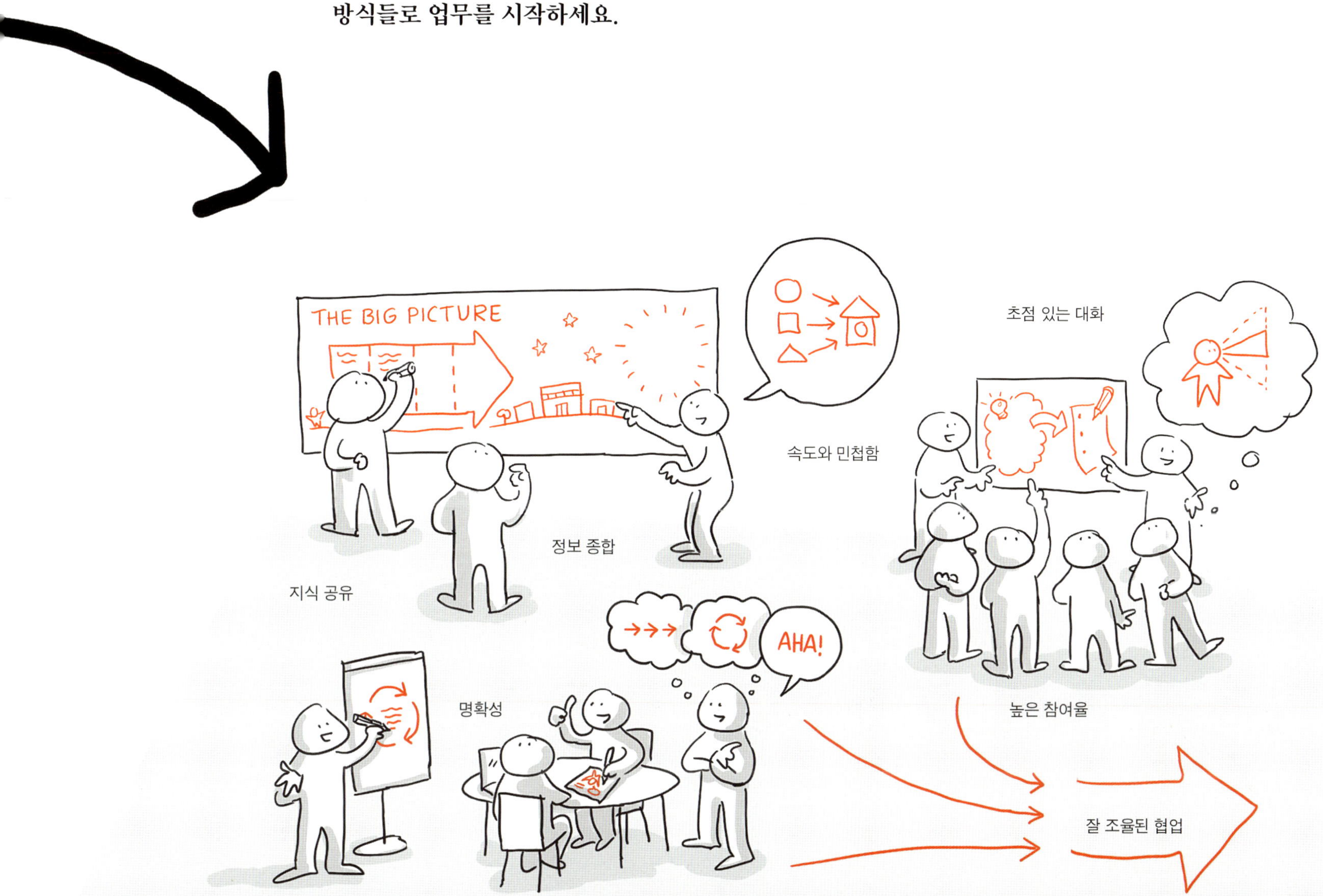

들어가며

한 눈에 보는 책 그림

목적: 사고방식, 소통방식
협업방식의 강화

목표: 시각 협업 준비 완료

왜 그리는가?

그림은 누구나 배울 수 있는 오래된 훈련으로서, 말이나 글보다 더 빠르게 두뇌에 인식된다. 우리는 그림을 그리면서 명확성을 만들어내고, 디지털화된 세계에서는 손으로 그린 그림들이 돋보이는 존재감을 드러낸다.

그림은 기억력을 높여준다

그림과 이미지는 우리의 기억 속에 각인된다. 정보를 듣기만 할 때는 3일이 지나고 나면 대개 10%밖에 기억하지 못한다. 그런데 거기에 이미지 하나가 더해지면, 대체로 65%를 기억할 수 있게 된다. 우리가 그림을 그리면서 그러한 시각의 압도적인 힘을 활용하는 것은 말이나 글보다 더 잘 기억될 수 있는 자료를 만들어내기 위해서다.

그림의 효과는 3만년 동안 지속되어왔다

인류는 글 쓰는 능력을 갖기 오래 전부터 그림을 그리고 있었다. 그리기는 이목을 집중시키고 입체감을 전달하는 오래된 훈련이다.

누구나 그리는 법을 배울 수 있다

우리들 대부분은 글쓰기를 배우기 오래 전부터 그림을 그렸다. 간단한 일러스트를 만들어내고 단어들과 그림들을 연결하면서 우리의 타고난 그리기 실력을 재발견할 수 있다. 그리기는 모든 인간이 보유한 능력이다.

그림은 명확성을 만들어낸다

어떤 아이디어를 그림으로 그리기 시작하는 순간, 명확해지는 과정이 시작된다. 아이디어의 내용은 구체화된다. 그리기 과정은 최초의 이해에 도전하고, 그것을 조정하고 개선하는 새로운 아이디어들을 촉발한다. 그렇게 만든 그림은 타인들과의 이해를 명확히 하는 도구로 기능할 수 있다. 그 내용에 대해 타인들과 대화를 나누면서 말이다.

그림은 개인적이다

그림은 특히 디지털화된 세계에서, 개인적이고 진짜인 것으로서 돋보이는 독특한 창조물이다.

그림은 상상을 활성화한다

꿈에 그리던 목적지로 드디어 여행을 떠났다고 상상해보자. 누구와 함께 여행하고 있는가? 어디로 여행을 가는가? 그곳에 가면 뭘 할 것인가? 당신은 그림을 통해 당신이 미래를 상상하는 방식을 타인들에게 빠르게 보여줄 수 있을 뿐만 아니라 함께 미래를 파악하고, 논하고, 그 윤곽을 그려볼 수 있다.

누가 어디서 그릴 수 있는가?

누구나 소통을 위한 효과적인 도구로서 그림을 활용할 수 있다. 기술은 그림을 그리고 조정하고 타인과 공유할 수 있는 새로운 수단을 제공해주었다.

누구나 그림을 활용할 수 있다

역할이나 기능과 상관없이 우리는 모두 그림을 즐길 수 있고 그림을 활용해 혜택을 얻을 수 있다.

어떤 상황에서도 그릴 수 있다

다음 회의나 워크숍 또는 컨퍼런스에서 과감히 그림을 그려보라. 그림이 신선한 관점을 가져다줄 것이다.

어디에든 대고 그릴 수 있다

회의 시설에는 대부분 화이트보드나 한 장씩 넘기는 플립차트가 있다. 지면상에 그림을 그릴 수 있다면 화이트보드에서도 적절한 마커를 이용해 그림을 그릴 수 있다. 디지털 인터페이스로 작업하는 건 약간 다르다. 컴퓨터를 쓰는 걸 좋아한다면 당신이 좋아하는 양질의 그림 프로그램을 찾아보라. 컴퓨터로 그림을 그리면 고치기도 쉽고 타인과 공유하기에도 좋다.

수요가 늘어나고 있다

우리가 공유하는 지식과 정보는 폭발적으로 늘어왔다. 사회 구조와 그 패턴은 종종 '과도하게 복잡하다(hypercomplex)'는 형용사로 묘사되고, 이런 복잡성을 탐색할 수 있는 도구의 수요는 점점 더 늘어난다. 지식과 정보를 시각적인 문법으로 구성하고 특수한 맥락에 맞는 시각 언어를 구축할 때, 우리가 활동하는 배경인 복잡한 시스템에 대한 이해를 증진하는 틀이 만들어진다. 그런 틀에 힘입어 우리는 더 큰 그림을 보고 그에 따라 결정을 내릴 수가 있다.

기술을 활용하면 쉽게 규모를 조정할 수 있다

지난 30년간 시각 자료를 활용하고 공유하고 탐색하는 기술은 놀라운 수준으로 발전해왔다. 이미 엄청나게 다양한 종류의 어플리케이션과 프로그램이 나와 있어서 손쉽게 시각적인 작업을 할 기회가 많다. 젊은 세대가 시각 정보에 더 민감한 만큼 그러한 시각 플랫폼은 앞으로 더 다양하게 늘어날 것이다.

왜 함께 그리는가?

더 큰 그림을 보려면 각자가 이해하는 것보다 더 큰 인식이 필요하다. 시각 협업은 우리가 함께 그림을 그려가며 다른 사람들의 관점을 배우고 공동의 책임과 소유권을 확립하는 일이다. 함께 그리는 그림은 서로 다른 문화 입장, 국경을 가로지르는 하나의 공통된 언어를 만들어낼 수 있다.

복잡한 문제는 홀로 해결할 수 없다

함께 그리기는 복잡성을 관리하는 체계적인 접근법이다. 함께 그림을 그리면 더 폭넓은 비전과 지식 기반을 활용해 일하게 된다. 전체를 더 완전하게 바라보면서 연관성과 유사성, 차이 등을 명확하게 이해할 수 있게 된다. 하나의 공통된 그림을 발전시키는 과정은 반복적이다. 우리는 그림을 그리다가 멈추고 함께 살펴본 다음 그림을 더 그려 나간다. 이 과정은 전체에 접근하는 우리의 시각을 훈련시킨다. 하나의 공통된 맥락 속에서 다른 누군가가 기여한 내용을 보게 되기 때문이다. 그렇게 더 큰 그림에 대한 하나의 공통된 이해를 구축하게 된다.

참여를 유도하기 때문이다

회의를 하면 소수의 참여자만 개입하는 경우가 많다. 하지만 함께 그림을 그리면 공간을 다르게 활용하게 된다. 더 많이 움직이게 되고, 새로운 훈련을 도입하는 만큼 집단의 역학 관계와 위계가 다시 짜이게 된다. 건설적인 위험을 감수하는 연습을 하게 되고, 더 많은 소통을 하게 된다. 창조적인 표현은 사람들이 미소 짓게 하고, 더 열정적으로 참여할 수 있게 해준다.

소유권을 만들어내기 때문이다

무언가에 기여하는 사람들은 소유권을 더 크게 느낀다. 하나의 공유 드로잉을 만들어내는 데 기여하는 개개인들은 각자가 기여한 실체적 증거가 있는 만큼 자신의 기여를 더 큰 전체의 일부로 이해할 수 있다. 이러한 점은 개인들의 더 큰 헌신을 유도한다.

쉽게 공유할 수 있기 때문이다

어떤 전략이나 프로젝트를 시각적으로 발전시키는 데 관여한 사람은 그 내막을 속속들이 알게 된다. 그림과 그에 얽힌 이야기를 참여하지 않은 이들에게 재현할 수 있다. 그림은 다른 사람들과 쉽게 공유할 수 있는 집단 학습 도구의 역할을 할 수 있다.

하나의 공통 언어를 만들어내기 때문이다

하나의 시각적인 공통 언어가 있으면 주어진 화두에 대해 더 강력하게 소통할 수 있다. 우리는 서로의 이해를 공유하면서 우리가 같은 화두에 대해 얘기하고 있음을 분명히 할 수 있다. 공농으로 이해되는 하나의 시삭 언어는 배우 복잡한 수준의 대화도 뒷받침할 수 있다.

시각 협업을 위한 어휘

『시각적으로 협업하라』는 회의 프로젝트, 프로세스에 더 시각적으로 임하기 위한 업무 지침서다. 다음의 세 가지를 알아두는 게 좋다.

활성화(Facilitation)는 그룹이 효과적인 협업으로 더 좋은 결정을 할 수 있게 만든다.
좋은 활성가의 능력은 다음과 같다.

- 다른 누군가의 입장을 헤아릴 줄 안다.
- 그룹 내에서 공유되는 정체성의 감각을 만들어낸다.
- 그룹이 하나의 진술된 목적에 복무하도록 활기를 불어넣는다.
- 좋은 질문을 찾고, 정식화하고, 제기한다.
- 적극적으로 집중력 있게 듣는다.

시각 활성화(Visual facilitation)는 펜과 종이를 구조적으로 활용하는 활성화를 말한다.
시각 활성화 개념은 1970년대에 캘리포니아의 조직 컨설턴트들로 이뤄진 한 그룹이 정식화한 그래픽 활성화 개념에서 나왔다. 당시 이 그룹은 복잡한 현안들에 대한 해법을 찾기 위해 시각 기법과 도구를 활용했다.
시각 활성화는 구조화된 시각적 내용을 활용하는 그룹 내의 상호소통을 활성화하기 위해 시각 표상들을 이용한다. 이는 다른 사람들과 함께 그림을 그리는 체계적인 방식이다.
좋은 시각 활성가라면 해당 그룹이 내용에 잘 접근할 수 있도록 손 글씨로 소통하게 만들 수 있다. 또한 한 과정의 내용을 정보 전달력이 있고 직설적이며 총체적인 그림들로 바꿀 수가 있다.
시각 활성화는 색색의 접착용 쪽지 몇 장과 같은 간단한 시각 도구와 함께 잘 정식화한 질문들로 프로세스를 활성화하는 만큼 기초적인 작업일 수 있다.

시스템 시각화(System visualization)는 시각 협업을 위한 개념으로, 시스템 이론의 관점에서 시각적으로 지식을 관찰하고 구조화하는 것이다. 우리는 우리 자신의 경험뿐만 아니라 시각화와 디자인적 사고, 변화 이론, 활성화, 프로세스 관리, 시스템 이론 분야에 다양하게 걸쳐있는 선두주자들에게서 영감을 받아 이 책의 실천 방법을 개발했다. 그게 바로 '시각 협업의 다섯 가지 구성단위'다. 각각의 구성단위는 시스템 시각화의 전체적인 목적에 기여하는데, 그 목적이란 맞춤화된 질문과 시각적 재현을 통해 소통과 시스템에 대한 이해를 활성화함으로써 가치 있는 결과를 얻는 것이다.

시각 협업이 일어나는 순간들...

…당신과 동료들이 플립차트 앞에 서서 접착용 쪽지에 아이디어나 과제를 채워 넣고 당신이 그것들을 삼삼오오 묶어서 게시하고 배열할 때

…어떤 아이디어나 개념을 시각화하여 설명할 때

…중요한 화두나 프로젝트 하나에 대한 마인드맵을 다른 사람들과 함께 만들 때

…당신과 당신의 프로젝트 팀이 프로젝트 하나를 개략적으로 그린 다음 프로세스의 각 부분을 함께 채워 넣는 식으로 도표화할 때

…주간 회의에서 시각 도구를 활용해 다양한 프로젝트에 관한 또 다른 시각 도구를 갱신할 때

…당신과 동료들이 회의실에서 화이트보드를 자주 사용할 때

…당신과 동료들이 강점(strengths), 약점(weaknesses), 기회(opportunities), 위협(threats)을 분석하는 스워트(SWOT) 분석을 할 때

당신의 시각 언어 능력을 높여라

**시각 협업의 혜택을 얻기 위한 지름길은
다음과 같은 그리기에 익숙해지는 것이다.**

집 도시 나라 행성 태양계

그저 기본 도형들을 결합하는 연습을 하면 된다. 점, 선, 삼각형, 사각형, 원, 물결 모양을 활용하면 집이나 마을, 나라, 행성, 또는 태양계 전체를 그릴 수가 있다.

기본 도형으로 그리기는 쉽고 빠르며 직관적인 시각화 방식이다.

인식과 이해를 만들어낼 수 있다면 육안으로 보이는 것의 일부만 그려도 된다. 기본 도형들의 렌즈를 통해 세계를 보기 시작하라. 쉬운 사물들을 그리는 연습을 하고, 그에 따라 당신의 시각 어휘를 확장하라.

기본 도형에서 아이콘으로

당신이 재현하고 싶은 단어 하나를 생각하고 그걸 가능한 한 단순하게 그려보라.

아이콘에서 템플릿으로

당신이 만들어내는 아이콘들로 간단한 시각 템플릿들을 만들어보라.

당신이 하는 회의의
의제를 제시한다

당신의 팀이 가진 역량의
지도를 그린다

프로세스 개요를 그리면서 같은 페이지에
모두를 참여시킨다

브레인스토밍을 하면서
아이디어들의 우선순위를 매긴다

시각 협업의 다섯 가지 구성단위

다섯 가지 구성단위는 시각 작업에 대한 접근을 개발하고 강화할 체계적인 방법을 구성한다.

각각의 구성단위는 주어진 프로세스를 통해 단계별로 나아가며, 당신이 필요에 맞게 사용할 수 있는 템플릿과 모델, 질문 목록, 훈련 지침도 제공한다. 시각 협업의 다섯 가지 구성단위를 배우면 시각 협업을 위한 간단한 도구와 기법을 얻게 될 것이다.

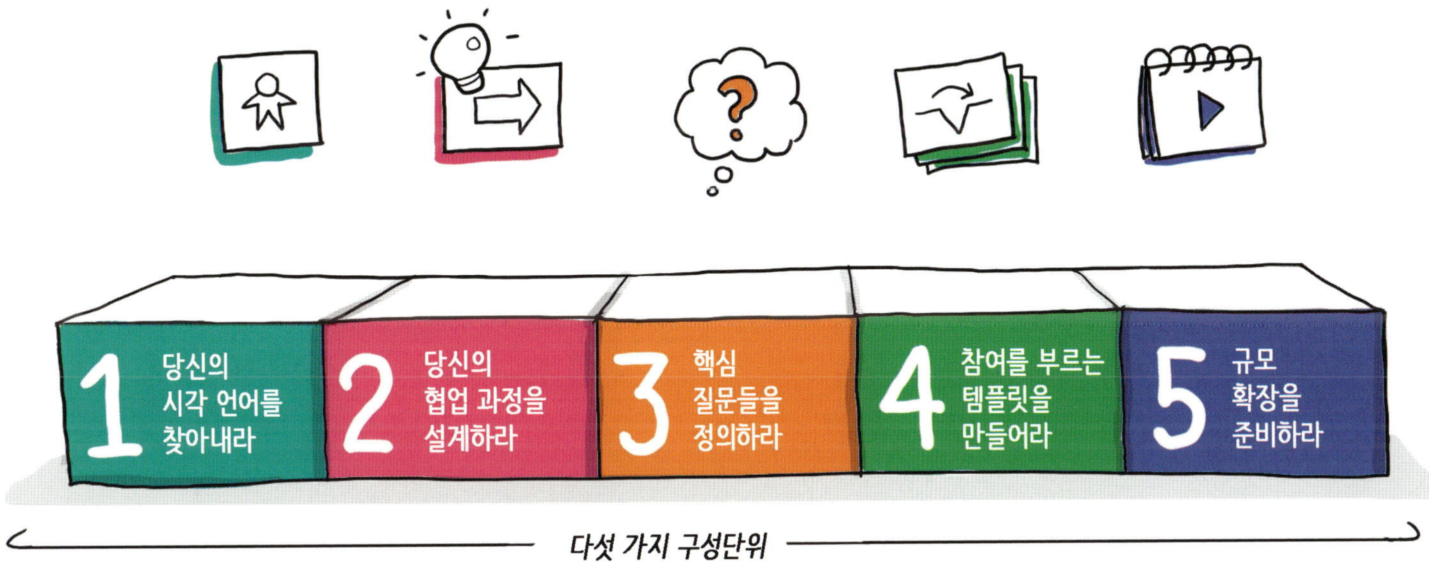
1
당신의
시각 언어를
찾아내라
2
당신의
협업 과정을
설계하라
3
핵심
질문들을
정의하라
4
참여를 부르는
템플릿을
만들어라
5
규모
확장을
준비하라
다섯 가지 구성단위

구성단위들의 활용법

다섯 가지 구성단위들을 순서대로 활용한다.

다섯 가지 구성단위들은 전체적으로 가치를 만들어 내기 위해 설계되었다. 일단 첫 번째 요소부터 확립한 다음 시각 협업의 혜택을 온전히 누리고 싶을 때 다섯 요소를 모두 완성해나간다.

또는 특정 수요에 맞는 요소부터 시작한다.

어떤 주어진 주제에 대한 시각 언어가 필요한 경우 첫 번째 요소로 시작한다.

회의나 워크숍을 통해 생각을 하고 싶다면 두 번째 요소로 건너뛴다.

어떤 대화를 위한 질문들을 탐구하고 싶다면 세 번째 요소에 깊이 천착한다.

특정 훈련을 위한 템플릿을 만드는 법에 대한 영감이 필요할 뿐이라면 네 번째 요소를 참조한다.

회의를 기획하고 활성화할 필요가 있다.

회의 주제에 맞는 시각 언어를 만든다.

회의 전반에 대해 시각적으로 생각한다.

회의에서 사용할 질문들을 범주화하고, 그 우선순위를 매기고, 검증한다.

회의에 맞는 시각 템플릿을 디자인한다.

어떤 프로세스의 준비를 모두 마친 상태에서 다른 사람들이 그 과정을 따르게 하고 싶다면 다섯 번째 요소를 활용한다.

다른 사람들이 회의를 활성화할 수 있게 이끄는 시각 플레이북을 개발한다.

준비 완료.

집중력 있게 참여를 유도하는 회의를 운영한다.

당신의 디자인이 최초 회의를 넘어서는 가치를 만들어낸다.

구성단위들을 전략 프로세스에 활용하기

이 책에서는 전반적으로 임원진이 조직 전체의 전략적 대화 참여를 원하는 사례를 만나게 될 것이다. 세 명의 관리자가 이 프로세스를 계획하고 활성화할 임무를 건네받는다. 일단 최고경영진을 위한 워크숍을 가진 다음, 나중에 조직 전체에서 일련의 워크숍을 여는 방식이다.

임무를 받는다.

팀은 전략을 위한 시각 언어를 만들어낸다.

전략 워크숍을 통해 시각적으로 생각한다.

전략 워크숍을 위한 핵심 질문들의 목록을 정리하고, 그 범주와 우선순위를 매기고, 검증한다.

팀은 워크숍에서 이뤄지는 대화의 초점을 맞출 시각 도구를 디자인한다.

다른 사람들이 전략 워크숍을 활성화할 수 있게 하는 시각 플레이북을 개발한다.

준비 완료.

워크숍을 운영하고 활성화한다.

워크숍 개념이 조직 전반에 적용된다.

요약

시각 협업: 협업할 때 시각 요소를 활용하면 더 큰 그림을 도입할 수 있고, 복잡한 문제를 다루는 그룹 속에서 공통의 언어와 소유권 및 총력적인 헌신을 확립할 수 있다.

알면 좋은 세 가지:

— '활성화'는 그룹이 효과적으로 협업할 수 있게 해준다.

— '시각 활성화'는 펜과 종이를 구조적으로 활용하는 활성화를 말한다.

— '시스템 시각화'는 맞춤화된 질문과 시각적 재현을 통해 소통과 시스템에 대한 이해를 활성화함으로써 가치 있는 결과를 얻는 용도로 쓰인다.

시각 협업의 다섯 가지 구성단위: 시각 활성화를 위한 실천적 방법. 시각 협업을 위한 방법은 시스템 시각화에 기초하며, 다음과 같이 서로 구분되는 다섯 가지 구성단위들로 구성된다.

1. 당신의 시각 언어를 찾아내라
2. 당신의 협업 과정을 설계하라
3. 핵심 질문들을 정의하라
4. 참여를 부르는 템플릿을 만들어라
5. 규모 확장을 준비하라

최근에 그린 그림은 무엇인가요?

1.
당신의 시각
언어를 찾아내라

당신의 시각 언어를 찾아내라

목적: 당신이 어떻게 (거의) 모든 걸 그릴 수 있는지를 보여주기

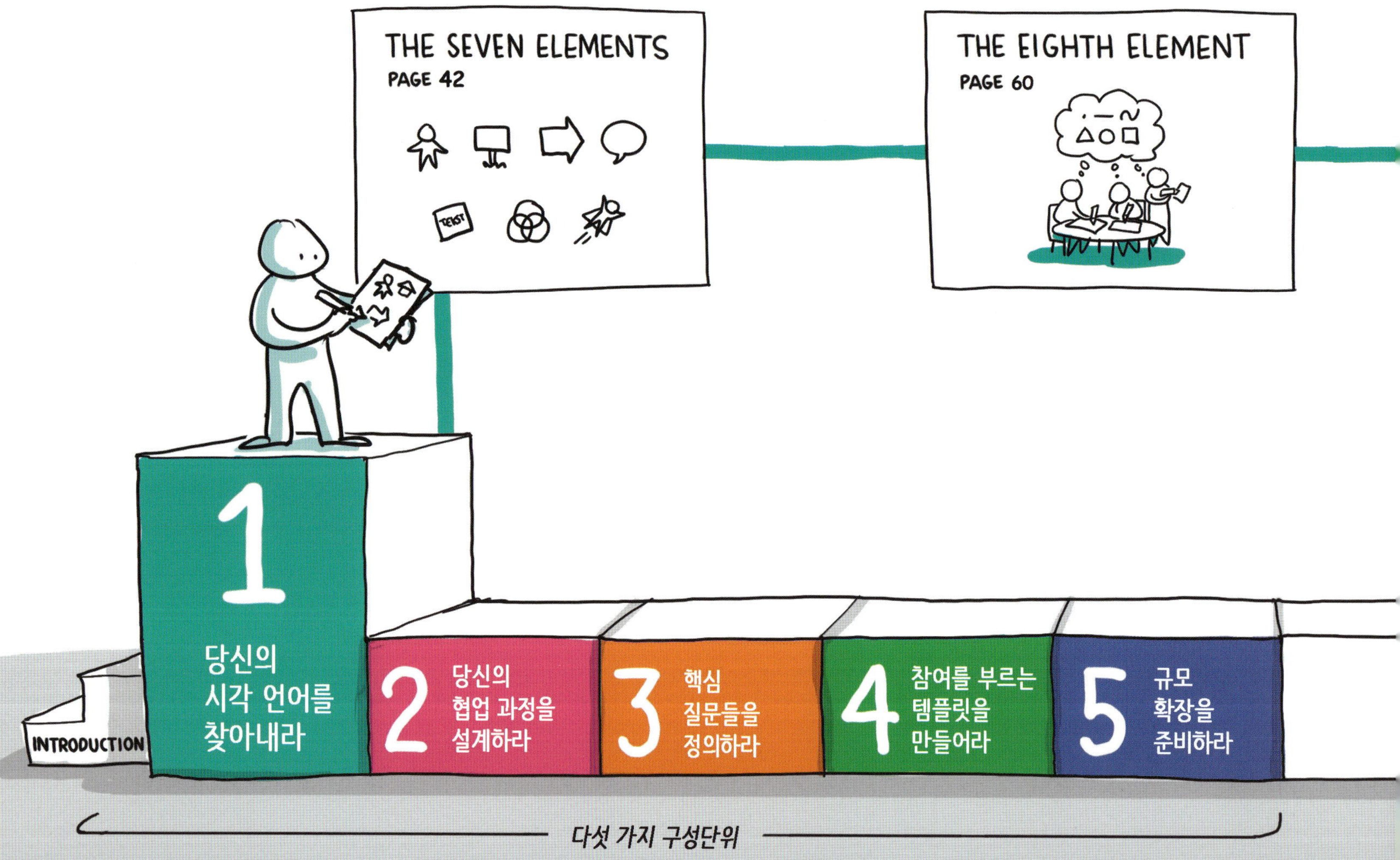

목표: 다음 회의나 프로젝트, 프로세스를 위한 시각 언어 습득하기

일곱 가지 요소

시각 언어를 향한 지름길

모든 회의는 주어진 장소에서 주어진 시각에 주어진 주제를 논하기 위해 일단의 사람들이 참여하는 형태로 이뤄진다.

이러한 정식을 어떤 시각적인 알파벳으로 변환한다면, 회의와 프로세스에 활용하기 위한 시각 언어를 구축할 수 있다. 우리는 이를 '일곱 가지 요소(Seven Elements)'라고 부른다.

이번 장을 읽어나가면서 각각의 요소를 그리는 연습을 해보자.

1. 사람

2. 장소

3. 과정
4. 말
5. 글
6. 색
7. 효과
우리의 여정
HR
BEFORE
HR
AFTER
DURING

일곱 가지 요소

1. 사람

관련된 사람을 표현하라. 누구라도 자신이 표현되는 걸 보고 싶어 한다. 우리는 자신이 어디에 속하는지, 다른 누가 또 관련되어 있는지, 각각이 떠맡는 역할과 책임은 무엇인지를 알고 싶어 한다.

사람들을 그릴 때는 당신이 그리기 쉽고 다른 사람들이 이해하기 쉬운 스타일을 찾아라. 대부분의 사람들은 머리를 원으로, 사지와 체구는 직선으로 표현하는 막대 그림에 익숙하다.

별 모양도 그려보라. 별 모양은 입체감이 있어서 움직임과 옷, 태도를 나타낼 때 쉽게 바꿔 쓸 수 있다. 거기에 색을 칠해 다양한 역할이나 책임 또는 어느 과정에서 차지하는 존재감을 표현할 수도 있다.

별을 그려라

오각형 별 모양을 그리는 연습을 한다.
거기서 맨 위쪽을 원으로 바꿔 넣는다.

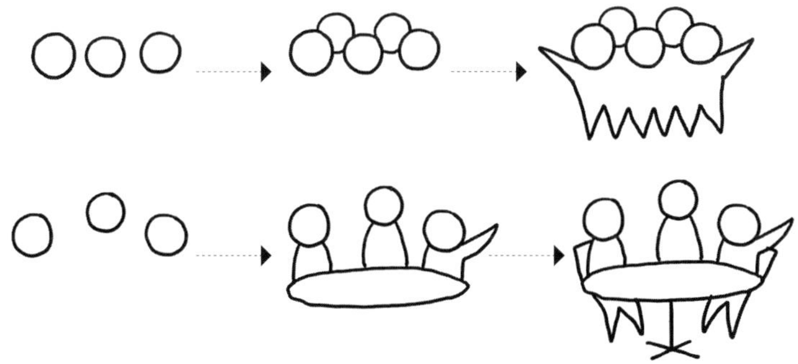

복제하라

많은 원과 점을 그린다. 한 그룹을 그릴 때 머릿수를 세는 건 중요하지만 팔다리를 세는 건 덜 중요할 수 있다.

실험하라

움직임과 기분을 표현할 수 있도록 팔다리를 다양한 방향으로 그려보자.

일곱 가지 요소

2. 장소

'어떻게(how)**'와 '언제**(when)'를 표현하라. 우리는 시간과 장소 안에서 방향 감각을 느끼고, 우리가 언제 어디에 있는지를 볼 수 있기를 원한다.

장소는 줄곧 단순하게 그리자. 표지판과 꼬리표, 플랫폼을 활용해 시간과 장소를 나타낼 수 있다.

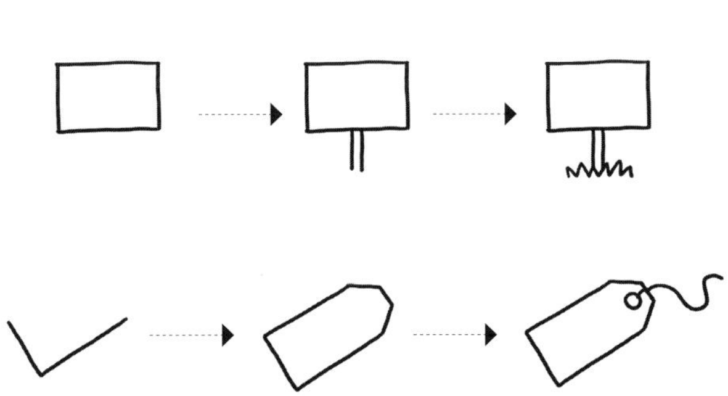

표지판과 꼬리표

당신의 그림 안에 표지판과 꼬리표를 배치해 중요한 정보를 표시한다.

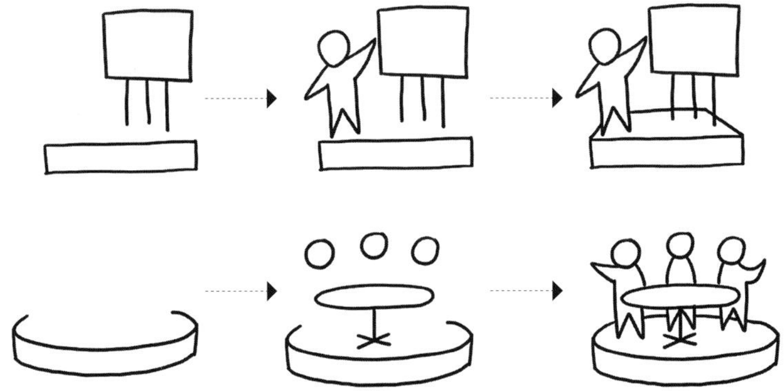

플랫폼

당신의 상황에 맞는 플랫폼을 그려 시간과 장소를 보여준다. 플랫폼에 입체감을 부여하면 글이나 색을 추가할 여지가 생긴다.

모양의 다변화

내용을 다르게 강조하고 싶을 땐 표지판과 플랫폼의 모양에 변화를 준다.

수평선

수평선은 실내 공간임을 암시하고, 아치 선은 야외 공간임을 암시한다.

일곱 가지 요소

3. 과정

순서와 방향과 맥락을 제시하라. 어떤 순서로 진행되고 있는지와 어떤 방향으로 연결되고 있는지를 보여주는 게 종종 중요하다.

화살표를 활용해서 과정을 보여주고 순서를 더 정확하게 이해시킨다. 화살표는 사람들과 각 단위가 맺는 상호 관계도 보여줄 수 있다.

당신의 조직 내에서 소통이 어떻게 이뤄지고 정보가 어떻게 움직이며 결정은 어떻게 이뤄지는지, 그 시스템을 표현하라.

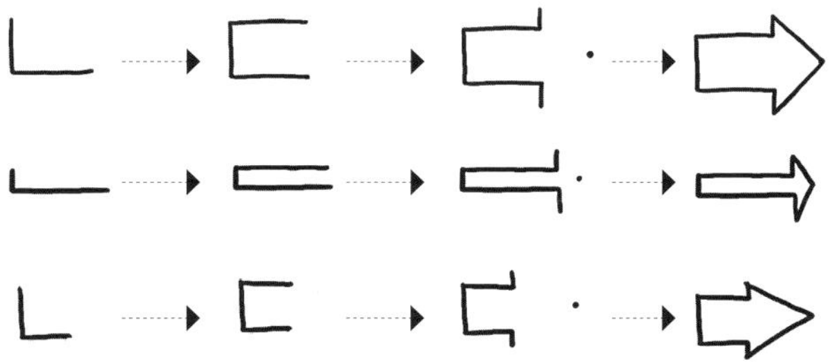

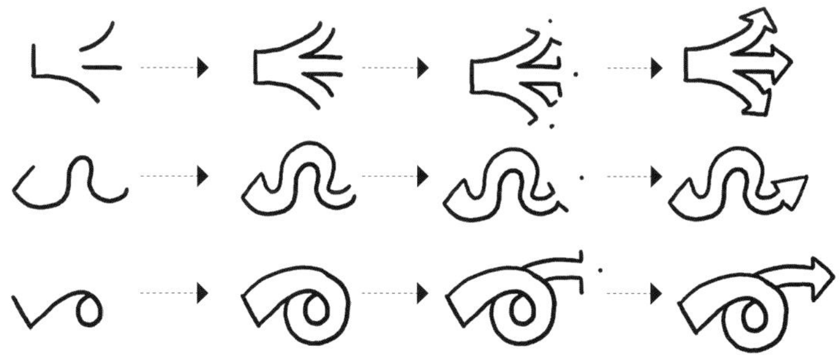

단계별로 그려라

화살표의 몸통을 먼저 그린다. 다음으로 몸통에서 양쪽으로 뻗는 팔을 그리고, 몸통 중간의 점선을 그린다. 마지막으로 화살촉을 그린다.

차별화하라

화살표의 몸통과 모서리와 화살촉을 길거나 짧게 만든다. 다양한 화살표를 만들어서 당신의 프로세스가 다른 이의 프로세스와 차별화될 수 있게 한다.

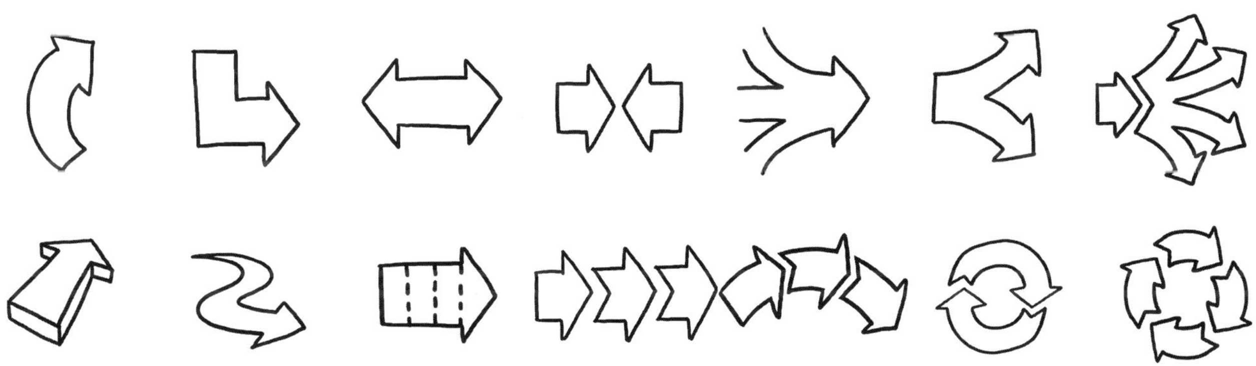

실험하라

화살표의 형태는 다양할 수 있다. 당신의 프로세스에 어울리는 걸 찾을 때까지 다양한 모양의 화살촉을 실험하고 결합해보자.

일곱 가지 요소

4. 말

진술과 생각, 느낌을 표현하라. 이런 것들이 그림에 생기를 부여한다. 당신이 듣기에 참여자들이 했다고 여겨지는 말들을 넣어 보여줄 수 있다. 또한 말로 표현되지 않은 생각과 느낌에 대한 대화를 개시할 수도 있다.

말이나 생각을 넣은 풍선들은 매우 다양한 모양을 취할 수 있다. 그 모양만으로도 합의와 의견 충돌, 좌절, 행복과 같은 다양한 느낌을 표현할 수가 있다.

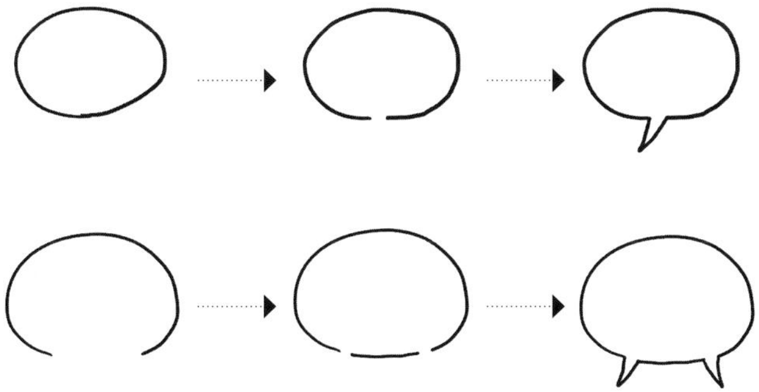

원을 그려라

원을 그리는 연습을 한다. 원이 고르지 않게 그려지지 않도록 펜을 빠르게 돌린다. 원에 틈을 내고 '꼬리'를 붙인다.

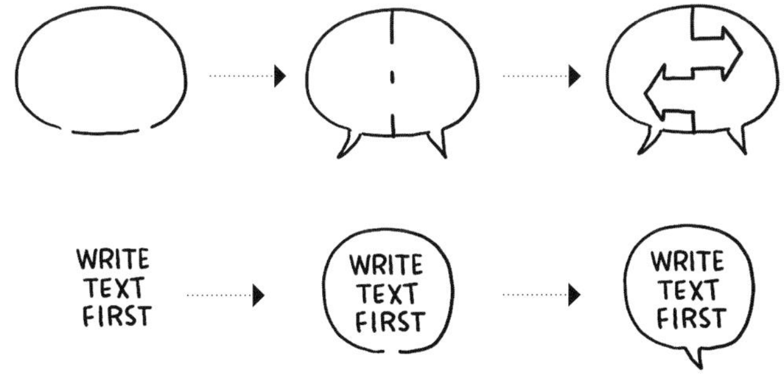

글부터 시작하라

늘 안에 담길 내용을 먼저 써라. 그 다음에 주위에 풍선을 그리고, 마지막으로 '꼬리'를 그린다.

실험하라

창고에 묵혀있던 오래된 만화책들을 꺼내 영감을 받아보자!

일곱 가지 요소

5. 글

맥락을 제시하라. 글과 그림의 결합은 내용을 예리하게 만들고 의미를 분명하게 한다.

당신의 그림을 강력한 표제와 서술문, 그리고 세심하게 선택한 인용구로 강조하라.

그림 안에 꼭 필요한 내용만 쓸 수 있도록 여유를 갖고 글을 선택하자. 당신의 글이 멀리서도 쉽게 읽힐 수 있도록 명확하게 글 쓰는 연습을 하자.

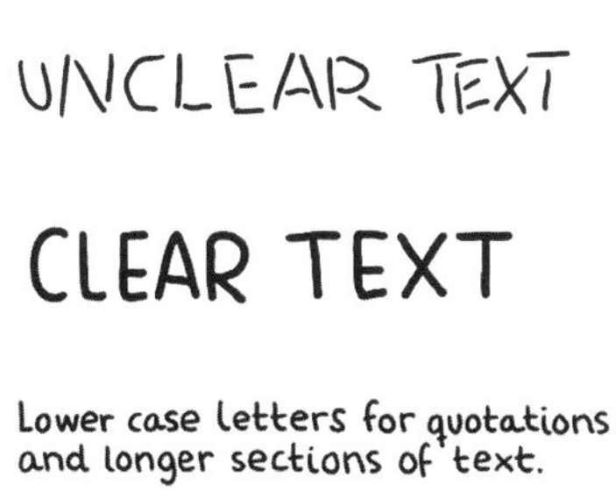

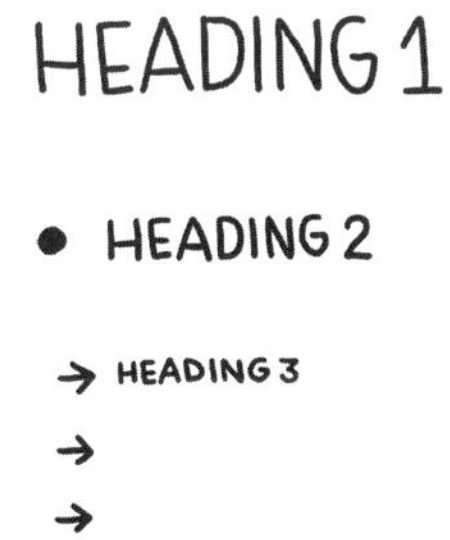

명확하게 글을 써라

각 글자가 명확한 하나의 모양으로 보이게 선들을 연결해서 쓴다. 빈 공간은 남겨둔다.

기준선을 활용하라

기준선을 연하게 긋고 기준선과 수직으로 글자들을 쓴다. 다양한 형태의 기준선을 실험해보자.

위계를 만들어라

글머리표가 붙은 목록과 다양한 크기의 글을 활용해 정보의 위계를 표현한다.

다양성을 활용하라

연결이나 차이를 보여주고 싶을 때는 표제에 음영을 넣거나 글자 크기를 바꾼다.

일곱 가지 요소

6. 색

관계와 차이와 유사성을 표현하라. 색을 전략적으로 활용하면 참여자들이 관계와 차이와 유사성을 이해하는 데 도움이 될 것이다.

예를 들어 한 프로세스에 속한 행위들에 대해서는 녹색 접착용 쪽지만 쓰고 역할 묘사용으로는 청색 접착용 쪽지만 써서 전략적인 업무를 할 수 있다. 당신의 그림에도 이를 적용해보라. 색상 코드를 활용해서 회의 참여자들의 의견을 조직하거나 시스템의 범주를 분류하거나 직장 내의 다양한 그룹을 보여줄 수 있다.

어두운 색

백지 위의 어두운 색은 글의 가독성을 높이는 분명한 대비를 만들어낸다. 이는 특히 눈부심이 일어날 수 있는 화이트보드에서 중요하다.

밝은 색

밝은 색은 흰색 배경에서 상대적으로 가독성이 떨어지지만, 밑줄을 치거나 강조 표시, 색상 등을 넣기에는 좋다.

색상 코드를 활용하라

특정한 색들을 일관되게 사용해 육안으로 그림의 내용 전반을 살펴보기 좋게 하자.

일곱 가지 요소

7. 효과

에너지와 움직임과 깊이를 표현하라. 효과는 생동감을 만들어내며 관찰자를 이해시킬 수 있다.

작은 선이나 점 하나가 당신의 그림에서 결정적 차이를 만들어낼 수 있다.

별 모양으로 그리는 사람 형상에서 두 팔을 머리 위로 올리고 손과 손을 원형의 점선으로 이으면 행복감을 표현하는 것이다. 귀를 어깨까지 늘어뜨리고 머리 위로 지그재그 모양의 검은 선을 그리면 좌절감을 표현하는 것이다.

단순한 선과 도형을 활용해 의미를 강조하도록 하자.

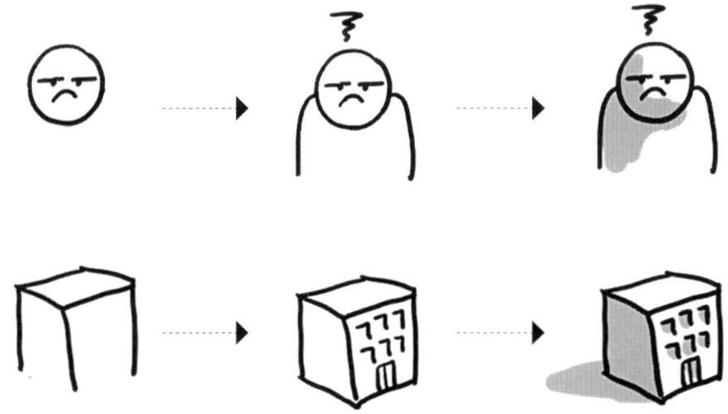

에너지 선

에너지 선들 몇 개만으로도 당신이 그리는 사물과 사람에 에너지를 더할 수 있다.

움직임 선

대상의 앞, 뒤 또는 밑에 배치된 선들은 움직임이나 위치를 나타낼 수 있다.

느낌 선

몇 개의 선들을 추가해 느낌을 분명히 하자.

음영

대상의 옆이나 밑에 두꺼운 회색 선을 그리면 깊이감과 입체감이 생긴다.

일곱 가지 요소의 결합

이 모든 걸 전체적으로 제시하라. 일곱 가지 요소를 총체적으로 제시하라. 일곱 가지 요소를 합치면, 하나의 시각적 기본기가 형성된다. 이를 발표나 대화를 위한 템플릿을 디자인할 때 활용하라. 이러한 기본기를 당신의 것으로 만들어야 한다.

연습: 28cm×43cm (대략 A3) 크기의 종이 위에 하나의 개요 그림을 단계별로 그려보라. 먼저 지면을 수직선 둘과 수평선 둘로 이루어진 연회색 기준선들로 등분하여 총 9개의 같은 면들로 나누자. 이렇게 하면 그림을 더 쉽게 구성할 수 있다. 오른쪽 예시는 훈련 과정에 있는 한 경로의 구조를 보여준다.

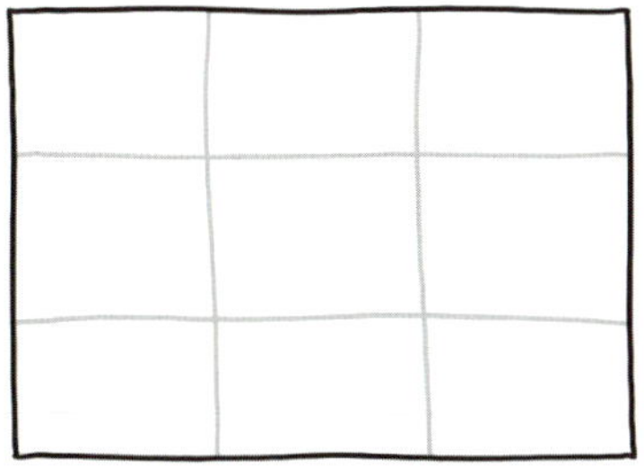

기준선

1. 사람

2. 장소

3. 과정

4. 말

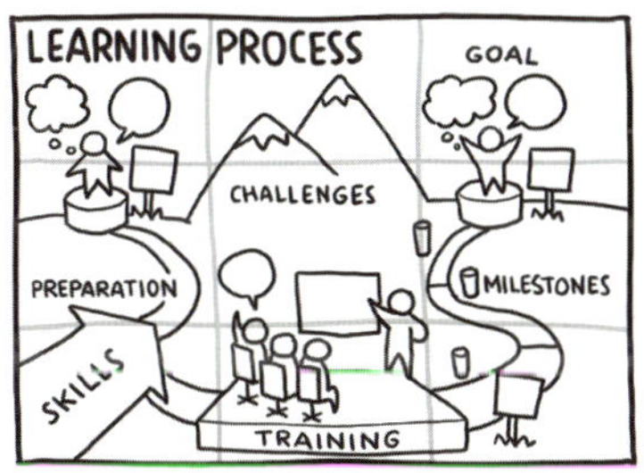

5. 글

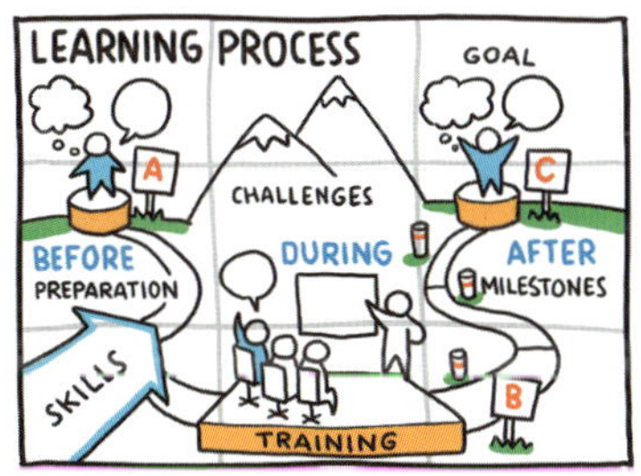

6. 색

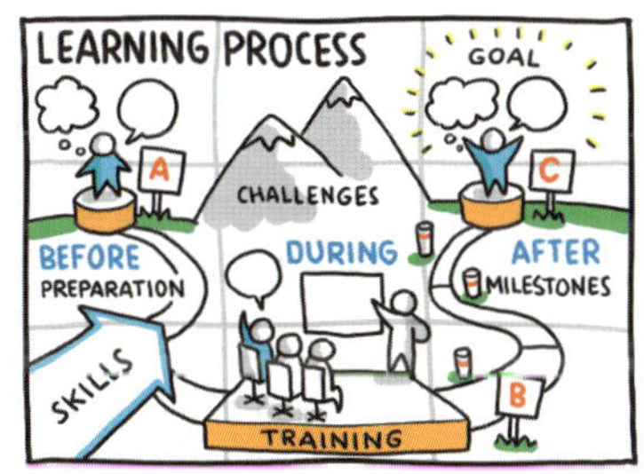

7. 효과

왼쪽 QR 코드를 스캔하면 '일곱 가지 요소
(The Seven Elements)'의 훈련 영상을 볼 수 있다.

여덟 번째 요소

당신의 시각 언어를 확장하라

시각적으로 작업할 때는 대량의 시각 어휘(언어)를 보유하는 게 중요하다. 이런 시각 어휘는 늘 당신이 임하는 프로젝트와 프로세스를 통해 더 확장되며 형성될 수 있다.

어떤 프로젝트를 위한 시각 언어를 확립하고 싶다면 '여덟 번째 요소'라는 방법을 활용할 수 있다.

— 프로젝트에서 가장 중요한 단어들의 목록을 정리한다.
— 단어들을 사물과 장소, 사람, 과정, 개념으로 범주화한다.
— 그것들의 의미를 시각화하고, 단순화하고, 결합하고, 결정하는 식으로 아이콘 디자인을 한다.

가능하다면 '아이콘 디자이너(Icon Designer)'를 통해 전체적인 개요를 살펴보고 당신의 프로젝트에 맞는 시각 언어를 심화하여 개발하게 한다.

디자인

VISUAL LANGUAGE FOR: STRATEGY
DATE: JUNE 18
THINGS
PEOPLE
PLACES
PROCESSES
CONCEPTS
DESIGN:

여덟 번째 요소

목록 정리

가장 중요한 단어들의 목록을 정리하라. 프로젝트와 프로세스, 업무 영역을 묘사하는 가장 중요한 용어들을 목록화하라.

한 가지 프로젝트를 생각하면서 아이콘이 있으면 좋겠다고 여겨지는 모든 단어와 개념의 목록을 정리한다.

하나의 그룹은 전략적으로 일하고 그들이 쓰는 가장 중요한 단어들의 목록을 정리한다.

프로젝트 내의 사물과 사람과 장소를 범주화하면, 당신이 여러 과정과 개념으로 범주화한 단어들을 시각화하는 데 도움이 된다.

여덟 번째 요소

범주화

단어들을 범주화하라. 사물과 사람, 장소, 과정, 개념을 범주화할 때는 당신의 단어들을 '이해' 해야만 한다. 예컨대 단어 하나가 어느 물리적 사물을 묘사하는지 아니면 어떤 과정을 묘사하는지를 결정해야만 하는 것이다. 당신은 단어들을 범주화하기 시작하자마자 그것들을 시각화하기 시작한다.

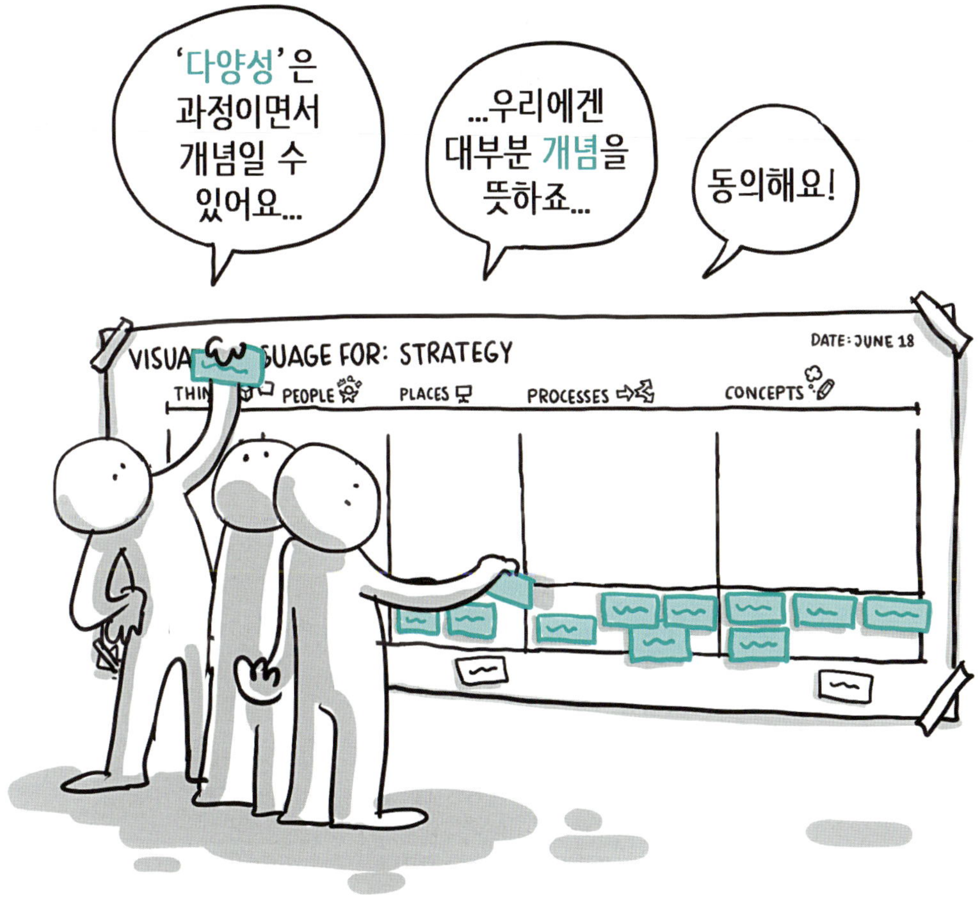

여덟 번째 요소

디자인

시각화하고, 단순화하고, 결합하고, 결정하라. 이 단계에서 당신은 당신만의 아이콘들을 개발할 것이다. 구체적인 범주들(사물, 사람, 장소)의 단어부터 시작하라. 이는 종종 가장 쉬운 작업에 속한다. 그 다음엔 추상적인 단어(프로세스와 개념)들로 옮겨가보자. 한 번에 한 단어에 대해 질문해보라. "이 단어는 왜 이렇게 생겼을까?" 기본 도형과 일곱 가지 요소를 활용하고 그것들의 의미를 시각화하고, 단순화하고, 결합하고, 결정하면서 아이콘들을 디자인한다.

시각화하라

당신의 단어를 상상해본다. 당신의 단어들이 실세계에서 무엇을 가리키는지를 마음의 눈으로 바라보라. 당신의 단어는 무엇을 묘사하는가? 그 단어를 생각할 때 무엇이 보이는가? 어떤 사물이나 사람이 포함되어 있는가? 무엇이 당신의 단어를 둘러싸고 있는가? 그 단어는 어떤 장소를 취하는가? 만약 카메라 렌즈로 그 단어를 바라본다면, 당신이 찍는 사진은 무엇을 묘사하게 될까?

단순화하라

단순함을 유지한다. 피상적인 정보와 애매모호한 내용은 모두 없앤다. 당신의 아이콘은 당신의 프로젝트에 참여하는 다른 사람들이 쉽게 이해하고 활용하고 복제할 수 있어야 한다. 쉽게 그릴 수 있어야 하며, 되도록 획수가 열 번을 넘기지 않는 게 좋다.

결합하라

당신의 아이콘들을 모은다. 아이콘들을 다양하게 조합하는 실험을 해보고, 어떻게 새로운 의미가 발생하는지를 보자. 당신이 추상적 범주의 단어들을 다루고 있다면, 그것들을 구체적 범주의 아이콘들과 결합하는 게 종종 합리적일 수 있다.

결정하라

그것들의 의미를 결정한다. 모든 아이콘은 관찰자나 사용자가 누구인가에 따라 다양하게 해석될 수 있다. 그림 밑에 단어를 적는 식으로 당신의 아이콘이 갖는 의미를 강조한다. 아이콘은 정적이지 않다. 당신이 그 아이콘을 사용할 때 비로소 의미가 주어지는 것이다.

왼쪽 QR 코드를 스캔하면 '여덟 번째 요소(The Eighth Element)'의 훈련 영상을 볼 수 있다.

도구

아이콘 디자이너

어떻게(HOW)

아이콘 디자이너(Icon Designer)를 다운로드하거나 만든다. 이것은 커다란 표 하나가 있는 템플릿이다. 당신은 이 도구를 맨 밑부터 맨 위까지 다루면서 목록 정리와 범주화와 디자인 단계를 따른다. 아이콘들과 단어들로 이루어진 3단계의 배열은 당신의 시각 언어를 결합하고 세련되게 개발하기 쉽게 만든다. 당신의 도구가 융통성을 유지할 수 있게 접착용 쪽지를 활용하자.

접착용 쪽지

아이콘에는 정사각형 접착용 쪽지를 사용한다.

→ *그림*

→ *명칭*

단어들의 목록을 정리할 때는 직사각형 접착용 쪽지를 사용한다.

아이콘 디자이너는 www.visualcollaboration.site에서 다운로드할 수 있다.

ICON DESIGNER

VISUAL LANGUAGE FOR: ______________________________

DATE: ______________

BY: ______________

	THINGS	PEOPLE	PLACES	PROCESSES	CONCEPTS
DESIGN:					
CATEGORIZE:					

LIST:

By Bigger Picture. This work is licensed under a Creative Commons Attribution-ShareAlike 4.0 International license.

도구 예시

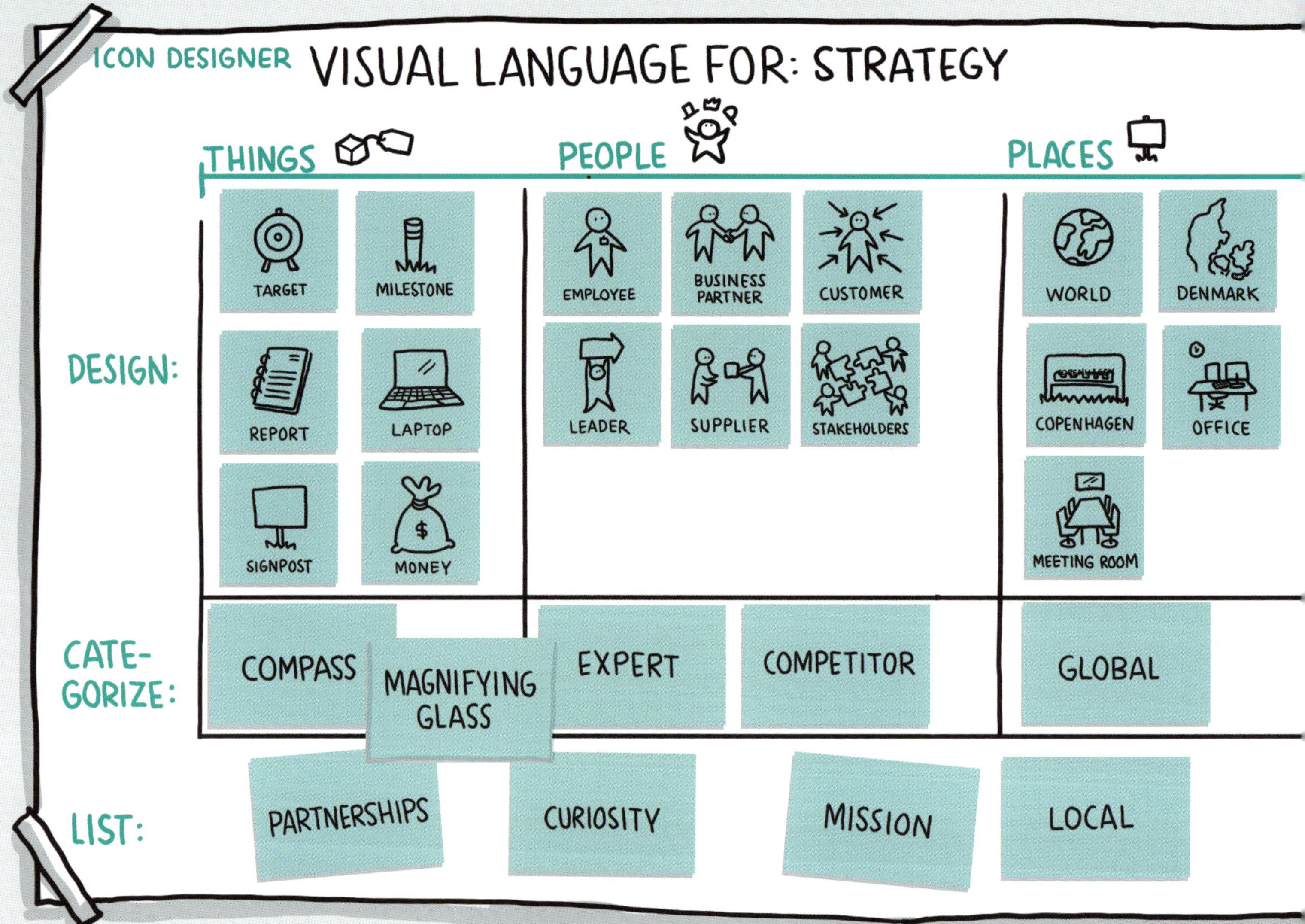
ICON DESIGNER
VISUAL LANGUAGE FOR: STRATEGY
THINGS
PEOPLE
PLACES
DESIGN:
TARGET
MILESTONE
REPORT
LAPTOP
SIGNPOST
MONEY
EMPLOYEE
BUSINESS PARTNER
CUSTOMER
LEADER
SUPPLIER
STAKEHOLDERS
WORLD
DENMARK
COPENHAGEN
OFFICE
MEETING ROOM
CATE-GORIZE:
COMPASS
MAGNIFYING GLASS
EXPERT
COMPETITOR
GLOBAL
LIST:
PARTNERSHIPS
CURIOSITY
MISSION
LOCAL

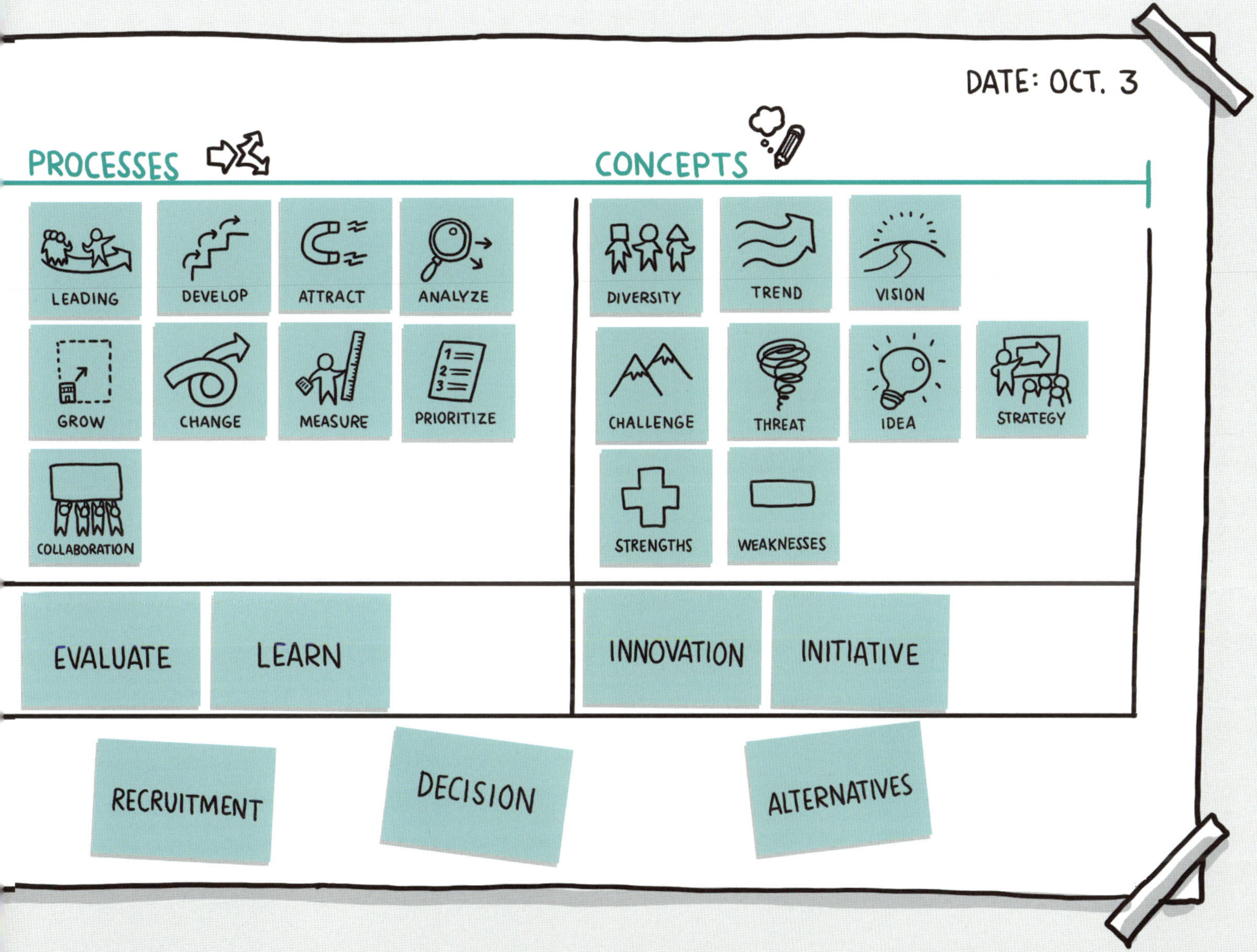
DATE: OCT. 3
PROCESSES
CONCEPTS
LEADING
DEVELOP
ATTRACT
ANALYZE
GROW
CHANGE
MEASURE
PRIORITIZE
COLLABORATION
DIVERSITY
TREND
VISION
CHALLENGE
THREAT
IDEA
STRATEGY
STRENGTHS
WEAKNESSES
EVALUATE
LEARN
INNOVATION
INITIATIVE
RECRUITMENT
DECISION
ALTERNATIVES

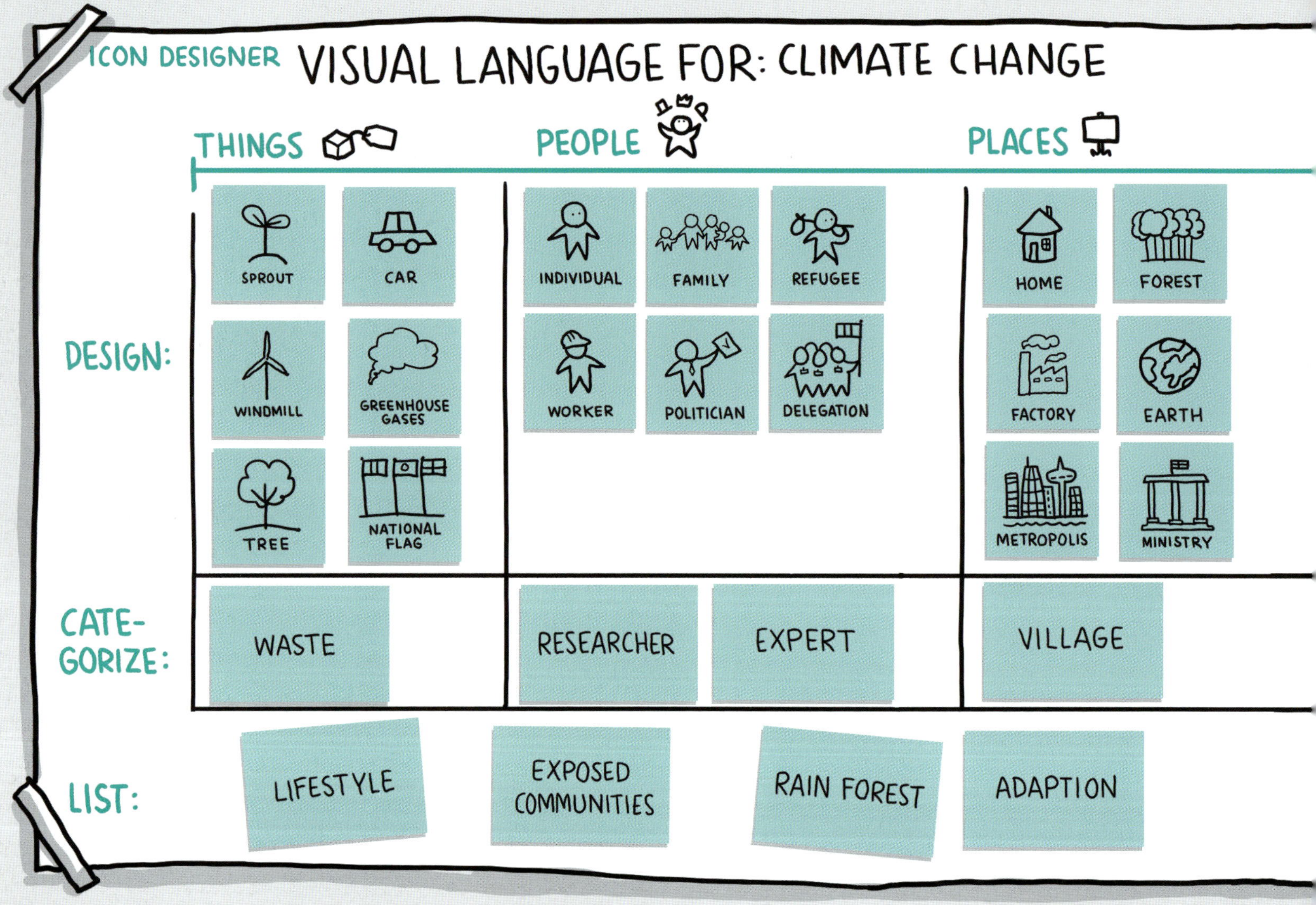

ICON DESIGNER
VISUAL LANGUAGE FOR: CLIMATE CHANGE
THINGS
PEOPLE
PLACES
DESIGN:
SPROUT
CAR
WINDMILL
GREENHOUSE GASES
TREE
NATIONAL FLAG
INDIVIDUAL
FAMILY
REFUGEE
WORKER
POLITICIAN
DELEGATION
HOME
FOREST
FACTORY
EARTH
METROPOLIS
MINISTRY
CATE-GORIZE:
WASTE
RESEARCHER
EXPERT
VILLAGE
LIST:
LIFESTYLE
EXPOSED COMMUNITIES
RAIN FOREST
ADAPTION

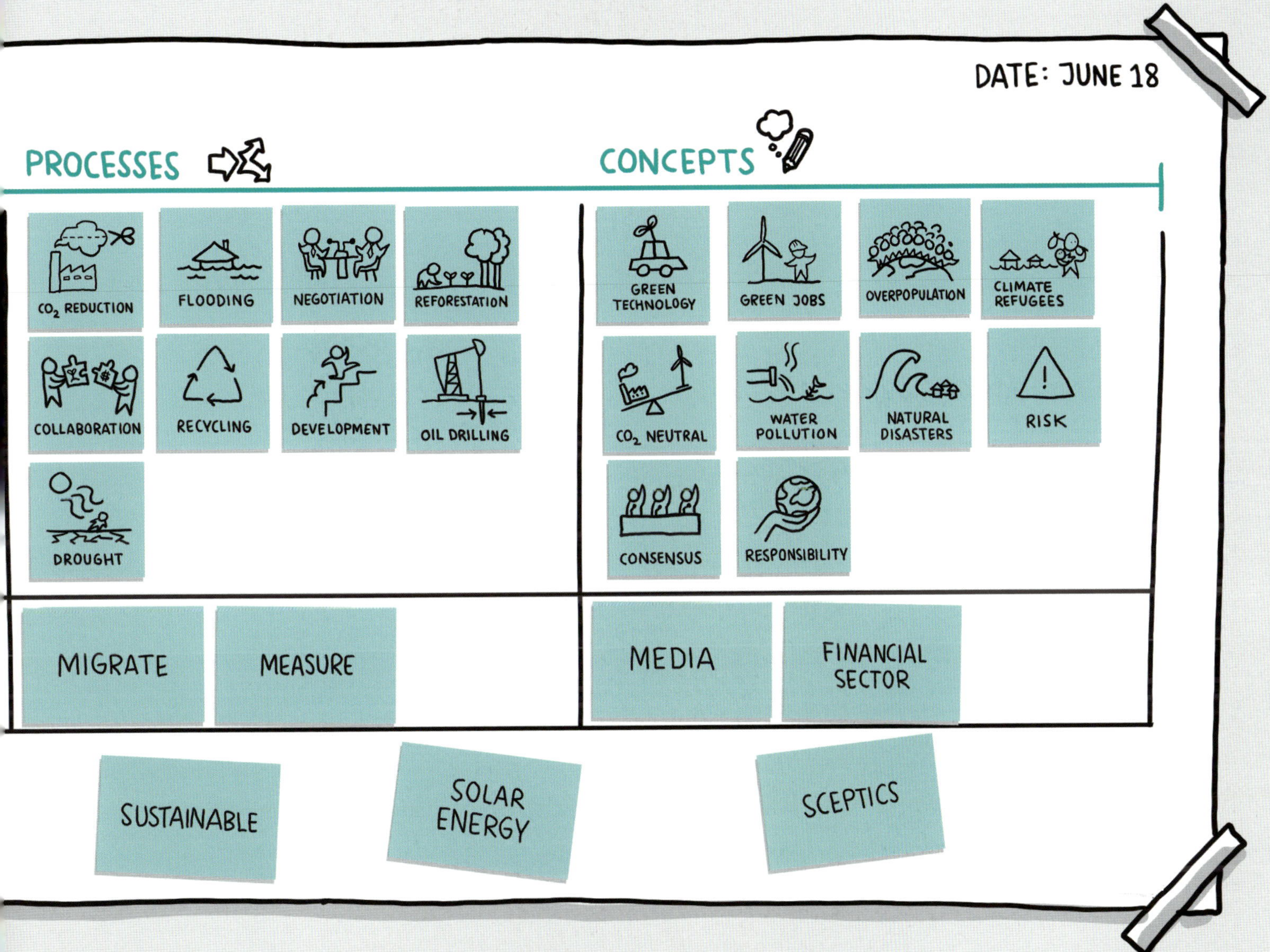
DATE: JUNE 18
PROCESSES
CONCEPTS
CO_2 REDUCTION
FLOODING
NEGOTIATION
REFORESTATION
COLLABORATION
RECYCLING
DEVELOPMENT
OIL DRILLING
DROUGHT
GREEN TECHNOLOGY
GREEN JOBS
OVERPOPULATION
CLIMATE REFUGEES
CO_2 NEUTRAL
WATER POLLUTION
NATURAL DISASTERS
RISK
CONSENSUS
RESPONSIBILITY
MIGRATE
MEASURE
MEDIA
FINANCIAL SECTOR
SUSTAINABLE
SOLAR ENERGY
SCEPTICS

요약

일곱 가지 요소는 회의와 프로세스, 프로젝트의 내용이 무엇이든 그 시각 언어를 만들기 위한 시스템이다. 일곱 가지 요소를 당신과 관련 있는 전체로 결합하라.

여덟 번째 요소는 당신의 시각 언어를 확장하고, 당신의 맥락에 특수한 아이콘들을 만들어낸다.

아이콘 디자이너는 목록 정리와 범주화, 그리고 디자인을 통해 당신의 프로젝트나 업무 영역을 위한 시각 언어를 만드는데 도움이 될 수 있다.

당신이나 당신의 프로젝트,
또는 당신의 조직에 중요한
단어들은 무엇인가요?

그런 단어들은 어떤 모양인가요?

혁신을 위한 시각 언어

MAERSK

예시: 한 부서의 시각 언어 샘플. 18개의 아이콘들이 기술혁신부의 업무와 연관된 맥락을 보여준다.

기술혁신부(Technical Innovation)는 A.P. 몰러-머스크(A.P. Moller-Maersk) 그룹의 부서명으로, 이 사업체의 기술 부문 혁신을 담당한다.

이 부서는 아이디어 개발과 검증, 인증, 시범 프로젝트를 통해 미래 교통 및 물류를 위한 솔루션을 개발한다. 그리고 이 조직의 필요에 맞춤화된 타당한 솔루션을 만들어내기 위해, 내부와 외부의 팀 모두와 함께 프로세스를 운영한다.

기술혁신부는 이런 과정들을 위한 시각 언어를 개발해왔다. 그것은 기술혁신부가 뭘 하는 곳이고, 어떤 맥락 속에서 어떻게 업무를 하는지, 그리고 그들이 만들어가고 싶은 미래는 어떤 것인지를 다른 사람들에게 보여주기 위해 사용된다.

부서 직원들이 만들어낸 이러한 시각 언어는 시각화 작업과 연결된 단어 152개로 이루어지며, 새로운 단어와 전문어, 개념 등이 발생함에 따라 계속 발전하고 있다.

이 언어는 복잡성을 설명하고 추상적 개념들을 더 구체적으로 만들기 위해 사용된다.

시각 언어를 출발점으로 삼은 기술혁신부는 초대받은 새로운 사업 파트너들이 이 부서의 혁신 과정을 배우고 그 속에서 각자의 길을 모색하려 할 때에도 시각적 재현과 대화의 도구들을 개발했다.

"당신의 조직에서 새로운 아이디어들을 만들고 혁신을 하고 싶다면, 사람들을 폭넓게 개입시켜 뭔가 다른 유형의 대화로 끌어들일 수 있어야 한다. 만약 혁신의 문화를 만들고 싶다면, 모든 걸 다르게 할 필요가 있다. 새로운 경로를 탐색하고, 새로운 도구를 활용하고, 새로운 기술을 적용해야 한다. 우리는 시각화를 통해 다른 사업 단위들을 개입시키고 우리가 하고 있는 일이 무엇인지를 설명하는 데 도움을 받을 수 있다."

율리아 보이티쿠테, A.P. 몰러-머스크 그룹
기술혁신부의 혁신 포트폴리오 매니저

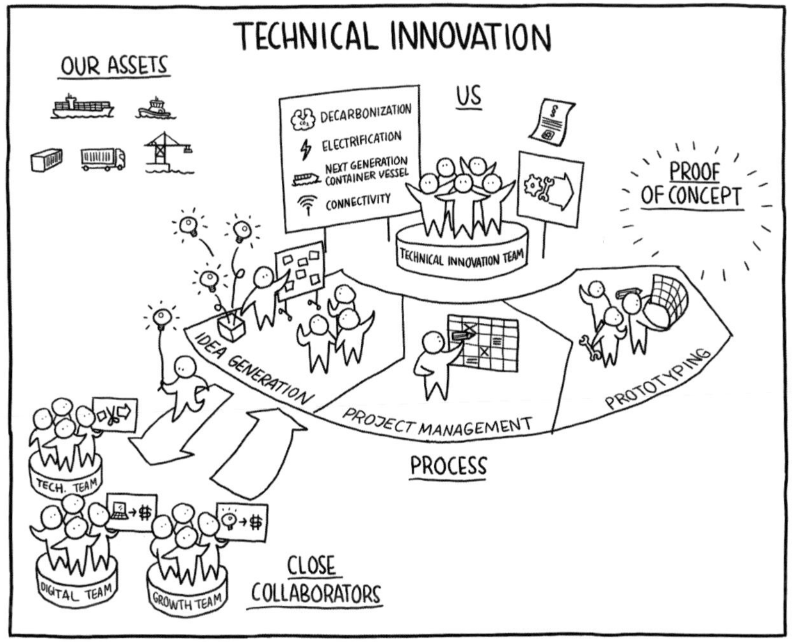

예시: 기술혁신부의 업무 방법 중 하나를 보여주는 발표 도구

예시: "에너지 수확" 이 아이콘은 천연 에너지 자원을 활용하는 미래의 선박을 표현한다.

2.
당신의 협업 과정을 설계하라

당신의 협업 과정을 설계하라

목적: 당신이 당신의 프로세스를 시각적으로 준비하도록 영감을 주기

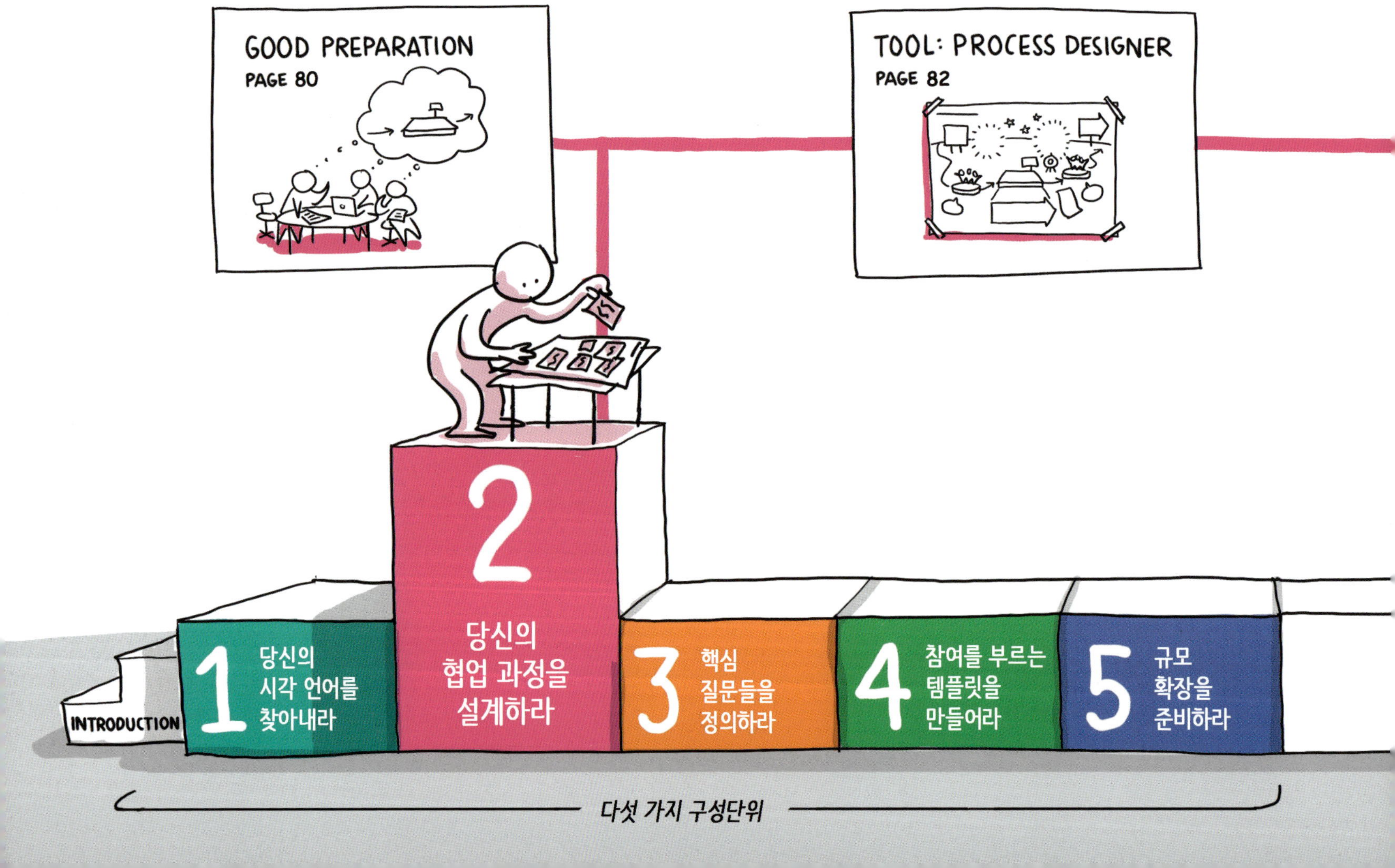

목표: 당신의 다음 회의나 프로젝트, 프로세스를
성공적으로 운영할 준비 마치기

튼튼한 준비

튼튼한 과정은 무릇 튼튼한 준비에서 비롯되기 마련이다. 활성화하고 싶은 과정에 대한 튼튼한 준비는 참여자들의 맘을 사로잡아 좋은 결과를 얻을 수 있는 강력한 출발점이 될 것이다. 다음의 열 가지 질문들은 당신과 동료들이 이 과정을 수행하는 데 도움이 될 수 있다.

유념사항: 먼저 배경과 목적부터 시작하라. 일단 목적이 정식화되면 남은 질문들에 대한 답은 더 쉽게 나온다. 그 질문들을 어떤 순서로든 다루는 것이 이 과정에는 가장 유익하다.

프로세스의 배경은 무엇인가?
프로세스의 목적은 무엇인가?
프로세스의 목표는 무엇인가?
프로세스의 결과는 무엇인가?
누가 프로세스에 참여하는가?
프로세스는 어떤 단계로 진행되는가?
어떤 상황에서 프로세스가 진행되는가?
참여자의 경험은 어떠한가?
어떤 원칙들이 프로세스를 이끄는가?
프로세스 이후에는 어떤 다음 단계들이 있는가?
다음 프로세스에는 또 어떤 다른 질문들이 적절할 수 있을까?

도구

프로세스 디자이너

당신의 다음 프로세스에 대해 동료들과 집중된 대화를 나누려면 프로세스 디자이너(Process Designer)를 활용해보라. 새로운 연관성을 발견하고, 맹점을 이해하고, 전체를 함께 만들어보라.

이 템플릿에서는 10개의 프로세스 관련 질문들 각각이 하나의 아이콘으로 표현되며, 이 모든 게 당신의 다음 프로세스 전반의 시각적 서사를 함께 구성한다.

템플릿의 구성

프로세스의 '배경(background)'은 지평선상의 왼쪽에 위치한다. 그 옆의 공중에 띄워진 공간에는 프로세스의 '목적(purpose)'을 기술하는 칸이 있다. 템플릿의 오른쪽에는 프로세스의 '목표(goal)'를 적는 공간이 있고, 여기에는 표적 하나가 아이콘으로 표시되어있다. 표적 밑에는 프로세스의 '결과(results)' 목록을 정리할 수 있는 공간이 있는 문서가 있다.

프로세스 참여자들은 이 템플릿에 등장하는 경로상의 왼쪽과 오른쪽 두 군데에 그려진다. 프로세스 이전의 '참여자 경험(participant experience)'은 왼쪽에 기입되고, 이후의 참여자 경험은 오른쪽에 기입된다.

템플릿 중앙의 플랫폼은 '상황(situation)', 즉 그 프로세스 자체를 상징한다. 플랫폼 위로는 몇 개의 별이 떠 있는데, 이 별들은 프로세스를 이끌게 될 '원칙(principles)'을 상징한다. 플랫폼 밑에는 '프로세스 단계들(process steps)'을 보여주는 화살표가 있다.

맨 위 오른쪽 모퉁이에는 한 쌍의 발자국이 있는 화살표 표지판이 그려져 있는데, 여기에 프로세스의 '다음 단계들(next steps)'을 채워 넣을 수 있다.

프로세스 디자이너는 www.visualcollaboration.site에서 다운로드할 수 있다.

어떻게?

템플릿을 그리거나 PDF 파일로 다운받는다. 참여자와 프로세스 단계, 상황별 내용의 수는 현재 프로세스와 관련하여 조정될 수 있다.

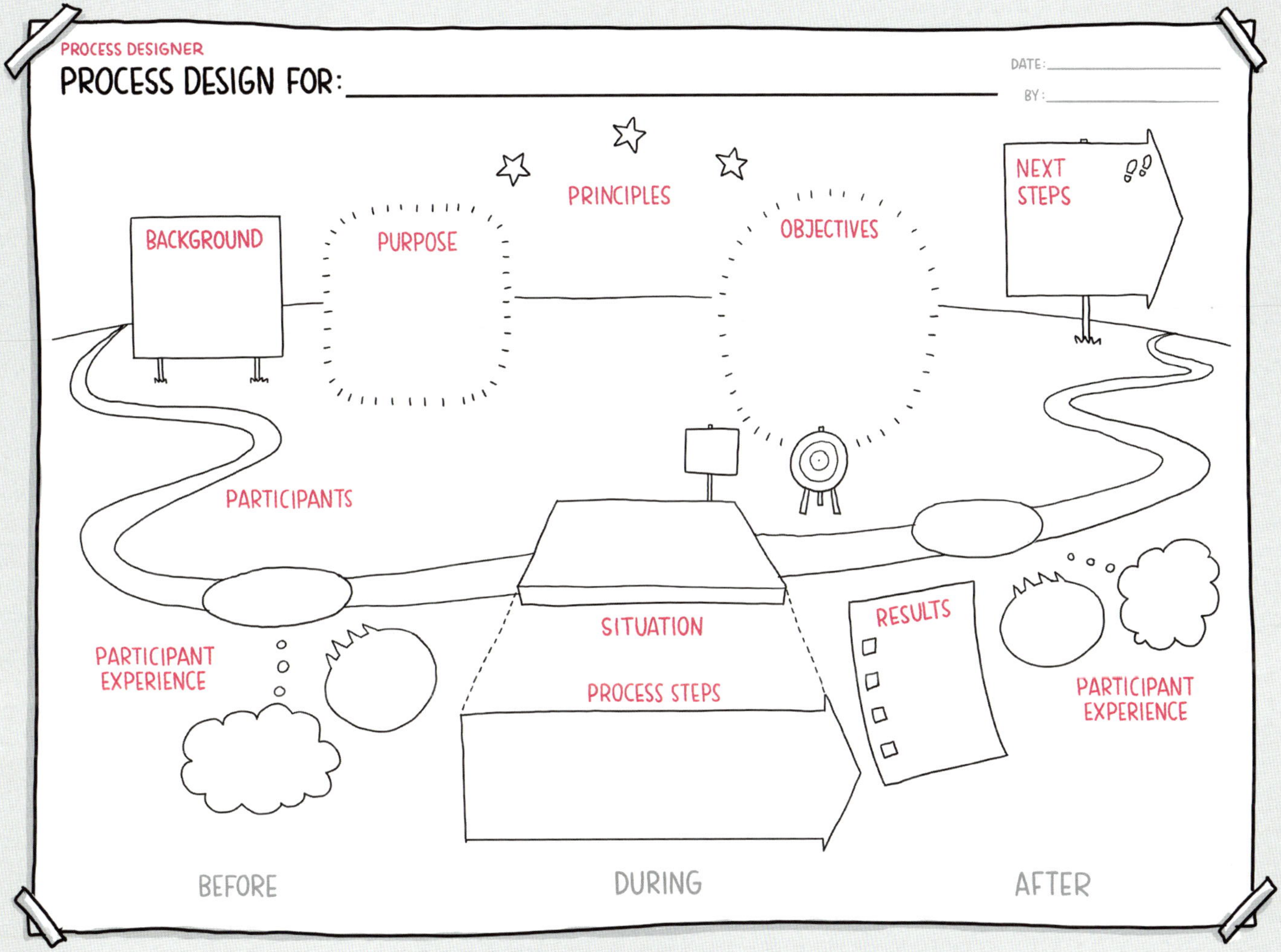

By Bigger Picture. This work is licensed under a Creative Commons Attribution-ShareAlike 4.0 International license.

프로세스 디자이너

배경

배경은 무엇인가?
배경 영역은 프로세스 이전에 있던 것, 말하자면 프로세스가 시작된 이유를 묘사한다.

지금껏 프로세스를 시작하려는 욕망으로 이어져온 가장 기본적인 필요나 트렌드, 이벤트, 데이터 또는 결정이 여기서 나열된다.

예시

간부가 자기 직원들을 위해 발표를 준비한다.

고려사항

나는 무엇 때문에 이 발표를 해야만 하는가? 그로부터 어떤 필요가 생겼는가? 어떤 사건이나 결정 또는 데이터가 이 발표의 기반이 되었는가?

프로세스 디자이너

목적

프로세스의 목적은 무엇인가? 목적은 프로세스가 전개되어야 하는 '이유'에 대한 답을 제공한다.

분명한 목적은 의미가 있고 초점이 맞춰져 있다. 하나의 프로세스를 이루는 각각의 활동과 결과는 그 프로세스의 목적과 관련해 평가될 수 있어야 한다.

목적은 설득력이 있어야 하며, 원하는 결과를 향해 참여자들을 이끌 수 있어야 한다.

예시

직원들은 각자가 소속된 부서의 주간 회의를 위한 새로운 구조를 준비하는 중이다.

고려사항

왜 참여자들이 모였는가? 참여자들의 주간 회의는 무엇을 목적으로 하는가?

프로세스 디자이너

목표

프로세스의 목표는 무엇인가?
목표는 이루고 싶어 하는 것을 묘사한다.

목표는 방향을 설정한다. 모든 프로세스는 참여자들에게 에너지를 제공하고 기여하고픈 열정을 불어넣을 수 있는 분명하고 잘 정의된 목표가 있어야 한다.

구체적인 목표들이 이끄는 방향으로 진행하는 게 더 쉽다. 잘 설정된 목표는 프로세스 전반에 걸쳐 당신이 올바른 길을 가고 있는지의 여부를 평가하는 데 활용될 수 있다.

예시

한 프로젝트 그룹이 경영 세미나를 설계하고 있다.

고려사항

이 경영 세미나의 목표는 무엇인가? 우리는 무엇을 추구해야 하는가? 그 목표에 도달했다는 걸 어떻게 알 수 있는가? 우리의 목표와 목적은 어떻게 일치하는가?

프로세스 디자이너

결과

프로세스의 결과는 무엇인가?
구체적인 결과는 눈으로 확인하고, 그 경중을 따져보고, 측정하고, 셈할 수가 있다. 프로세스의 결과들을 구체적으로 표현하면 프로세스의 목표를 행동 지향적으로 만들 수 있다. 프로세스에서 나와야 할 결과가 분명해지는 것이다. 프로세스를 넘어서서 다뤄지는 것은 목표이기보다 결과다.

결과는 프로세스의 목적 및 목표와 일치해야 한다.

예시

혁신 팀이 아이디어 발굴 워크숍을
계획하고 있다.

고려사항

워크숍으로 어떤 결과를 만들어내야 하는가? 워크숍을 통해 구체적으로 어떤 요소들을 생산해야 하는가? 목표를 이루었음을 보여주는 가시적이고 측정 가능한 결과들은 무엇인가?

프로세스 디자이너

참여자

누가 프로세스에 참여하고 있는가?
프로세스에 참여하는 개인들은 참여자 영역 내에 묘사된다. 그들은 필요와 관심, 역할, 책임, 의무 등이 서로 다른 인물들로 묘사될 수도 있고, 공통된 특징을 갖는 하나의 그룹으로 묘사될 수도 있다.

어떤 유형의 참여자를 포함할지를 분명히 해서 모두가 최선의 방식으로 포함되게 하고, 모두가 프로세스의 목적을 이루는 데 확실히 일조할 수 있게 하는 게 중요하다.

모든 참여자들 또는 참여자 그룹들에 대해 그들이 누구이고, 어디 소속이며, 무엇을 기여할지에 관한 간략한 정보가 묘사된다.

예시

훈련 세션을 준비하는 중이다.

고려사항

참여자들은 누구인가? 그들은 훈련 세션 중 무엇에 관심이 있는가? 그 과정에서 누가 무슨 역할과 책임과 의무를 맡는가? 참여자들을 하나의 그룹으로 특징짓는 요인은 무엇인가? 각각의 개별 참여자는 무슨 자원을 갖고 있으며, 이런 자원은 어떤 역할을 수행하는가?

프로세스 디자이너

원칙

어떤 원칙들이 프로세스를 이끄는가? 원칙(principle)은 주어진 프로세스 안에서 가장 잘 협업하는 방법을 기술하는 지침이나 길잡이를 말한다.

원칙은 태도와 가치와 특질을 표현하며, 프로세스 도중에 발생할 수 있는 문제들을 해결하는 데 도움이 된다.

원칙은 여지를 남겨야 배타적이지 않고 포용적일 수가 있다. 아울러 원칙은 모두가 이해하고 인정할 수 있을 만큼 단순함을 유지해야 한다.

예시

한 프로젝트 그룹이 공적인 회의를 기획한다.

고려사항

참여자들이 가치 있는 대화를 하려면 어떻게 협력해야 하는가? 목표를 달성하고 원하는 결과를 이루려면 참여자들이 어떻게 행동해야 하는가?

프로세스 디자이너

상황

프로세스가 언제 어디서 열리는가?
이 영역은 상황, 즉 프로세스가 일어날 시간과 장소 그리고 물리적 맥락을 묘사한다. 언제(기간, 날짜, 시각) 어디서(위치) 어떤 자원(시설, 장비, 물품)들이 필요한가?

좋은 프로세스 설계는 상황을 자세하게 묘사함으로써, 계획된 프로세스를 가장 잘 뒷받침하는 물리적 상황을 제시한다.

가능하다면 프로세스가 이뤄질 지역의 가장 이상적인 배치도를 스케치하라. 프로세스가 성공하려면 어떤 장비가 필요하고, 협업을 위해서는 어떤 물품이 필요할까?

예시

한 그룹이 워크숍을 준비하고 있다.

고려사항

워크숍은 언제 열리는가? 어디서 열리는가? 어떤 위치와 어떤 지역에서? 어떤 장비와 물자가 필요할까?

프로세스 디자이너

프로세스 단계들

프로세스는 어떤 단계들을 포함하는가?
이 영역은 프로세스의 처음부터 끝까지를 구성하는 단계들의 묘사를 담아낸다. 프로세스 단계들은 프로세스의 목적을 구체적인 활동들로 전개하여 그 목표를 달성하고 결과를 만들어내기 위한 구성단위들이다.
프로세스의 각 단계마다 제목과 간략한 묘사가 하나씩 붙어야 한다. 각각의 프로세스 단계는 누가 무엇에 대해 언제 책임을 지는지도 묘사할 수 있다. 일단 당신의 프로세스 디자이너에는 전반적인 단계들만 포함시켜도 된다. 이후 플레이북에서 디테일 수준을 높일 수 있다.

예시

한 그룹이 평가 과정을 설계하는 중이다.

고려사항

평가 과정은 어떤 프로세스 단계들로 구성되어야 하는가? 제일 먼저, 중간에, 그리고 마지막에 해야 하는 일들은 무엇인가? 프로세스 내부의 변화는 어떻게 존재하는가?

프로세스 디자이너

참여자 경험

프로세스는 참여자에게 어떤 경험을 제공하는가?
참여자 경험은 참여자들의 입장에 서서 프로세스 이전과 도중과 이후에 참여자들이 무슨 경험을 할지를 정식화하는 문제다.

참여자들의 입장에 서는 것은 타당한 프로세스를 성공적으로 설계할지의 여부와 관련해 결정적인 요인이다. 프로세스 디자이너는 한 프로세스에 대한 참여자들의 요구와 관심과 기대를 슬기롭게 반영하는 수단이다.

다양한 참여자들이 프로세스 이전과 도중과 이후에 하는 생각과 말과 행동에 대한 단어와 이미지를 넣어보라.

예시

간부가 직원에 대한 연례 인사 고과를 준비하는 중이다.

고려사항

직원은 이 회의에서 무엇을 경험해야 하는가? 회의 이전과 도중과 이후에 직원은 무슨 말을 할까? 직원은 회의 이후에 뭘 할 수 있는가?

프로세스 디자이너

다음 단계

프로세스 이후에는 무슨 일이 일어나는가? 프로세스 하나가 끝난 직후에 일어나는 일을 분명하게 생각해두면 모든 참여자가 프로세스에 투입하는 노력이 확실히 인정받는 데 도움이 된다. 가능한 한 가장 구체적인 용어로 후속 조치를 묘사하라. 이러한 묘사는 의사록 보관자 목록을 정리하거나 새로운 회의 초대를 보내는 것만큼이나 단순할 수 있다. 프로세스 직후에 일어나는 일을 분명하게 생각해두면 작업을 확실히 진전시키는 데 도움이 된다.

예시

한 프로젝트 그룹이 컨퍼런스를 설계하는 중이다.

고려사항

컨퍼런스 직후에 무슨 일이 벌어지는가? 누가 그 결과를 활용할 것인가? 언제 어떻게 그 결과가 활용될 것인가?

도구 활용법

프로세스를 설계할 때는 프로세스 디자이너를 활용하라. 다른 도구를 함께 활용해도 좋다. 프로세스 디자이너는 모든 요소들을 전체적으로 적절히 차트로 정리해 프로세스를 더 쉽게 논의하고 설계할 수 있는 틀을 제공한다. 시간을 할당하고, 준비를 하고, 구조화된 방식으로 이 도구를 샅샅이 활용해보라.

1. 그려보라

프로세스 디자이너를 크게 만들어서 그려보라. 당신과 동료들이 그 앞에 서서 일할 수 있게 말이다. 가능하다면 그림 안에 안내문이 포함된 A0 사이즈의 PDF 포맷을 다운로드 받아서 포스터나 표준 복사지 크기로 인쇄해서 써보라.

2. 브레인스토밍 하라

모든 프로세스 관련 질문들을 하나씩 검토하라. 각 질문에 대한 당신의 관점은 무엇인가? 어떤 대답이 가능한가? 모든 이해당사자와 참여자가 고려되고 있는가? 폭넓게 시작해서 모든 답변을 접착용 쪽지에 적고, 프로세스 디자이너 상의 상응하는 영역 속에 배치해보라. 합의된 답변은 어디에 위치하는가? 나머지와 매우 다른 답변은 어디에 위치하는가? 각 질문들에 대한 접착용 쪽지의 수는 더 많은 연구를 해야 할 영역이 어디인지를 보여줄 수 있다.

3. 분류하라

모든 접착용 쪽지를 질문별로 살펴보고 그것들을 공통분모를 기준으로 분류해보라. 접착용 쪽지가 많거나 적은 그룹이 있을 수 있다. 새로운 아이디어들이 떠오르는가? 패턴들을 차트로 정리할 수 있는가? 각 그룹의 특징이 무엇인지를 논의해보라.

4. 정식화하라

한 발짝 뒤로 물러서서 각 질문에 대한 답을 바라보라. 가장 중요한 점들을 포착하는 새로운 표제를 어떻게 정식화할 수 있을까? 새로운 접착용 쪽지들 위에 표제를 적어보라. 기억하기 쉽게 짧은 문장을 활용하자. 접착용 쪽지들의 우선순위를 매기고 최우선적인 것들만 유지하자.

5. 선택하라

이 프로세스에서 해결하고 싶은 가장 중요한 점은 무엇인가? 이걸 어떻게 당신의 답변 속에 가장 잘 표현할 수 있을까? 당신은 어떻게 초점을 맞추고 단순화할 수 있는가? 각 질문에 대한 모든 답들의 우선순위를 매겨 순서대로 제시해보라. 가장 중요한 한두 개의 답을 고르고, 그것들을 이 영역 안에 유지하거나 프로세스 디자이너 안에 적어(또는 그려)보라. 남아있는 접착용 쪽지들은 떼어낸다.

6. 공유하고 문서화하라

이런 식으로 10개의 질문 모두를 검토하면 총체적인 프로세스 디자인을 얻게 된다. 그 결과들의 전체적인 그림을 모든 참여자와 공유하고, 다음 단계에서는 공유된 그림을 활용해 프로세스를 문서화하라. 가능하다면 미래의 프로세스 참여자들이나 기타 이해당사자들과 소통하면서 말이다.

도구 예시

주간 회의

두 명의 직원이 자기들 부서의 주간 회의를 위한 새로운 구조를 설계하고 있다. 주간 회의는 조직의 고전적인 의례다. 주간 회의는 다양한 형태로 이뤄지지만, 어떤 경우건 매주 반복되고 참여자들이 그 순서와 문화를 알고 있다는 점에서 공통적이다.

두 명의 직장 동료가 프로세스 디자이너를 활용해 자기들 부서의 주간 회의를 위한 새로운 프로세스를 설계하는 방식의 한 사례를 소개한다.

주간 회의가 이뤄지는 '배경(background)'은 직원들이 서로 지식을 공유할 수 있게 하는 어떤 고정된 의례가 부서별로 필요하다는 사실이다. 그 '목적(purpose)'은 지식을 공유하고 해당 주의 가장 중요한 임무들을 함께 다루는 데 있다. 주간 회의의 '목표(goal)' 는 모두에게 다른 이의 작업과 해당 주의 가장 중요한 임무들을 숙지시키는 것이다. 그로 인한 '결과(result)' 는 주어진 시간 범위 안에서 특정한 사람들이 해결해야 하는 우선적인 임무 목록이다. '참여자(participant)'들은 부서 직원들이고, 회의는 간부가 진행한다. 주간 회의의 목표와 결과가 달성되도록 보장하는 '원칙(principle)'은 모두가 가장 중요한 정보를 배우고 공유하며 문제풀이 방식으로 사고한다는 것이다. 매주 월요일마다 프로젝터와 화이트보드를 이용할 수 있는 202호 회의실에서 1시간짜리 회의를 하는 '상황(situation)'이라면, 그 '프로세스 단계들(process steps)'은 다음과 같다.

— 간부의 환영 인사
— 모든 직원들의 약식 보고
— 보고 내용에 대한 열린 대화
— 요약: 각자의 역할과 해당 주의 책임 분할

'참여자 경험(participant experience)': 참여자들은 회의하기 전에 자기들의 임무에 대해 얘기하고 싶어 하고, 동료들의 임무에 대해서도 무척 듣고 싶어 한다. 회의가 끝나고 나면 다른 동료의 업무를 더 잘 이해하게 된 상태일 테니 그 주에 각자의 업무에 임할 준비가 되었다고 느낀다. '다음 단계들(next steps)'은 이러하다. 회의를 진행한 간부들은 회의 이후에 회의에 참여한 모두에게 업무 우선순위와 마감일을 적은 요약 이메일을 보내고, 임무들은 완료된다.

직원 두 명이 자기들 부서의 주간 회의를 위한 새로운 구조를 설계하는 중이다.

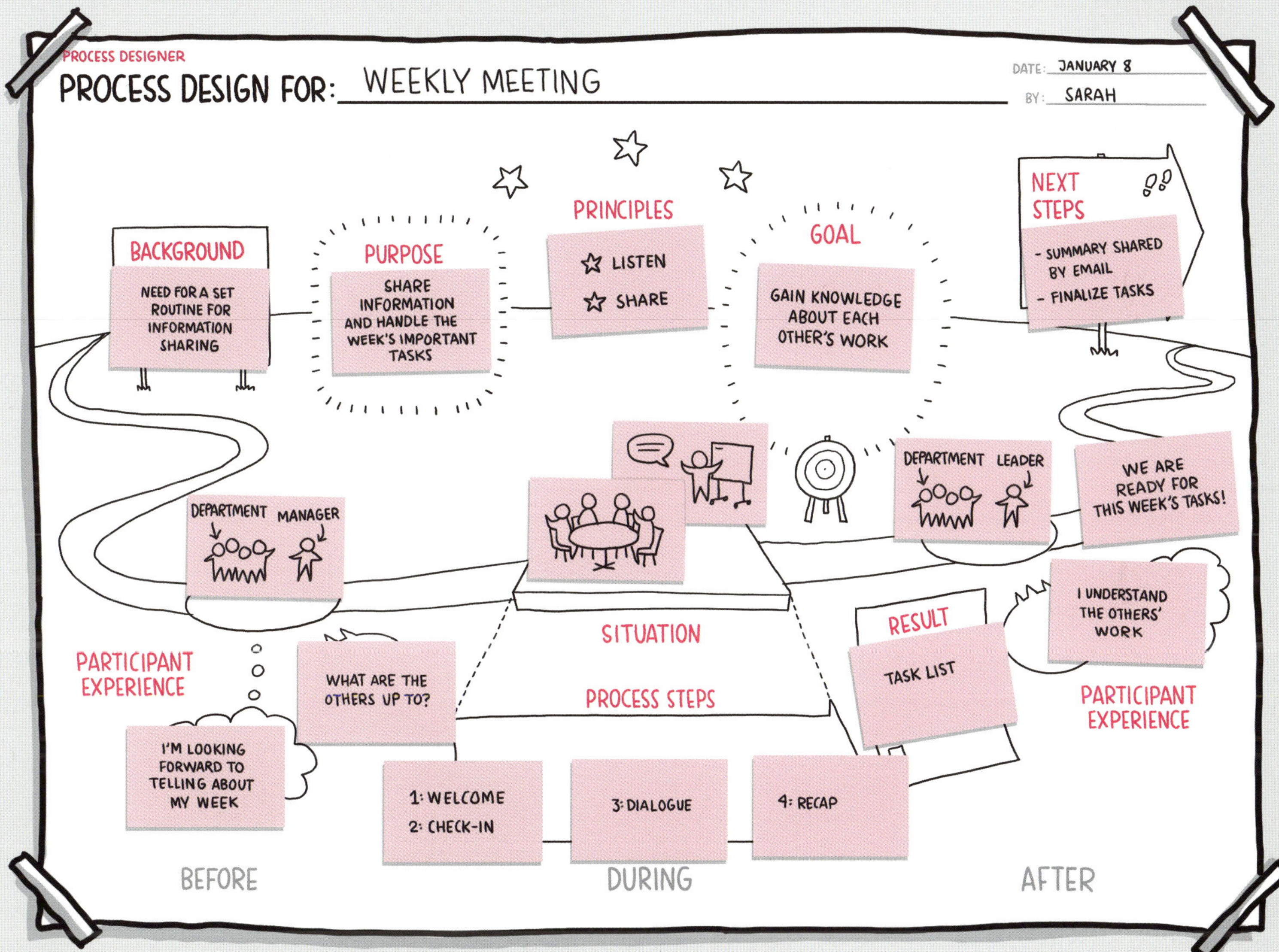

PROCESS DESIGNER
PROCESS DESIGN FOR: WEEKLY MEETING
DATE: JANUARY 8
BY: SARAH
BACKGROUND
NEED FOR A SET ROUTINE FOR INFORMATION SHARING
PURPOSE
SHARE INFORMATION AND HANDLE THE WEEK'S IMPORTANT TASKS
PRINCIPLES
LISTEN
SHARE
GOAL
GAIN KNOWLEDGE ABOUT EACH OTHER'S WORK
NEXT STEPS
- SUMMARY SHARED BY EMAIL
- FINALIZE TASKS
DEPARTMENT MANAGER
DEPARTMENT LEADER
WE ARE READY FOR THIS WEEK'S TASKS!
PARTICIPANT EXPERIENCE
WHAT ARE THE OTHERS UP TO?
I'M LOOKING FORWARD TO TELLING ABOUT MY WEEK
SITUATION
PROCESS STEPS
RESULT
TASK LIST
I UNDERSTAND THE OTHERS' WORK
PARTICIPANT EXPERIENCE
1: WELCOME
2: CHECK-IN
3: DIALOGUE
4: RECAP
BEFORE
DURING
AFTER

도구 예시

전략 워크숍

워크숍은 한 그룹이 특정 임무의 해결을 위해 집중적이고 실천적인 방식으로 일하려고 모이는 업무 방법이다.

한 조직의 경영진이 프로세스 디자이너를 활용해 고위 간부들을 위한 전략 워크숍을 설계하는 방법의 한 사례를 소개한다.

워크숍을 여는 '배경(background)'은 고위 간부들의 승인을 받기 위해 개발한 새로운 전략을 발표하려는 경영진의 소망이다. 워크숍의 '목적(purpose)'은 간부들과 함께 새로운 전략을 도입하고 세밀하게 조율하려는 데 있다. 그 '목표(goal)'는 간부들이 새로운 전략의 소유권을 갖는 것이다. 그로 인한 '결과(result)'는 4가지 전략적 질문에 대한 답이 완성된 템플릿이다. '참여자(participant)'들은 10명의 최고위 간부들, 2명의 경영진, 그리고 1명의 활성가다. 업무의 지침이 되는 '원칙(principle)'은 대화와 타당성 그리고 참여다. 화이트보드와 템플릿 그리고 그림도구와 필기구를 갖춘 2시간짜리 세션인 '상황(situation)'이라면, 그 '프로세스 단계들(process steps)'은 다음과 같다.

— 환영 인사와 소개
— 전략 발표
— 4가지 전략적 질문에 관한 대화
— 요약과 다음 단계들

'참여자 경험(participant experience)': 워크숍을 하기 전에 간부들은 새로운 전략을 궁금해 할 것이다. 워크숍 도중에는 긍정적으로 여기는 간부들이 압도적으로 많겠지만, 전략의 일부 측면들에 대해서는 다소 회의적인 시선을 보일 수도 있다. 워크숍이 끝난 후에는 모두가 발표를 들었고 전략의 내용을 형성하는 데 일익을 담당했다고 느낄 것이다. 그 '다음 단계들(next steps)'은 이러하다. 워크숍 이후 간부들이 관여한 내용들을 실행에 옮기고, 이러한 전략을 조직의 다른 직원들에게 확대 적용해야 한다.

경영진이 자기 조직의 최고위 간부 10명을 위한 전략 워크숍을 기획한다.

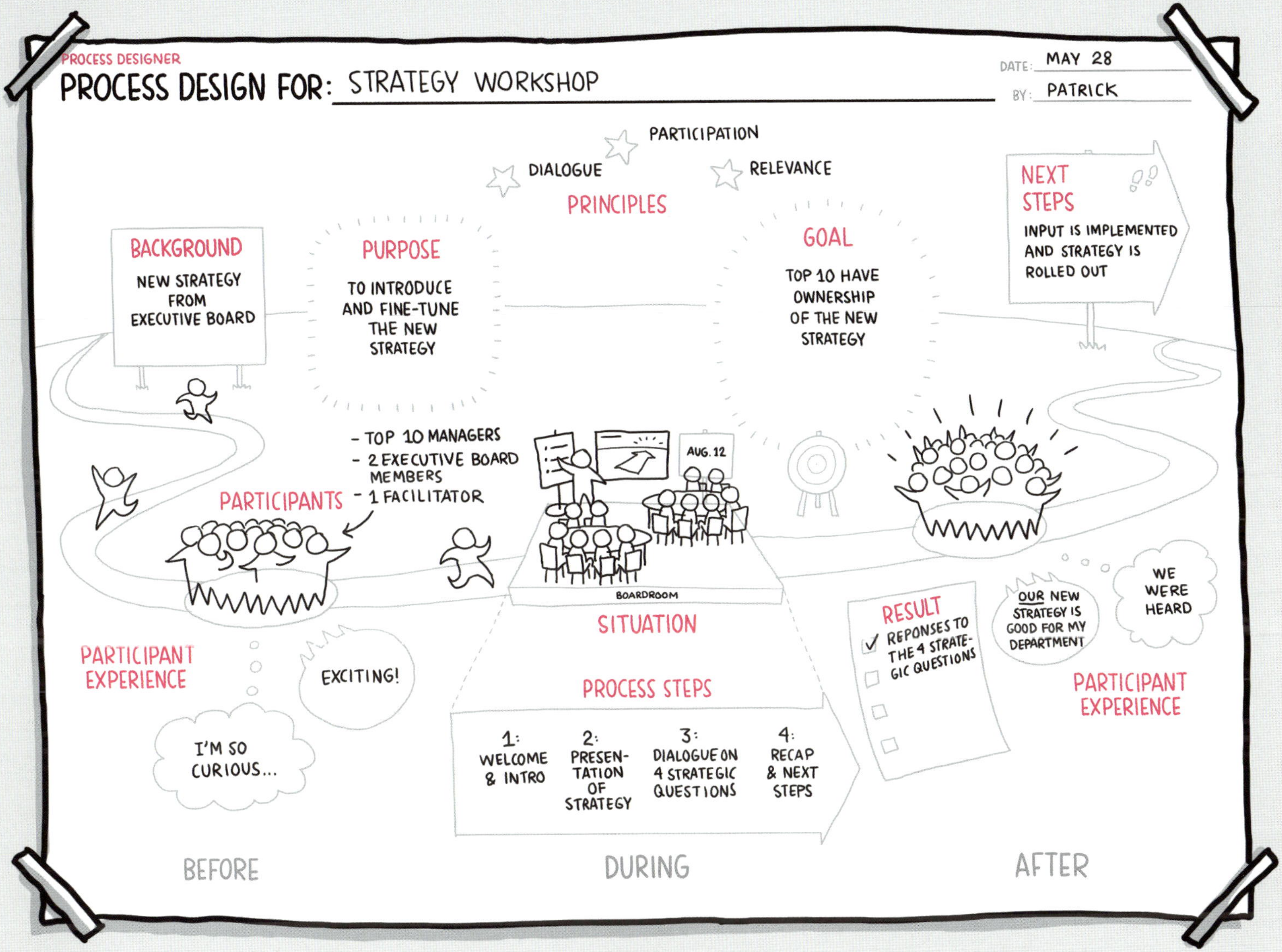
PROCESS DESIGNER
PROCESS DESIGN FOR: STRATEGY WORKSHOP
DATE: MAY 28
BY: PATRICK
PARTICIPATION
DIALOGUE
RELEVANCE
PRINCIPLES
NEXT STEPS
INPUT IS IMPLEMENTED AND STRATEGY IS ROLLED OUT
BACKGROUND
NEW STRATEGY FROM EXECUTIVE BOARD
PURPOSE
TO INTRODUCE AND FINE-TUNE THE NEW STRATEGY
GOAL
TOP 10 HAVE OWNERSHIP OF THE NEW STRATEGY
- TOP 10 MANAGERS
- 2 EXECUTIVE BOARD MEMBERS
- 1 FACILITATOR
PARTICIPANTS
AUG. 12
BOARDROOM
SITUATION
RESULT
REPONSES TO THE 4 STRATEGIC QUESTIONS
OUR NEW STRATEGY IS GOOD FOR MY DEPARTMENT
WE WERE HEARD
PARTICIPANT EXPERIENCE
EXCITING!
I'M SO CURIOUS...
PARTICIPANT EXPERIENCE
PROCESS STEPS
1: WELCOME & INTRO
2: PRESENTATION OF STRATEGY
3: DIALOGUE ON 4 STRATEGIC QUESTIONS
4: RECAP & NEXT STEPS
BEFORE
DURING
AFTER

요약

튼튼한 준비: 10개의 프로세스 관련 질문들은 당신과 당신의 팀이 거의 모든 과정을 설계할 수 있도록 도와줄 수 있다.

프로세스 디자이너: 프로세스 디자이너에서 당신의 프로세스 관련 질문들을 시각적으로 다루면 전반적인 개요를 그리며 프로세스를 응집력 있게 설계할 수 있게 될 것이다.

도구 활용: 혼자서든 그룹을 지어서든 이 도구를 활용하여 프로세스의 가장 중요한 요소를 브레인스토밍하고 선택하고, 분류하고, 정식화할 수 있다.

예시: 프로세스 디자이너와 10개의 프로세스 관련 질문들은 사람들이 상호 소통하는 모든 유형의 프로세스에 활용할 수 있다. 당신은 다음 프로세스에 들어맞는 당신만의 질문이나 요소를 추가할 수 있다.

당신이 프로세스를
설계하는 데
중요한 프로세스는
무엇일까요?

실무 기법

공통의 목적으로 정렬하기

2014년 소뢰에서 열린 회의: 미래 청소년 교육 프로그램용으로 합동으로 만든 시각적 비전

목적: 모든 청소년이 완성하고 삶의 시련에 대처할 수 있는 사람을 키워내는 미래 청소년 교육 프로그램을 합동으로 만드는 법 모색하기

원칙:
- 능동적 참여
- 시각화
- 공동 창조
- 타당성
- 미래지향적 관점 2020+

목표:
서로에게 영감을 주고 미래 청소년 교육 프로그램을 위한 이정표를 만들기

내용:
서론, 집단 작업, 발표, 전원 토론 등

결과:
- 미래 청소년 교육 프로그램을 위한 공통의 비전 묘사
- 미래 청소년 교육 프로그램을 위한 영감과 지침
- 참여자들을 위해 접착용 쪽지마다 표시한 개인별 다음 단계들
- 모든 참가자가 새로운 전화번호를 세 개씩 갖는다.

숙고를 위한 개요와 도구

모두를 위한 그림 도구

이틀

이 그래픽 비전은 회의가 끝나고 120명의 참여자 모두에게 발송된다.

소뢰 회의: 1980년대 초에 덴마크 교육부 장관이었던 베르텔 호르데르는 덴마크 코펜하겐의 소뢰 아카데미에 교사와 전문가, 실천가, 예술가, 정치인 들을 초대하여 교육 정책의 현재 화두를 논하는 전통을 시작했다.

2014년에 이 회의는 젊은이들을 위한 미래 교육 프로그램들을 다루었고, 여기서 당시 교육부 장관이었던 크리스티네 안토리니는 회의 이전과 도중과 이후의 업무 방법으로서 시각 활성화를 활용하기로 했다.

안토리니 장관은 빠듯한 일정상 소뢰와 같은 회의와 연계해 이뤄질 예정이었던 모든 심사와 결정에 참여할 수 없었다.

초기 계획 단계에서 시각적으로 작업함으로써, 회의의 과정과 내용 및 결과는 확고한 시각화가 이뤄지게 되었다.

지식을 공유하고 '함께 생각하기' 위해 회의나 컨퍼런스를 여는 조직이나 네트워크가 많았는데, 여기서 제시하는 소뢰 회의도 예외가 아니었다. 하지만 여기서 중요한 건 참여자들을 초대하는 이유가 그들이 회의 주제에 정치적으로 관여하기 때문이라는 점이다. 따라서 참여자들은 같은 조직의 일부가 아니다. 그들이 지향하는 비전이 꼭 같은 것도 아니고, 비전을 달성하는 방식에 대해 동일한 관점을 견지하는 것도 아니다.

소뢰 회의의 참여자들은 이런 의미에서 하나의 다양한 그룹이며, 그만큼 다양한 참여자들의 지도를 그리는 작업은 미래 청소년 교육 프로그램의 비전을 함께 만들어낼 수 있게 해준 결정적 요인이었다. 참여자들은 프로그램의 전체에 대해서는 아닐지라도 개인적으로 정식화와 시각화에 일조한 부분에서는 소유권을 가질 수 있었다.

이 회의를 통해 만든 미래 청소년 교육 프로그램의 시각적 비전이 이후 참여자 120명 모두에게 발송됨에 따라, 그들은 각자의 조직이나 네트워크 속에서 회의 경험을 공유하고 미래 교육 프로그램에 관한 대화를 다시 이어갈 수 있었다.

"장관은 많은 결정을 해야 한다. 그러므로 한 주제를 명확히 하고 소유권을 가지며 탄탄한 정보력을 기반으로 결정을 내리기 위해서는 의지할 수 있는 숙련된 파트너들의 관계망을 구축하는 게 무엇보다 중요하다. 2014년 소뢰 회의를 기획할 때 프로젝트 그룹이 활용한 시각 작업은 회의의 전개 방식을 더 쉽게 이해할 수 있게 해줬고, 그런 시각 작업을 통해 우리는 모두가 실제로 영향을 미칠 과정을 보장하기 위한 조절을 할 수 있었다."

크리스티네 안토리니,
전 덴마크 교육부장관(2011~2015)

3. 핵심 질문을 정의하라

핵심 질문을 정의하라

목적: 질문들을 활용한 전략적인 업무 방식 제공하기

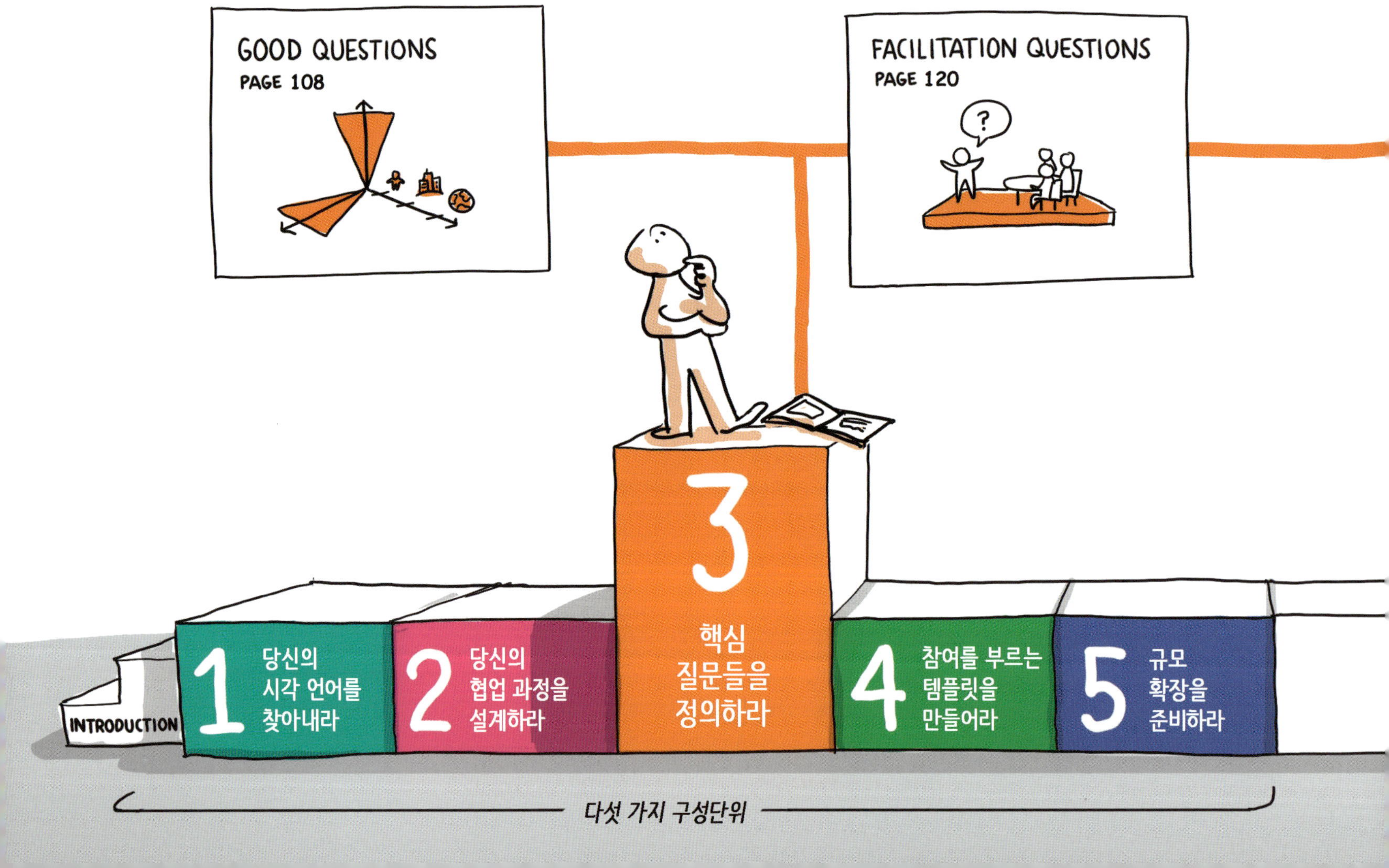

목표: 다음 회의나 프로젝트, 프로세스를 위한 일단의 강력한 질문들을 준비하기

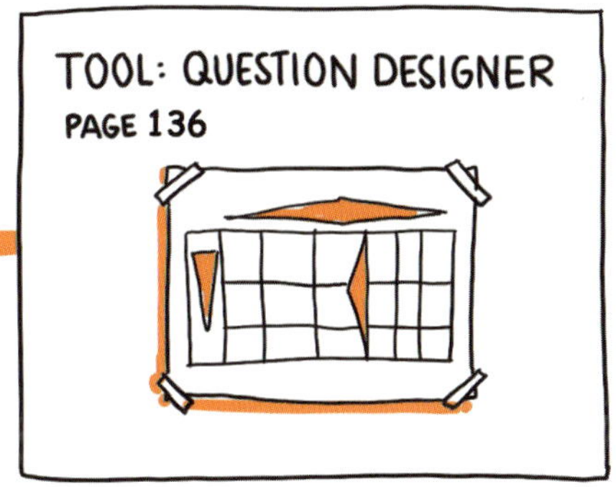

좋은 질문

우리의 삶은 우리가 던지는 질문과 우리에게 던져지는 질문을 통해 근본적 의미를 부여받는다.

세계에 관해 숙고하고 질문을 던지는 사람들의 능력은 진보와 발전에 필수적이었다. "인간임은 무엇을 뜻하는가?" 이것은 철학자 쇠렌 키르케고르가 제기한 질문이었다. 그는 자신의 짧은 일생을 이 질문에 대한 답을 찾는 데 바치며 실존주의의 토대를 놓았다. 덴마크 공교육 시스템의 토대를 놓은 니콜라이 프레데리크 세베린 그룬트비(N. F. S. Grundtvig)는 이렇게 물었다. "우리는 어떻게 자유롭고 활기차며 자유로운 민중의 계몽을 일으킬 수 있을까?"

나는 자라서 무엇이 될까? 무엇이 내게 가장 중요한 문제인가? 나는 뭘 공부해야 할까? 나는 어디서 살게 될까? 누구와 함께? 질문은 방향을 설정하면서 우리의 주의를 집중시킨다. 우리가 다루는 질문이 근본적이든 개인적이든 조직적이든, 그것은 우리가 의미 있는 답을 찾도록 영감을 불러일으킨다. 따라서 좋은 질문을 정식화하는 시간을 가질 만한 가치가 있다.

"문제 하나를 푸는 데 한 시간이 주어진다면, 나는 55분간 문제를 생각하고 5분간 해답을 생각할 것이다. 문제가 뭔지만 알면 5분 내로 문제를 풀 수 있기 때문이다."

—알버트 아인슈타인

우리는 질문들을 중심으로 모인다. 많은 조직과 프로젝트와 회의가 하나 이상의 공통된 주요 문제들에 대한 답을 찾기 위해 만들어져왔다.

"어떻게 그 많은 사람들을 위한 더 나은 일상생활을 만들어낼 수 있을까?"

이케아 근무자들에게 유명한 이 질문은 매일같이 여러 부서와 위계를 가로지르며 탐구되며, 이케아 창립 70주년인 오늘날에도 그것은 마찬가지이다(잉그바르 캄프라드, "미래 딜러의 유언[Testament of a Furniture Dealer]," 1976).

"모두가 완성할 수 있고 삶의 도전을 극복할 수 있는 젊은이들을 키우는 교육 프로그램을 어떻게 만들어낼 수 있을까?"

당시 교육부 장관이었던 크리스티네 안토리니는 2014년 소뢰에서 열린 연례 정상회담에서 위와 같은 질문을 던졌다. 그녀는 120명의 교육 전문가들을 모셔놓고 이틀간 덴마크 청소년 교육의 발전에 관한 대화를 가졌다.

"우리는 어떻게 펜과 종이의 사용을 늘려서 적어도 독해와 글쓰기, 셈법을 배우는 것만큼 그리기를 배우는 게 중요함을 세상에 보여줄 수 있을까?"

이것이 우리의 비거 픽처(Bigger Picture) 업무를 주도하는 질문이다.

좋은 활성화 관련 질문은 당신의 프로세스 설계를 뒷받침한다. 앞 장에서는 응집력 있는 프로세스 디자인 하나를 만드는 데 도움을 줄 수 있는 질문 10개를 소개했다. 이번 장에서는 질문들이 어떻게 프로세스 설계를 뒷받침할 수 있는지를 보여준다. 프로세스의 목적에 들어맞고, 그 목표를 향해 프로세스가 전진하도록 도와주며, 미래에 쓰일 수 있는 구체적 결과들이 만들어지도록 보장하는 질문들을 어떻게 설계할 수 있을까?

당신이 다음에 주관할 프로세스의 참여자들에게는 어떤 질문들이 가장 적절할까?

대화로 가는 길

어느 한 그룹을 향한 좋은 질문은 훌륭한 답들을 함께 살펴보고, 발견하고, 모색하자는 권유 같은 효과를 낸다.

좋은 활성가는 초점 있는 틀을 제공하고, 길잡이처럼 질문하며, 필요한 만큼 변경도 제안함으로써 건설적인 대화를 도모하고 자극한다. 그 목표는 한 그룹이 함께 '생각'하는 지점까지 도달하여 새롭고 생산적인 아이디어들을 함께 만들어내고 새로운 통찰을 발전시키며 공유하는 것이다. 대화를 지향하는 과정은 그룹에 소속된 일원들이 서로 거리낌 없이 공개적이고 정직한 방식으로 말하고 들을 수 있는 조건을 요한다. 당신은 활성가로서 다양한 유형의 질문을 특정한 순서로 엮어 그 과정을 도울 수 있다.

- 프로세스를 시작할 때는 교대로 말한다는 원칙을 명시적으로 언급하고 참여자들이 서로의 말을 듣고 싶어 하게 만드는 게 질문하기에 유리하다.
- 프로세스 도중에는 탐색적이고 제약 없이 열린 질문들이 도움이 된다.
- 프로세스의 끝에는 보다 성찰적이고 결론적인 질문들이 요구된다.

우리가 말하는 '좋은 대화로 가는 길(path to good dialogue)'은 미국의 경영 코치인 윌리엄 아이잭스에게서 영감을 받은 것으로, 여기서는 단순화된 형태로 제시한다. 대화와 토론에 대한 정의는 우리가 내린 것이며, 다양한 질문 사례도 그러하다.

아이잭스의 '좋은 대화로 가는 길' 위에서 우리는 모든 대화에 존재하는 선택에 직면한다. 판단을 보류한 채 열린 상태로 두는 길을 택할 수도 있고, 다른 사람의 입장을 판단하며 우리 자신의 입장을 변론하는 길을 택할 수도 있다. 각자의 입장을 변론하며 옹호하는 경우에는 다른 입장과 단절되고, 그 결과 모두가 자신만의 생각을 고집하게 된다. 하지만 참여자들이 판단을 보류하는 길을 택할 경우, 그들은 대화를 통해 더 가까워지고 함께 생각할 수 있게 된다. 활성가가 해야 하는 어려운 과제는 질문들을 설계하고 그에 관한 대화를 활성화하며 그룹이 함께 생각하도록 돕는 일이다. 그 목표는 참여자들이 단순히 의견을 교환하기보다 함께 공통의 의미와 통찰을 발전시키는 성찰적 학습이 이뤄지는 대화다.

대화(DIALOGUE)
어원: '대화'를 뜻하는 그리스어 '디아로고스(dialogos)'에서 옴.
우리의 정의: 대화는 관련자들이 주어진 주제에 관한 새로운 관점들을 (말이나 글이나 그림을 통해) 함께 살펴보고, 모색하고, 발견하는 집합적인 과정이다.

토론(DISCUSSION)
어원: '여러 조각들로 부수다'를 뜻하는 라틴어 '디스쿠테레(discutere)'에서 옴.
우리의 정의: 토론은 대립하는 관점들이 만나는 교차로로서, 여기서는 입장들이 표시되고 개인들은 각자의 한계선을 정의한다.

질문 예시

교대로 말하는 원칙:
- 엄마, 당신은 이 협업에서 무엇을 기대하세요?

적극적으로 듣고 있음을 보여주기:
- 로버트, 제인이 가장 중요하다고 말하는 게 뭔지 들으셨어요?
- 지금 얘기된 관점들이 서로 어떤 부분에서 비슷하다고 보세요?

성찰적인 대화를 돕기:
- 소피아, 당신이 X라고 말할 땐 무엇을 근거로 한 것이지요?
- 왜 X에 집중하는 게 중요한가요?

학습하는 대화를 돕기:
- 지금껏 우리가 들은 바에 따르면, 앞으로 어떻게 하는 게 제일 좋죠?

질문의 기능

활성가의 입장에서 질문은 가장 중요한 도구다. 질문은 발전하고, 참여를 유도하며, 혁신을 불어넣고, 좋은 대화를 가능하게 한다.

여는 대화와 닫는 대화. 한 프로세스를 위한 일련의 질문을 설계할 때는 질문의 기능과 타이밍을 고려하는 게 중요하다. 어떤 질문은 제약 없이 열려 있고, 수많은 다양한 답을 유도한다. 반면에 결론과 선택, 결정을 요구하는 닫힌 질문도 있다. 프로세스의 흐름과 참여자들의 경험, 그리고 그들이 만들어낼 수 있는 답의 내용을 위해서는 질문의 기능을 고려하며 적시적소에 질문을 던지는 게 중요하다.

따라서 우리는 어떤 프로세스를 위한 일련의 질문을 설계할 때 우리가 프로세스 다이아몬드(process diamond)라고 부르는 걸 맘속 깊이 고려한다. 프로세스 다이아몬드는 샘 카너가 『활성가를 위한 참여적 의사결정 가이드(The Facilitator's Guide to Participatory Decision-Making)』라는 책에서 제시한 '참여적 의사결정의 다이아몬드'를 해석한 것이다. 우리는 여기서 활성화 관련 질문들의 다양한 기능과 프로세스 내부 배치에 집중하고자 카너의 다이아몬드를 약간 단순화했다.

카너에 따르면 활성화 과정은 세 영역으로 나눌 수 있는데, 발산 영역(divergent zone)과 '고뇌 영역(groan zone)', 그리고 수렴 영역(convergent zone)이 그것이다.

질문의 기능

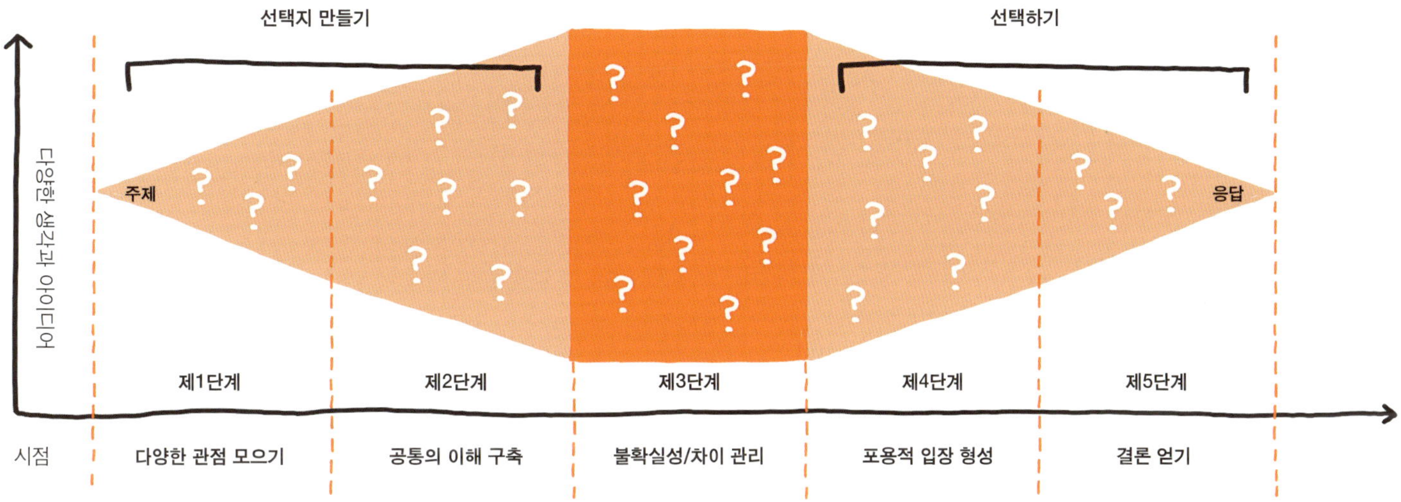

발산 영역:
제1단계와 제2단계

대화를 개시하는 발산 영역에는 자유와 개방성이 있다. 여기서는 다양한 관점이 모이고 여러 가지 대안이 추구된다. 이 단계에서는 참여자들이 '아니오/하지만'보다는 '네/그리고'로 말하도록 훈련된다. 이 영역은 근본적으로 주어진 주제나 질문에 관한 공통의 지식을 만들어내는 단계다. 이 개시 영역에는 매우 다양한 수준의 생각과 아이디어를 유도하는 공간이 있다. 발산 영역은 두 단계로 이루어지는데, 제1단계에서는 제약 없이 다양한 답변을 유도하는 질문들을 제기한다. 제2단계의 질문들은 폭넓은 공통적 이해의 틀을 형성할 수 있도록 유도한다.

고뇌 영역:
제3단계

고뇌 영역은 참여자들이 대개 혼란과 좌절을 겪는 프로세스의 한 시점이다. 여기서는 주제나 질문의 복잡성이 가장 명백하게 나타나며, 참여자들은 이 시점에서 앞으로 나아갈 분명한 길이 없다고 느낄 수 있다. 이 제3단계 영역에서 질문의 기능은 그룹이 차이와 불확실성을 관리하고 수용할 수 있도록 돕는 것이다. 이 질문들은 참여자들이 좌절을 극복하고 앞으로 나아갈 길을 찾는 걸 도울 수 있게 설계되어야 한다.

수렴 영역:
제4단계와 제5단계

대화를 마무리하는 수렴 영역에서는 참여자들이 이제껏 만들어온 선택지들을 평가해야 한다. 참여자들은 요점을 정리하고 우선순위를 매기며 각자의 지식을 분류해 최종 결론으로 나아가야 한다. 이 그룹은 자기들이 지은 결론에 공동으로 책임을 져야 한다. 수렴 영역은 프로세스의 마무리 단계인 제4단계와 제5단계에 해당한다. 제4단계에서 질문의 기능은 참여자들이 각자의 내용을 연결하고 분류함으로써 응집성을 만들게 하는 일이다. 제5단계에서는 참여자들이 결정을 내리고 프로세스의 결론을 내리도록 분명히 요구할 수 있는 질문들을 준비해야 한다.

거시적/미시적 수준의 프로세스 다이아몬드

활성가의 역할과 책임은 참여자들이 한 주제나 질문에 대한 답을 함께 찾는 일련의 단계들을 설계하고 촉진하는 데 있다. 프로세스 다이아몬드의 세 영역 속에서 여러 가지 질문과 그것들의 다양한 기능을 활용함으로써, 활성가는 프로세스와 그 참여자들이 앞으로 나아갈 수 있도록 돕는다.

프로세스 다이아몬드는 거시적으로든 미시적으로든 모두 활용할 수 있다. 거시적 수준에서는 다이아몬드의 세 영역에 따라 일련의 연관된 질문들을 활용해 하나의 프로세스 전체를 설계할 수 있다. 미시적 수준에서는 프로세스 다이아몬드를 활용해 전반적인 질문들 가운데 하나에 세부적으로 집중하는 일련의 보조 질문들을 설계할 수 있다. 어떤 수준에서건 일련의 질문들은 다이아몬드의 세 영역을 기반으로 설계된다.

두 번째 구성단위를 다룬 94쪽에서는 '프로세스의 목적이 무엇인가'라는 질문에 대한 미시적 수준의 프로세스 다이아몬드가 쓰인 걸 볼 수 있다.

예시

일단의 간부들이 2030년 전략의 대략적인 계획을 결정하기 위한 회의를 하고 있다. 주어진 시간은 2시간이며, 거시적 수준의 개별 질문들은 미시적 수준에서도 제각기 탐구될 수 있다.

거시적 수준

'우리의 2030년 전략은 무엇인가?'라는 전반적 질문에 대한 답을 공동으로 제안하기 위한 여러 질문들이 프로세스 다이아몬드에 기입된다.

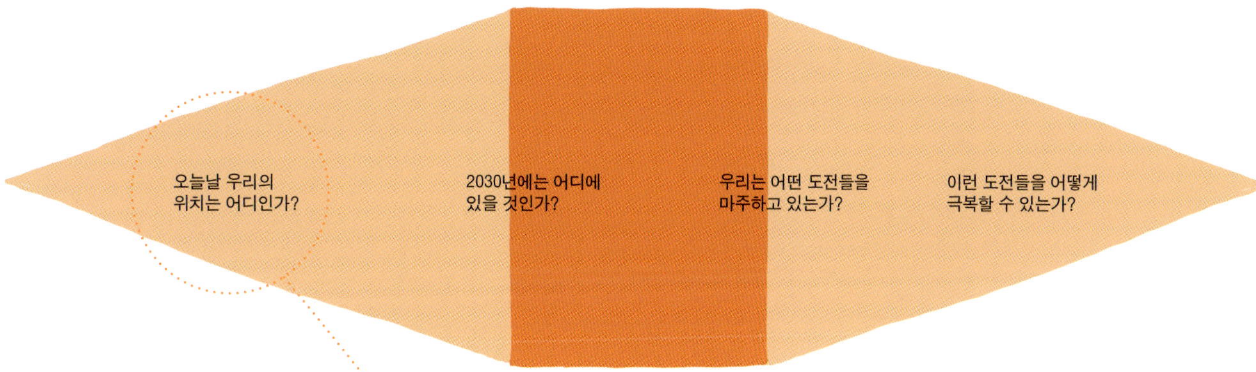

미시적 수준

'오늘날 우리의 위치는 어디인가?'라는 거시적 수준의 첫 질문에 대한 답을 공동으로 제안하기 위한 여러 질문들이 프로세스 다이아몬드에 기입된다.

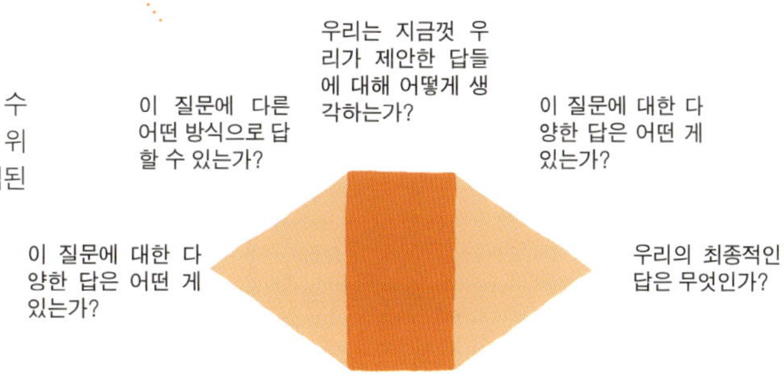

질문 체계

당신의 질문을 그것의 구조와 가정 그리고 범위라는 세 가지 차원을 바탕으로 설계하라. 이러한 질문 체계는 통찰과 혁신, 행동을 진흥하는 좋은 질문들을 만들어내기에 좋은 시작점이 된다.

세 가지 차원

에릭 E. 보그트, 와니타 브라운, 데이비드 아이잭스는 「강력한 질문의 기술(The Art of Powerful Questions)」이라는 논설에서 "우리가 얻는 지식의 유용성과 우리가 취하는 행동의 효과성은 우리가 묻는 질문들의 질에 좌우된다"고 썼다. 또한 같은 논설에서 그들은 자기들이 "좋은 질문의 체계(the architecture of good questions)"라고 부르는 것을 위한 3차원적 규칙을 제시한다.

그들은 학습하는 대화를 위한 틀을 구축하고 발견의 문을 개시하기 위한 효과적 질문들의 세 가지 차원을 파악한다. 그 세 가지 차원이란 구조와 가정 그리고 범위다.

이 세 차원을 모두 고려해 설계한 질문들은 통찰과 혁신과 행동을 진흥한다. 이번 섹션에서는 우리가 이 세 차원을 어떻게 활용하는지를 확인할 수 있다.

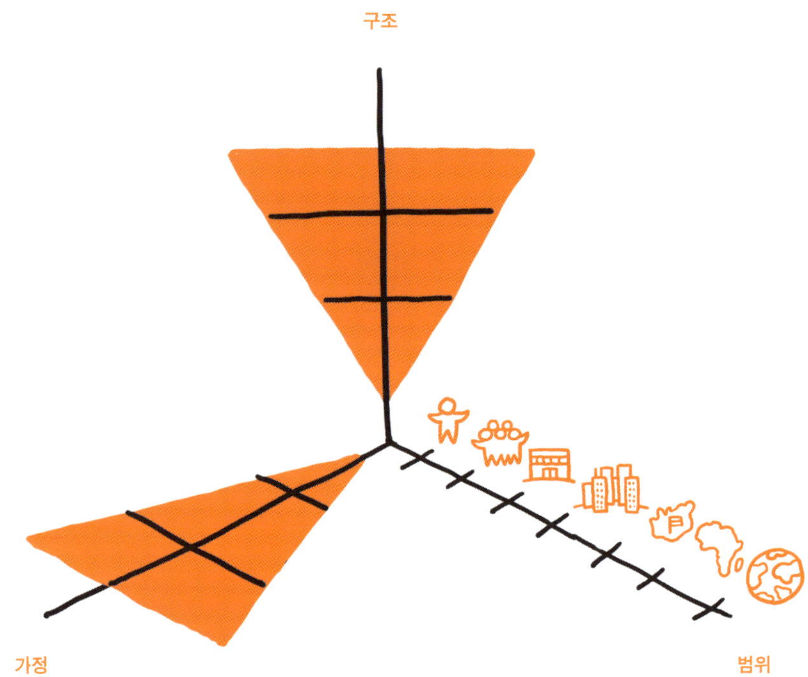

구조

어떤 질문들은 많은 답으로 이어지는 길을 열어주며, 질문하는 대상을 폭넓은 각도로 바라본다. 또 어떤 질문들은 그보다 의미 범주가 좁고 닫힌 구조를 취하며 예컨대 '예'나 '아니오'만 택할 수밖에 없게 만드는 경우도 있다.

질문의 구조를 다룰 때에는 그 질문이 얼마나 탄탄한지를 살펴보기 위한 질문 삼각형(question triangle)을 활용할 수 있다.

질문 하나가 삼각형의 하단에서 상단으로 어떻게 변해 가는지를 보여주는 예시가 여기에 있다.

- 하단: *우리의 협업이 만족스러운가요?*
- 중앙: *언제 우리의 협업이 가장 만족스러웠나요?*
- 상단: *무엇이 우리의 협업에서 가장 만족스럽나고 보세요?*
- 최상단: *왜 우리의 협업에 기복이 있다고 생각하세요?*

삼각형에서 위로 올라갈수록 질문은 더 많은 성찰과 대화를 유도한다. 삼각형 최상단에 위치한 질문이라고 해서 꼭 최하단에 위치한 질문들보다 더 낫거나 중요한 것은 아니다. 당신이 제기하는 질문은 해당 질문이 제기되는 상황이나 과정의 목적에 좌우된다.

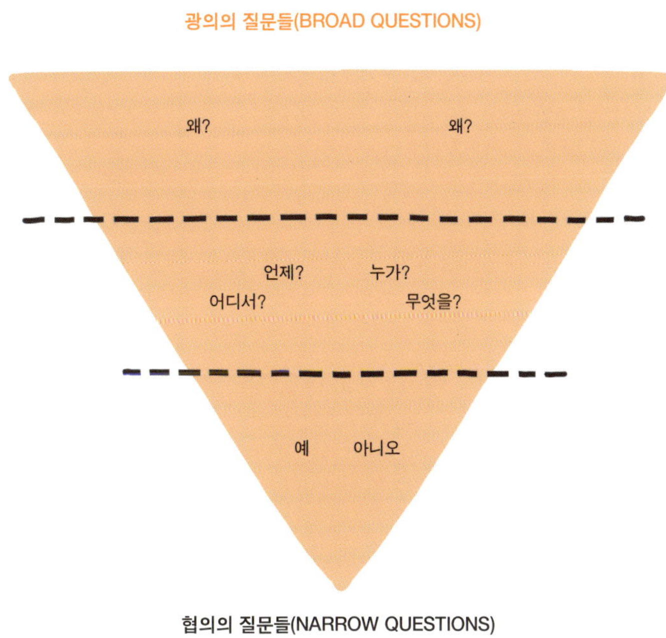

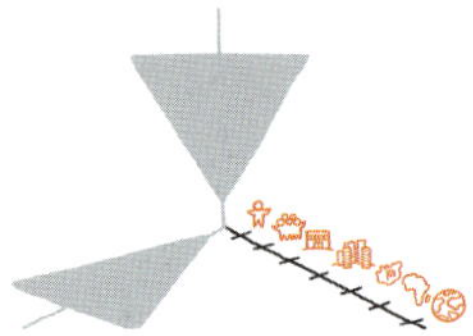

범위

질문의 범위는 질문을 받는 사람에게 중요하다. 질문의 폭이 너무 넓으면 피질문자의 에너지가 낭비되어 의욕이 저해되는 효과가 일어날 수 있다. 참여를 독려하려면 우리가 답하기에 적절하고 현실적인 질문들을 던질 필요가 있다. “어떻게 세상을 더 좋은 곳으로 만들 수 있을까요?”는 매우 폭이 넓고 때로는 압도적인 질문인 반면, “어떻게 우리 부서의 이산화탄소 배출량을 줄일 수 있을까요?“는 감당할 수 있고 관련 조치를 취하기가 더 쉬운 질문이다.

하지만 어떤 질문은 피질문자의 사고방식에 비해 지나치게 협소하고 제한되어있을 수도 있다. “우리의 상호 소통을 어떻게 개선할 수 있을까요?”는 소통에만 초점을 맞추는 데 비해, “우리 팀의 협업을 어떻게 개선할 수 있을까요?”는 좀 더 폭이 넓은 질문이다.

질문은 그 목적에 맞게 이뤄져야 하며, 너무 폭이 넓어서 피질문자가 차마 답하기 어렵게 만들거나 너무 폭이 좁아서 근시안적인 답만 나오게 해서는 안 된다.

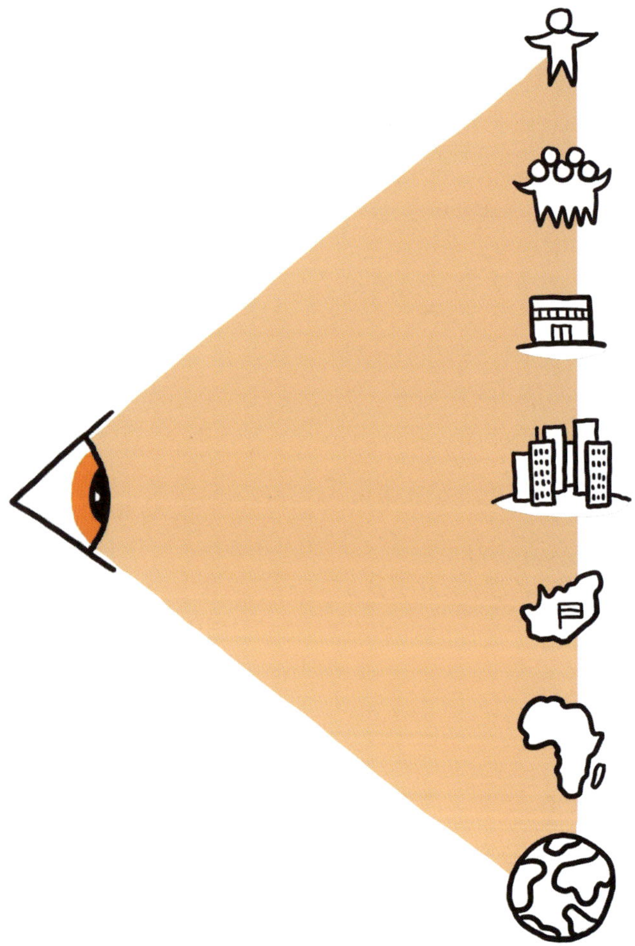

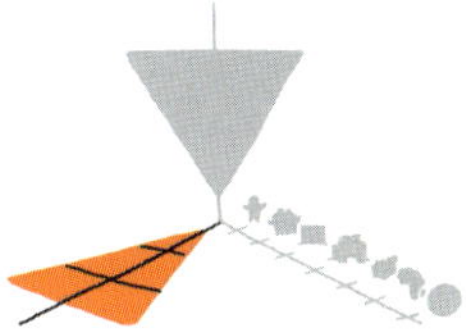

가정

질문은 종종 숨겨진 가정을 포함한다. 이런 가정은 언어 속에 뿌리박혀 있는 경우가 잦아서 피하기가 어렵다. 질문의 바탕이 되는 가정들을 인식하고 그것들을 전략적으로 활용하는 게 중요하다.

어떻게 우리가 교차협업을 더 잘할 수 있을까요?

이 질문은 피질문자들이 교차협업을 개선할 필요가 있다는 데 동의하고 있음을 가정한다. 이러한 부정성에 대한 암묵적 가정을 피하려면, 다음과 같이 물을 수도 있다.

우리가 교차협업을 최고로 잘해낼 때의 작업 방식은 무슨 특징이 있을까요?

여기서 암묵적으로 전제되는 건 피질문자가 교차협업에 관한 좋은 경험을 갖고 있다는 긍정적 가정이다. 이러한 인정은 더 의욕적인 반응을 이끌어내게 된다.

다음과 같은 질문을 명시적으로 제기하여 (진술이나 질문 속에 나타나는) 한 그룹의 가정들을 조명해보는 게 유용할 수 있다.

이런 우리의 대화에 깔려있는 가정들이 뭘까요?

동료들의 관점에서 본다면 이 문제에 어떻게 접근할 수 있을까요?

바탕에 깔린 가정들을 살펴보면 새로운 관점을 만드는 데 도움이 될 수 있다.

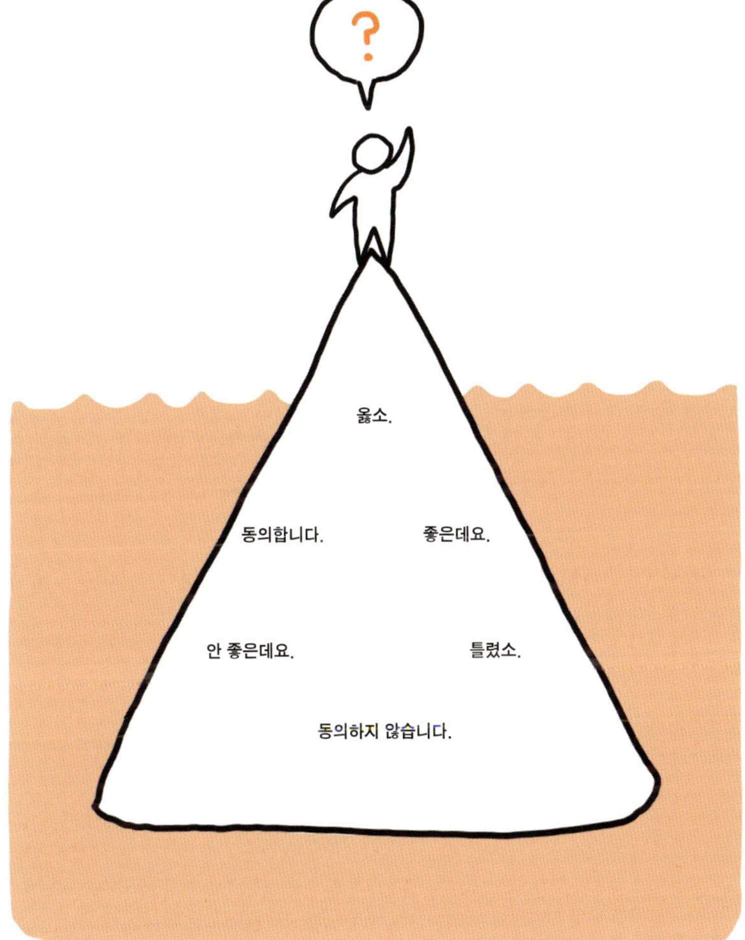

활성화 질문

당신의 활성화 질문들을 세 가지 범주로, 즉 주제 지향 질문과 결과 지향 질문, 과정 지향 질문으로 구분하라. 이 세 범주를 적극 활용해 참여자들을 안내하라.

세 가지 범주

활성가의 기술은 대부분 좋은 질문을 하는 능력에 있다. 또한 좋은 질문들은 적시에 다양하게 이뤄진다. 효과적인 프로세스 설계와 좋은 질문들은 참여를 증진하고, 공통의 이해를 구축하며, 포용적인 해법을 지원할 뿐만 아니라, 프로세스의 목표와 결과에 대한 공통의 책임을 일군다. 당면 주제에 초점을 맞추는 질문들뿐만 아니라, 집단 협업을 증진하고 결과의 평가를 허용하는 질문들을 준비하는 게 중요하다. 이런 질문들에 힘입어 그룹은 그 결과를 관찰하고, 협업과 공동 학습을 준수하며 그 가치를 입증하게 된다.

우리는 우리의 활성화 질문들을 세 가지 범주로 나눈다.

주제 지향(SUBJECT-ORIENTED) 질문:

참여자들의 회의 주제인 프로세스의 화두와 목적에 직접 관련된 질문들

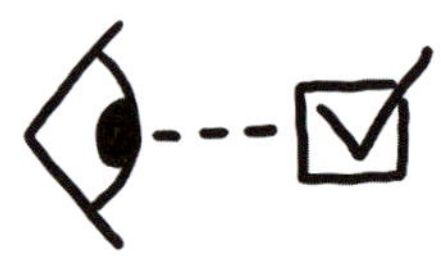

결과 지향(RESULTS-ORIENTED) 질문:

참여자들이 만들고 있거나 이미 만든 결과들을 스스로 검토하고 고려하게 하는 질문들

과정 지향(PROCESS-ORIENTED) 질문:

참여자들이 프로세스 도중에 협업하는 방식을 스스로 검토하고 고려하게 하는 질문들

주제 지향 질문

프로세스의 목적과 당신의 프로세스 설계가 어떤 주제 지향 질문들을 해야 하는지를 결정한다. 이런 질문들은 그 핵심에 주제를 품고 있다. 주제 지향 질문들의 합은 프로세스의 결론에 의거하여 원하던 답을 제공하고 프로세스를 설계할 때 정식화한 결과들을 제공한다.

오른쪽에는 서로 다른 두 주제와 관련 과정들을 위한 주제 지향 질문의 일부 예시가 있다. 이 질문들은 우리가 앞선 구성단위의 끝부분에서 검토한 두 가지 프로세스 디자인을 바탕으로 설계되었다. 어떤 주제 지향 질문은 자명할 것이고, 그에 비해 좀 더 많은 시간과 고려를 요하는 질문도 있다. 일단 일련의 질문들에 도달하고 나면 각각의 질문을 개별적으로 다루며 그 체계를 다듬어보라. 언뜻 자명해 보이는 질문일지라도 좀 더 자세히 살펴보면 당신의 목적에 맞지 않는 가정들을 포함하고 있을 수 있다.

또한 당신의 질문 목록을 전체적으로 보면서 각 질문이 프로세스에서 얼마나 제 기능을 발휘하는지에 따라 그것들의 우선순위를 매겨보라. 참여자들이 새로운 아이디어를 내거나 새로운 각도에서 주제에 접근할 수 있을 만큼 적극 관여하며 영감을 받을 수 있도록 다양한 방식으로 질문해보라.

예시

일단의 간부들이 활성가인 당신과 함께 전략을 개발하는 중이다.

다양한 프로세스를 위한 주제 지향 질문 예시

주제/과정	주간 회의	전략 워크숍
목적	지식 공유와 주간 주요 임무 처리	새로운 전략의 도입과 규모 확장
목표	다른 이의 업무 학습	선임 간부가 새로운 전략의 소유권을 갖는다.
결과	임무 목록	4가지 전략 질문에 대한 답
주제 지향 질문	– 지난 주간 회의 이후 각자 어떤 임무를 가장 중요하게 처리했나요? – 지난 주간 회의 이후 각자 어떤 걸 가장 중요하게 학습했나요? – 지난주에 어떤 게 가장 필요한 일이었죠, 아니면 각자 뭘 가장 중요하게 수행해야 했나요? – 오늘날 우리가 공유한 지식을 바탕으로 뭘 배울 수 있죠? – 이건 어떤 질문들을 촉발하죠? – 어떤 질문들의 답을 찾는 게 가장 중요한 일일까요? – 다음 주간 회의 때까지 누가 뭘 언제 하는 건가요?	– 우리의 존재 이유가 뭐죠? – 우리는 왜 변화해야 하죠? – 우리가 아무것도 안 하면 무슨 일이 생기죠? – 오늘날 우리가 서있는 위치는 어떤 특징이 있나요? – 우리는 누구입니까? – 우리의 약점은 뭐죠? – 우리의 강점은 뭐죠? – 우리가 2030년에 도달하길 바라는 지점은 어떤 특징이 있나요? – 우리가 성공할 때는 어떤 모습이죠? – 어떤 구상이 우리가 맞닥뜨린 도전을 다룰 수 있나요?

추가 참고사항

알려진 세 가지 템플릿에 기초한 주제 지향 질문:

SWOT 분석

– 우리의 강점(strengths)은 무엇입니까?
– 우리의 약점(weaknesses)은 무엇입니까?
– 우리에게 어떤 기회(opportunities)가 보입니까?
– 우리에게 어떤 위험(threats)이 보입니까?

프로젝트 기획(게임 기획)

– 누가 프로젝트 그룹 소속이죠?
– 프로젝트 진행을 위해 우리가 뭘 해야 하죠?
– 어떤 단계로 진행되나요?
– 우리의 목표는 뭔가요?
– 이 과정을 주도적으로 진행하는 사람들이 누구죠?
– 이 과정에서 어떤 어려움이 일어날 수 있나요?

사업 모델 생성

– 우리의 핵심 가치가 뭐죠?
– 우리의 핵심 활동은 뭐죠?
– 우리의 핵심 자원은 뭐죠?
– 우리의 고객 관계는 어떻게 되나요?
– 우리는 어떤 경로로 고객들과 만나야 하나요?
– 우리의 고객 부문은 어떠한가요?
– 우리의 파트너는 누구인가요?
– 비용이 어떻게 되나요?
– 수입은 어떻게 되나요?

결과 지향 질문

결과 지향 질문은 결과의 각 부분이 만들어지는 중간 과정에서도, 최종 형태의 결과를 접할 수 있는 결론 지점에서도 활용될 수 있다.

결과 지향 질문의 목적은 무엇보다도 그룹의 성과를 따라가며 관찰함으로써 완전하고 적극적인 참여를 진흥하는 데 있다. 이런 질문은 그룹이 더 많은 걸 전달하거나 더 잘하도록 독려할 수 있다. 한 그룹이 창작 과정에서 질문이 존재하는 지점이나 질문이 만들어낸 결과를 함께 관찰할 때, 그 과정은 공통의 소유권을 구축하고 프로세스의 목표와 결과에 대한 책임을 새롭게 한다. 결과 지향 질문은 보다 포용적인 해법을 독려할 수도 있다. 다양한 관점에서 결과들을 관찰함으로써 사람들은 새로운 연관성이나 도전을 의식하게 된다. 결과 지향 질문은 올바른 시점에 중요한 중간 수정을 거침으로써 프로세스와 그 결과를 향상시킬 수 있다.

결과 지향 질문은 참여자들이 구체적인 답을 낼 수 있게 돕기도 하는데, 참여자들은 특히 그룹이 방금 만들어낸 걸 참고로 삼기 때문이다.

결과 지향 질문 예시

- 지금껏 우리가 도달한 가장 중요한 결론이 뭐죠?
- 우리의 결정 사항에 도움이 되거나 방해가 될 수 있는 요인은 뭐가 있죠?
- 우리가 이룬 진전의 특징은 뭔가요?
- 우리가 이룬 진전에 대해 다른 사람들은 뭐라고 말할까요?
- 이 결과로 누가 혜택을 받게 될까요?
- 우리가 내린 결론이 더 이상 적절하지 않을 때는 언제일까요?
- 훨씬 더 좋은 결과를 내기 위한 영감을 어디서 찾을 수 있을까요?
- 다른 사람들이 우리의 결정에 이의를 제기하거나 새로운 대안을 만들어낼 질문은 어떤 게 있을 수 있을까요?
- 지금까지 무엇이 결과를 좋거나 유용하게 만들었나요?
- 우리의 결과를 확인할 때 고려해야 할 다른 고려사항이 있나요?

예시

일단의 간부들이 활성가인 당신과 함께 전략을 개발하는 중이다.

과정 지향 질문

과정 지향 질문은 그룹의 역학관계를 활용하기에 좋은 방식이다.

과정 지향 질문을 활용하는 건 마치 그룹 참여자들에게 거울을 비춰주고 무엇이 보이는지를 물어보는 것과도 같다. 이런 질문은 자기 관찰의 도구이며, 그룹의 기능장애가 생긴 경우에는 자체적인 통제 효과를 높일 수가 있다. 또한 무엇이 잘 기능하고 있는지를 참여자들이 감지하도록 도움을 줄 수도 있으며, 올바른 해결책을 얻는 데 필요하다면 그룹의 일정을 조정하게 만들 수도 있다.

과정 지향 질문은 조직적인 학습에도 필수적이다. 우리는 이런 질문에 답할 때 우리의 협업 방식을 평가하므로, 그런 답들은 다음 과정을 설계할 때 지침이 되어줄 수 있다. 어떤 장기적인 프로젝트를 한 팀으로 수행하고 있다면, 과정 지향 질문은 그 프로젝트의 목표를 달성하게 해줄 뿐만 아니라 그에 따라 학습을 축적하고 더 좋은 업무 방법을 개발할 수도 있게 해준다.

과정 지향 질문의 예시

- 지금까지 무엇을 감지했나요?
- 이 프로세스는 왜 우리한테 중요하죠?
- 이 프로세스를 어떻게 느끼고 계세요?
- 여기서 앞으로 나아갈 수 있는 가장 좋은 방법이 뭘까요?
- 이 프로세스에 참여하고 싶은 분이 또 계실까요?
- 언제 휴식을 취하는 게 적절할까요?
- 이 프로세스에서 그룹의 에너지가 가장 많거나 적었던 지점이 어디죠?
- 이 프로세스에서 우리 자신에게 도전하기 위해 할 수 있는 일을 셋만 뽑아볼까요?

예시

일단의 간부들이 활성가인 당신과 함께 전략을 개발하는 중이다.

시각화 질문

시각화 질문들을 이미지 생성 질문, 이미지 관계 질문, 이미지 적용 질문이라는 세 범주로 나눠보라. 그리고 그걸 활용해 시각 학습장을 만들고 개발해보자.

세 가지 범주

시각적인 업무를 할 때는 추가적인 일단의 질문들이 필요하다. 이런 질문을 통해 참여자들은 "각자의 생각을 이해"하는 데 도움을 받을 수 있다. 하지만 이런 질문은 시각적 차원을 공고히 하는 데 도움을 주며, 당신과 참여자들이 당신의 시각 학습장을 만들고 개발하고 활용하는 데 도움을 주기도 한다.

시각화 질문은 시각적으로 일할 때 중요하다. 다른 질문들처럼 시각화 질문도 주의와 타이밍을 요한다. 시각화 질문은 전형적인 활성화 질문과 엮여 그것에 새로운 생명을 가져다줄 수 있다. 이런 질문은 그 자체만으로도 한 그룹이 새로운 연관성을 이해하고 새로운 기회를 발견하게끔 유도할 수 있다. 하지만 그 타이밍이 적절하지 않거나 정식화가 이뤄지지 않으면 프로세스가 성급하게 봉합될 수도 있다. 시각화 질문은 한 그룹을 하나의 특수한 사고방식이나 특정한 시각 언어에 묶어놓을 수도 있고, 그러기에 부적절할 때는 지나친 특정성을 보일 수도 있다.

우리는 이미지 생성 질문, 이미지 관계 질문, 이미지 적용 질문이라는 시각화 질문의 세 범주를 활용한다. 전체적으로는 모든 시각화 질문들이 당신과 참여자들을 도와 당신이 다루는 문제에 맞는 당신만의 시각 언어를 구축하도록 도와준다. 또한 시각화 질문은 당신의 시각화가 제대로 되었는지를 검증하는 역할도 한다.

이미지 생성(IMAGE CREATION) 질문

심리적이거나 신체적인 시각화를 요청함으로써 참여자들의 상상을 자극하는 질문들

이미지 관계(IMAGE RELATIONS) 질문

참여자들이 어떤 시각화를 검토하고 고려하게 하는 질문들

이미지 적용(IMAGE APPLICATION) 질문

참여자들이 시각적인 업무에 관해 숙고하게 하는 질문들

이미지 생성 질문

활성가가 프로세스 참여자들에게 "*오늘날 우리가 서 있는 위치는 어떤 특징이 있나요?*" 라고 질문한 다음 "*…그리고 그건 어떤 모습이죠? 그걸 어떻게 그릴 수 있을까요?*"라고 물으면, 그 그룹이 이미지를 만들게 된다.

"*그건 어떤 모습이죠?*"는 시각 활성가의 가장 중요한 이미지 생성 질문이다. 이 질문은 참여자들의 상상을 자극하며 그들이 구체적인 대답을 내놓는 데 도움을 준다. 따라서 "그건 어떤 모습이죠?"는 다양한 형태로 변화시키며 묻기에 좋은 질문이다. 오른쪽의 예시들을 보고 당신만의 질문을 더 많이 생각해보라.

이미지 생성 질문은 종종 당신의 참여자들에게 공동 창작과 소유권의 감각을 부여하곤 한다. 아마도 모든 참여자가 마커를 손에 들고 있진 않겠지만, 그들은 프로세스가 끝날 때 전반적인 그림을 완성하게 될 시각 언어를 고안하고 정식화하고 창조하는 데 관여해왔다. 참여자들은 모든 시각화 이면에 놓인 논리를 인식한다. 그 논리를 직접 발명하지 않았을지라도 참여자들은 창작자(들)의 설명을 듣고 그걸 개발 과정의 일부로 승인했다. 이런 점이 프로세스의 최종 산물에 대한 공동의 소유권을 만들어낸다.

예시

일단의 간부들이 활성가인 당신과 함께 전략을 개발하는 중이다.

이미지 생성 질문은 하나의 화두를 공간적인 지도로 그려낼 수 있게도 해준다. 관계적인 용어들은 장소와 사물, 사람, 시점 간의 관계를 묘사하는 데 유익하다. 종종 우리의 조직과 프로젝트 속에 내재하는 복잡성을 그림을 통해 관리하고 싶을 때, 관계 묘사를 쉽게 해주는 이미지 생성 질문이 중요하다. 이미지 생성 과정에서 관계 묘사를 쉽게 해주는 질문들의 몇몇 사례가 오른쪽에 나와 있다.

당신의 시각 언어 속에서 그런 요소들에 초점을 맞춤으로써 "그건 어떤 모습이죠?"라는 질문을 훌륭하게 변이해낼 수도 있다.

- 사물: 주제가 되는 작업물
- 사람: 참여자들과 그들의 특징, 느낌, 관계, 역할, 책임, 임무
- 시간과 장소: 언제 어디서 무엇이 일어나는가
- 과정: 그게 어떻게 일어나는가

예시

"그건 어떤 모습이죠?"의 변이	시각 언어를 장려하는 질문의 변이	관계 묘사를 장려하는 질문의 변이
— 그건 어떻게 그릴 수 있나요? — 그건 어떻게 시각화할 수 있나요? — 당신이 말하고 있는 걸 우리가 그리면 어떤 모습이 될까요? — 그건 어떤 이미지들을 만들어내죠? — 그건 어떤 연상들을 만들어내죠? — 우리가 그걸 사진으로 찍으면 어떻게 나타날까요?	— 당신이 이야기한 게 일어난 상황이나 사건을 어떻게 묘사하시겠어요? — 그걸 묘사하는 데 어떤 은유가 쓰일까요? — 당신이 묘사하고 있는 것에 어떤 서사가 좋은 그림을 제공해줄까요?	— 당신이 묘사하고 있는 요소들이 다른 요소(예컨대 양, 거리, 크기, 위계, 순서, 우선순위 따위)와는 어떤 관계/배치를 이루나요? — 당신이 묘사하고 있는 걸 시각적으로 어떻게 배치할 수 있을까요? — 당신이 묘사하고 있는 것의 형태/색상/구조는 어떠한가요?

사물	사람	시간/장소	과정
— 우리가 어떤 타당성 있는 도구를 시각화할 수 있죠? 그건 어떤 모습이죠? — 어떤 작업물이 당신이 묘사하고 있는 것에 좋은 은유가 될 수 있을까요? — 어떤 물리적 도구나 사물을 포함시켜야 인식을 유도할 수 있을까요?	— 누가 참여하고 그들(팀, 경영진, 사용자 등)은 어떤 모습이죠? — 그들의 다양한 역할을 어떻게 시각적으로 보여줄 수 있죠?	— 그건 어디서 일어나고, 어떤 모습이죠? — 그건 언제 일어나고, 어떤 모습이죠? — 바로 지금 그 상황의 특징은 무엇이고, 그건 어떤 모습이죠?	— 그 과정의 이전과 도중과 이후는 어떤 모습이죠? — 그 과정의 3~5단계는 어떤 모습이죠? — 우리가 성공할 때는 어떤 모습이죠? — 당신이 당신의 조직/팀/부서에서 하고 있는 것의 본질은 무엇인가, 그건 어떤 모습이죠?

이미지 관계 질문

이미지 관계 질문은 혼자서든 집단적으로든 시각 자료를 만들어낸 이후에만 타당성이 있다. 이런 질문은 당신이 만들어낸 시각 자료를 세부적으로 조정하고 발전시키는 데 도움을 준다. 이런 질문에 답하는 과정에서 종종 당신과 참여자들이 변화하고 있음을 느낄 것이다. 당신의 시각화가 대화의 초점을 이루면, 당신은 당신이 만들어낸 걸 적극 활용하게 된다. 당신의 대화와 발표와 토론은 문자 그대로 벽 위에 쓰인다. 그렇게 대화의 초점을 맞추고 이미 만들어진 내용을 다시 가리킬 수도 있다.

물리적인 사물과 당신의 이미지 관계 질문은 참여자들이 보다 쉽게 다양한 수준의 관찰을 하게 해주고, 그들이 시각적인 것에 대해 어떤 입장을 취하게 만드는 효과가 있다. 따라서 참여자들은 벽 위에 쓰인 내용의 공동 창작자이자 공동 소유권자가 된다. 시각 자료의 개발에 더 많이 관여한 사람일수록 이후에 그걸 더 많이 소유하고 활용하게 될 것이다.

이미지 관계 질문은 때때로 일시적으로 제한된 용도로만 쓰이는 듯하다. 하지만 이미지의 균형이 맞지 않거나 직원 그룹이 조직 내의 구조적 변화를 시각화해낼 수 없을 때에는 중대한 결과가 일어날 수 있다.

이미지 관계 질문의 예시

- 우리가 그린 게 어때 보이나요?
- 이 그림은 뭘 보여주나요?
- 이 그림은 뭘 보여주지 않나요?
- 이 그림은 어떤 통찰들을 제공하나요?
- 이 그림은 어떤 질문들을 일으키나요?
- 무엇이 이 그림을 더 좋게 만들 수 있을까요?
- 이 그림을 어떻게 다르게 해석할 수 있을까요?
- 이 그림에서 효과적인 것과 그렇지 않은 것은 뭐죠?
- 이 그림에서 분명한 것과 불분명한 것은 뭐죠?
- 뭐가 더 있어야하고 뭐가 덜 있어야 할까요?
- 뭘 뺄 수 있고 뭘 더할 수 있을까요?
- 이 그림에 X가 없었다면 어떻게 됐을까요?
- 다른 사람들이 이걸 보게 된다면 뭐라고 말할까요?
- 이 그림에서 뭐가 제일 중요하죠?
- 어떤 요소들이 함께 속해있나요?
- 어떤 요소들이 이 그림에 속해있지 않나요?
- 어떤 패턴 또는 주제가 보이나요?
- 어떤 관계들이 이 그림에 나타나나요?
- 이 그림의 암묵적인 기본 가정들은 무엇인가요?
- 당신이 언급하는 관계들을 강조하기 위해 어떻게 색을 활용할 수 있을까요?

예시

일단의 간부들이 시각 활성가인 당신과 함께 전략을
개발하는 중이다.

이미지 적용 질문

세 번째 범주는 참여자들이 시각적인 업무에 대해 숙고하게 하는 질문이다. 이런 질문은 당신이 방금 만든 것의 타당성을 보장하고 그게 적절히 활용될 수 있게 돕는다.

이미지 적용 질문은 여러 가지를 약간 섞는 데 쓰일 수도 있다. "*조직 내의 모두가 논의하기에 좋은 그림은 어떤 것일까요?*"라고 질문함으로써, 참여자들에게 언어적인 정식화에 앞서 이미지로 생각해볼 것을 요청할 수 있다. 이건 새로운 관점과 이해를 개시할 수 있는 하나의 연습이다.

이미지 적용 질문은 과정 지향 질문처럼 시각적인 업무 방식으로 지각되는 가치를 재기 위한 도구다. 그 답들은 당신이 활성화하는 다음 프로세스와 프로젝트에서 시각적 접근을 활용하는 방식에 영향을 줄 수 있다. 이미지 적용 질문은 참여자들에게 시각적인 업무 접근법의 강점과 약점을 평가할 기회를 제공한다. 그것은 당신이 프로젝트와 프로세스를 진행하면서 부가적인 가치가 있을 경우 시각적인 접근을 하고 그렇지 않을 경우 다른 접근을 시도할 수 있게 해준다.

이미지 적용 질문의 예시

- 우리가 얘기하고 있던 것을 그린 결과가 어땠나요?
- 팀 작업으로 그림을 그린 게 어떤 효과가 있었나요?
- X에 대한 우리의 대화에서 그림이 어떤 효과를 주었나요?
- 그림이 효과가 있을 때와 없을 때는 각각 언제인가요?
- 그림이 어떻게 전반적인 과정을 진흥하거나 억제할 수 있나요?
- 펜을 놀릴 때는 어떤 힘이 있나요?
- 그려보니 어떤 느낌인가요?
- 당신의/우리의 그림 스타일은 어떤 특징이 있나요?
- 우리가 그린 것이 특징은 무엇인가요?
- 그림을 대화의 기초로 삼은 게 어땠나요?
- 다른 사람들의 그림을 보는 게 어땠나요?
- X를 그릴 때는 뭐가 어렵거나 쉬우셨죠?
- 뭐가 있으면 우리가 더 많이 그리고 싶어 할까요?
- 우리 조직에서 중요한 대화의 촉매제로서 쓸 만한 그림이 뭐가 있을까요?
- 우리가 만들어낸 그림들을 어떻게 활용하고 싶나요?

예시

일단의 간부들이 시각 활성가인 당신과 함께 전략을
개발하는 중이다.

질문 테스트

당신이 정식화한 질문들을 테스트하라. 아래에 제시된 기준 질문들의 절반에 '예'라고 답할 수 있다면 당신의 질문이 효과를 낸다는 좋은 징조다. 그게 늘 당신을 안내할 프로세스의 목적임을 기억하라.

질문이 다음과 같은가…

1. 타당한가

관련된 사람들에게 타당성을 갖는 질문인가? 그들의 삶과 일에 관련이 있는가? 합의된 목적에 적절한 질문인가?

2. 미답의 질문인가

이제껏 그 답이 알려지지 않은 유례없는 질문인가, 그리고 다른 사람들이 그것에 대해 회의할 만한 가치가 있는 질문인가?

3. 혁신적인가

새로운 아이디어와 창의성을 촉발하는 질문인가? 피질문자에게 질문이 인식 가능하고 타당한가, 그러면서도 새로운 답들을 생산할 출발점이 되기에 충분한가?

4. 안목이 있는가

희망과 참여의 감각을 만들어내는 질문인가? 질문이 긍정적이고 미래 지향적인가, 아니면 과거의 문제와 장애물에 집중하는가?

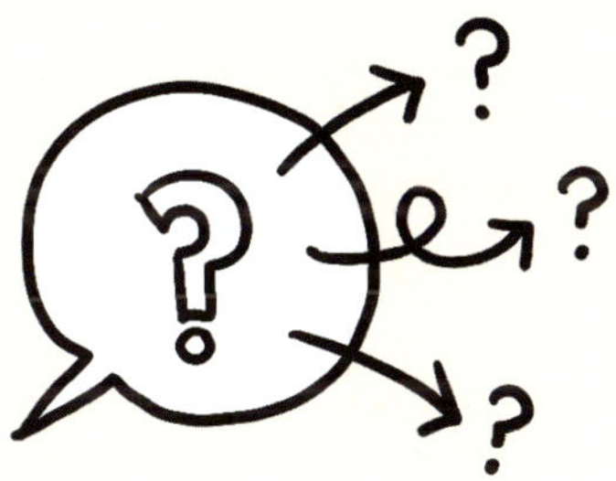

5. 영감을 불러일으키는가

새로운 관점을 생산하는 다른 질문들을 새롭게 유발하는 질문인가?

6. 기억하기 쉬운가

한번 듣고 나면 잊기 어려운 질문인가? 사람들이 더 나은 답들을 찾도록 시도하게 이끄는 질문인가?

7. 시각적인가

피질문자의 상상을 자극하는 질문인가? 구체적이거나 은유적인 질문인가, 아니면 이해와 공감을 키우는 시각 언어의 창출을 뒷받침하는 데 일조하는 질문인가?

8. 적시적인가

프로세스에서 행하는 기능과 관련하여 올바른 순서로 제기된 질문인가?

도구

퀘스천 디자이너

좋은 질문은 생명력이 길다. 이 도구를 활용해 당신의 다음 프로세스에서 활용할 질문들을 설계해보라.

어떻게?

다음 페이지에 나오는 것처럼 퀘스천 디자이너(Question Designer)를 활용해보라. 다섯 단계를 거쳐서 다음 프로세스에서 활용하게 될 질문들을 선택하라.

접착용 쪽지

접착용 쪽지를 활용해서 그 주변을 돌아다니며 다양한 질문을 시도할 수 있게 하라.

퀘스천 디자이너는 www.visualcollaboration.site.에서 다운로드할 수 있다.

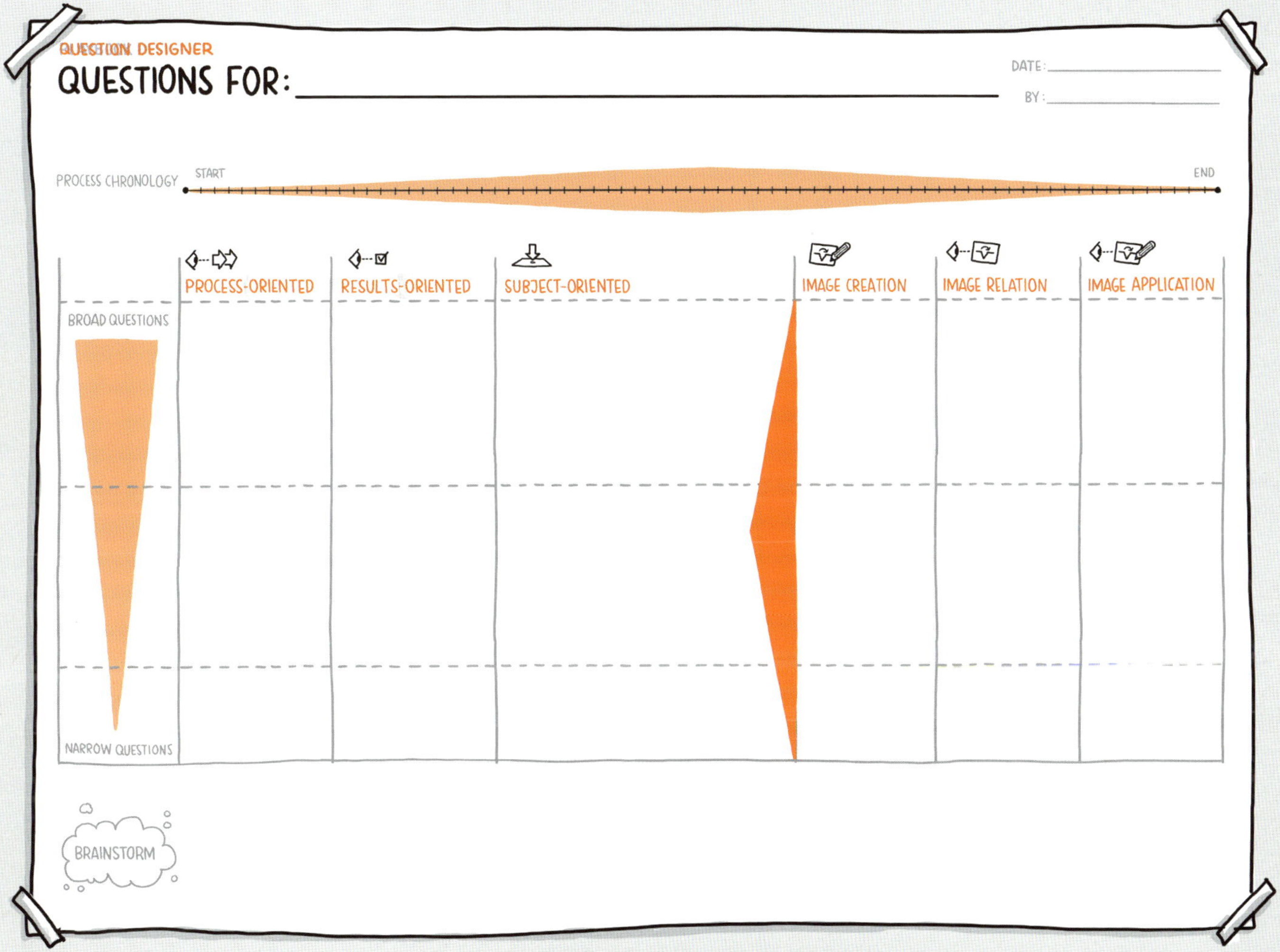

By Bigger Picture. This work is licensed under a Creative Commons Attribution-ShareAlike 4.0 International license.

도구 활용법

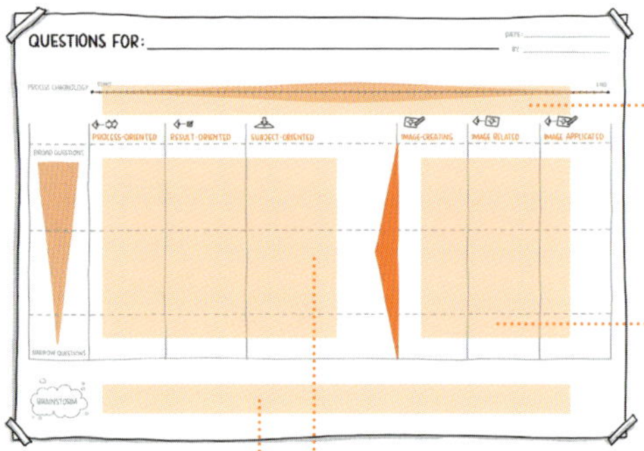

브레인스토밍을 하라

당신의 프로세스 설계에 어울릴만한 질문들의 목록을 정리하라.

접착용 쪽지를 활용해 당신의 프로세스 설계에 어울릴만한 모든 질문들에 대해 브레인스토밍을 하라. 접착용 쪽지마다 질문을 하나씩 적자. 당신의 프로세스 설계를 검토하고 프로세스의 각 부분마다 어떤 질문들을 제기할 수 있는지 고려해보라. 그 질문들을 이 영역에 임의로 배치하라. 가능한 한 많은 질문들을 정식화하고, 가능하다면 고정관념을 벗어난 거친 질문도 몇몇 포함시켜라. 강력하지 않은 질문들은 신중하게 걸러내자.

활성화 질문

당신의 질문들을 활성화 질문의 세 범주로 분류하라.

당신의 브레인스토밍 영역에서 접착용 쪽지를 떼어내 세 범주 중 가장 들어맞는 곳에 배치하라.

- 주제 지향(Subject-oriented): 참여자들이 택한 회의 주제와 직접 연관된 질문들
- 결과 지향(Results-oriented): 참여자들이 만드는 중이거나 이미 만들어낸 결과들에 대해 스스로 생각하게 만드는 질문들
- 과정 지향(Process-oriented): 참여자들이 회의하며 아이디어를 교환하는 방식에 대해 스스로 생각해보게 만드는 질문들

이러한 질문의 구조를 반영하게끔 접착용 쪽지들을 옮겨 배치하자. '왜'로 시작하는 질문들을 맨 위에, '예/아니오'로 답해야 하는 질문들은 맨 밑에 배치하자. 가장 중요한 최고의 질문을 선택하자. 질문들을 재정식화하여 이러한 삼각형 내에서 그 위치를 바꾸거나 완전히 새로운 질문이 생겨날 수 있게 해보자. 그만큼 좋지 않은 질문들은 브레인스토밍 영역에 그대로 두자. 각 범주마다 적어도 3개의 좋은 질문을 배치하도록 하자.

시각화 질문

시각 자료를 만드는 데 도움을 줄 수 있는 질문들의 목록을 정리하라.

- 이미지 생성(Image creation): 참여자들의 상상을 자극하는 질문들
- 이미지 관계(Image relation): 참여자들이 시각화를 검토하고 숙고하게 만드는 질문들
- 이미지 적용(Image application): 참여자들이 시각적으로 일할 때 일어나는 일에 대해 생각하게 만드는 질문들

작은 기호들을 활용해 이미지 생성 질문을 활용하게 될 지점을 표시하라. 예컨대 *"그건 어떤 모습이죠?"*라는 질문에 별표를 그린다. *"그건 어떤 모습이죠?"*라는 후속 질문을 활용하고 싶은 활성화 질문들에도 별표를 그린다.

시간표(CHRONOLOGY)

프로세스 다이아몬드의 세 영역을 따라 당신의 질문들을 연속으로 배열하라.

- 발산 영역에는 개시적이고 탐색적인 질문들을 배치하라.
- 고뇌 영역에는 확신을 불어넣고 프로세스를 진전시키는 질문들을 배치하라.
- 수렴 영역에는 결론적인 마무리 질문들을 배치하라.

테스트하라

당신의 질문들을 각각 검토하고, 다음 사항들을 고려해 테스트하라.

- 여기에 어떤 가정들이 숨어 있는가?
- 질문이 프로세스의 목적에 들어맞는가?
- 질문이 더 효과적인 다른 방식들로 정식화될 수 있는가?
- 질문의 범위가 적절한가?
- 134쪽의 질문 테스트에서 질문 여덟 개를 검토해보고 필요하다면 수정하라.

도구 예시

QUESTION DESIGNER
QUESTIONS FOR: STRATEGY WORKSHOP
PROCESS CHRONOLOGY
START
WHAT INSIGHTS DID THE PRESEN-TATION GIVE?
WHERE ARE WE TODAY?
WHAT TRENDS DO WE SEE IN OUR FIELD?
WHERE DO WE WANT TO BE IN 2030?
WHAT CHALLENGES ARE WE FACING?
PROCESS-ORIENTED
RESULT-ORIENTED
SUBJECT-ORIENTED
BROAD QUESTIONS
NARROW QUESTIONS
HOW MIGHT WE IMPROVE THIS PROCESS?
HOW WOULD OTHERS LOOK AT THIS RESULT?
WHY DO WE NEED TO CHANGE?
WHAT WAS THE BEST PART OF THIS WORKSHOP?
WHO WILL BENEFIT FROM THIS OUTCOME?
WHAT CAN SUPPORT OR CHALLENGE THIS RESULT?
WHO ARE OUR MAIN STAKEHOLDERS?
WHAT WOULD OUR CUSTOMERS SAY?
ARE WE ON THE RIGHT TRACK?
WILL OUR RESULT MAKE SENSE FOR OTHERS?
DO WE HAVE WHAT IT TAKES?
BRAINSTORM
HOW DO WE PREPARE FOR THIS?
WHAT IS THE BIGGER PURPOSE OF THIS WORK?
WHO IS RESPONSIBLE FOR WHAT?
WHAT WILL IT TAKE TO DO THIS?

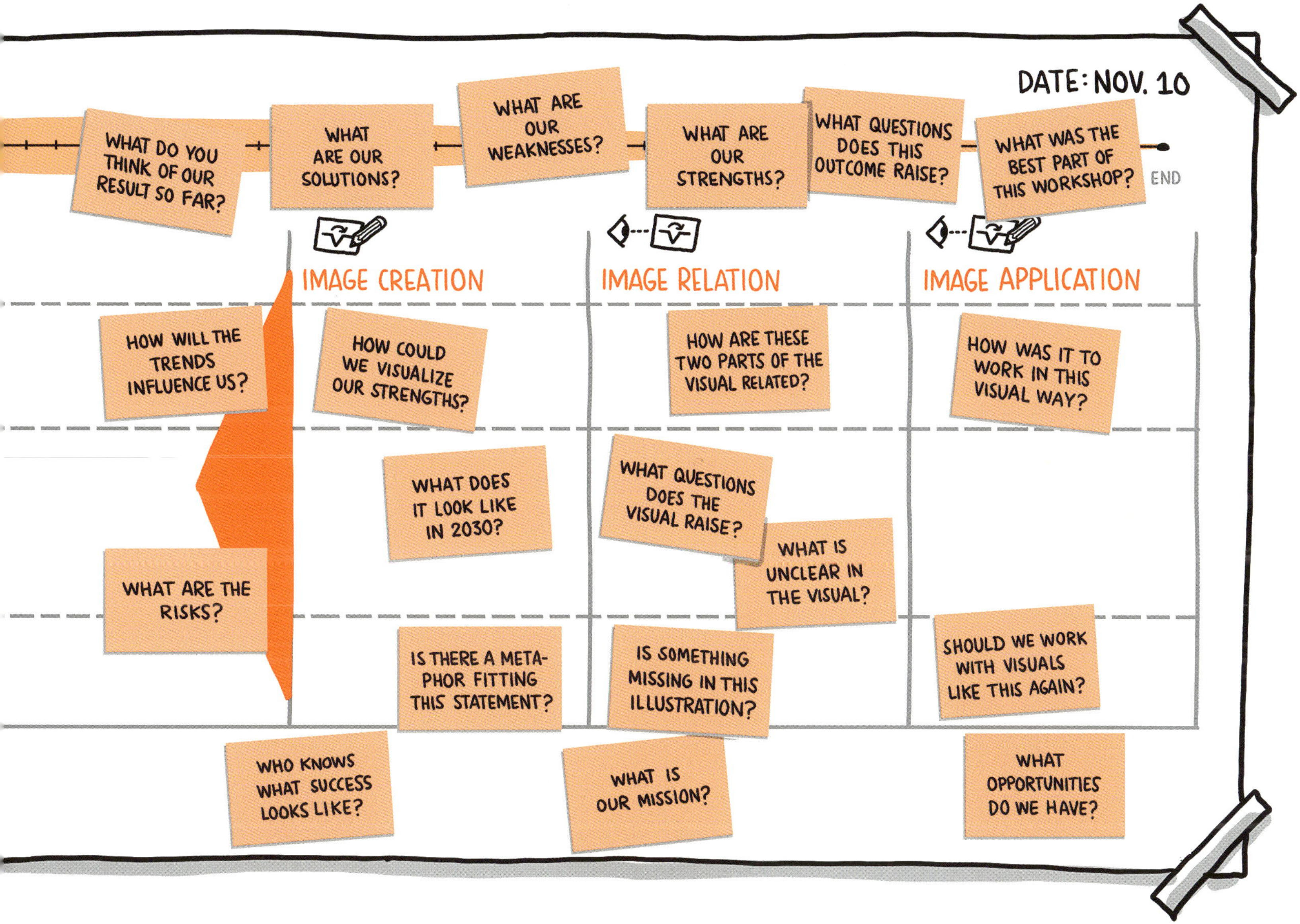
DATE: NOV. 10
WHAT DO YOU THINK OF OUR RESULT SO FAR?
WHAT ARE OUR SOLUTIONS?
WHAT ARE OUR WEAKNESSES?
WHAT ARE OUR STRENGTHS?
WHAT QUESTIONS DOES THIS OUTCOME RAISE?
WHAT WAS THE BEST PART OF THIS WORKSHOP?
END
IMAGE CREATION
IMAGE RELATION
IMAGE APPLICATION
HOW WILL THE TRENDS INFLUENCE US?
HOW COULD WE VISUALIZE OUR STRENGTHS?
HOW ARE THESE TWO PARTS OF THE VISUAL RELATED?
HOW WAS IT TO WORK IN THIS VISUAL WAY?
WHAT DOES IT LOOK LIKE IN 2030?
WHAT QUESTIONS DOES THE VISUAL RAISE?
WHAT IS UNCLEAR IN THE VISUAL?
WHAT ARE THE RISKS?
IS THERE A METAPHOR FITTING THIS STATEMENT?
IS SOMETHING MISSING IN THIS ILLUSTRATION?
SHOULD WE WORK WITH VISUALS LIKE THIS AGAIN?
WHO KNOWS WHAT SUCCESS LOOKS LIKE?
WHAT IS OUR MISSION?
WHAT OPPORTUNITIES DO WE HAVE?

요약

좋은 질문은 대화를 진흥한다. 좋은 질문 하나가 함께 탐구하고 모색하고 발견하기 위한 서곡의 역할을 한다.

활성가의 직무 기술 중 대부분은 좋은 질문을 하는 능력에 있다.

좋은 프로세스 질문은 프로세스의 목적을 뒷받침하고, 프로세스가 그 목표를 향해 나아가게 하며, 앞으로 나아가는 데 활용할 수 있는 구체적인 결과들이 만들어질 조건을 보장한다.

우리는 우리의 질문들을 활성화 질문과 시각화 질문이라는 두 범주로 나눈다.

활성화 질문:

— 주제 지향

— 결과 지향

— 과정 지향

시각화 질문

— 이미지 생성

— 이미지 관계

— 이미지 적용

퀘스천 디자이너

퀘스천 디자이너를 활용해 당신의 모든 질문들을 검토해보라.

당신 조직의 모두에게
던질 만한 중요한
질문은 무엇일까요?

좋은 의사결정을 위한 나침반

코펜하겐 도시철도(Copenhagen Metro)와 그레이터 코펜하겐 경전철(Greater Copenhagen Light Rail)은 겨우 몇 년 사이에 중대한 변화를 겪었다. 덴마크인 위주였던 50명의 직원 조직이 300명의 다국적 직원 조직으로 바뀐 것이다. 또한 두 조직은 과거의 프로젝트 조직에서 매트릭스 조직으로 바뀌었다. 말하자면 두 조직의 내부적인 복잡성이 상당히 늘었고, 공동의 역할과 책임에 대한 이해가 필수가 된 것이다. 조직의 공적 소유권은 조직의 발전 방식과 의사결정 방식에 있어 상당히 중요한 문제다.

경영진은 직원들에게 의사결정이 어떻게 이뤄지고 어디서 어떤 유형의 결정이 이뤄져야 하는지를 분명한 그림으로 제시할 필요가 있었다.

따라서 경영진은 다음과 같은 질문들을 다루는 다양한 단위별 대화를 다룰 수 있는 도구를 원했다.

- 우리는 누구인가? (우리는 어떤 유형의 회사인가?)
- 매트릭스 조직이란 무엇인가?
- 어떻게 좋은 결정을 내리는가?
- 어떤 포럼들이 언제 회의를 하고 어느 포럼에서 어떤 결정이 이뤄지는가?

아울러 이 도구는 조직의 전 직원들이 일상적인 의사결정을 모색할 수 있게 도울 필요가 있었다.

경영진의 몇몇 일원들은 직원들이 좋은 결정을 내리도록 안내하는 모델을 수년에 걸쳐 활용했었다. 확장된 시각적 버전에서는 이 모델이 질문 여덟 개를 활용해 의사결정 과정을 안내할 수 있는 대화 도구의 중심을 이루게 되었다.

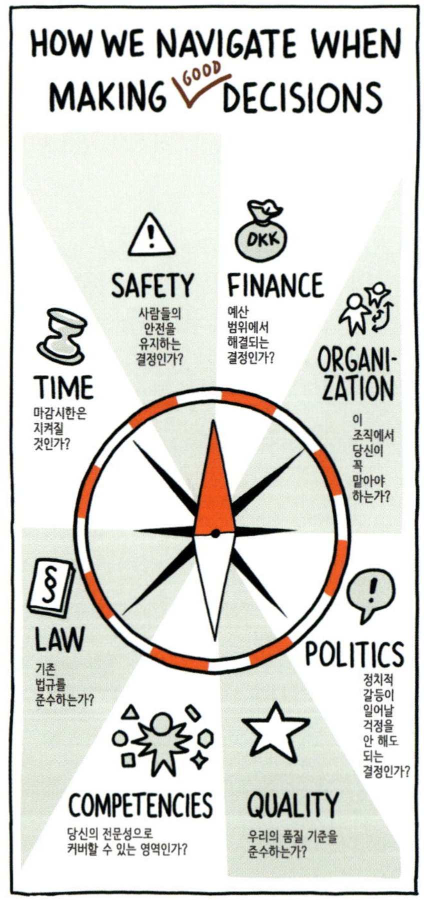

의사결정 나침반:
설계 과정에서 모델에 질문이 추가되었고 시각화가 이뤄졌다. 어떤 직원 한 명이 질문 여덟 개 중 하나 이상에 '아니오'라고 답했다면, 그 결정은 더 이상 그 자신의 소관이 아니었다.

"경영진에서는 우리가 공기업이라는 게 무슨 뜻인지에 대해 지속적인 토론을 해왔습니다. 기본적으로 우리의 정치적 소유주들이 늘 최종적인 의사결정권자일 때 우리 같은 회사에서 하는 결정이란 어떤 것일까요?"

루이세 회스트
코펜하겐 도시철도와 그레이터 코펜하겐 경전철의 기획 · 산업관계 이사

"의사결정 나침반은 실제로 '예'나 '아니오'로 답하는 단순한 질문 여덟 개로만 구성된다. 하지만 그 여덟 개 질문 모두가 우리 같은 조직에는 매우 적절하다."

레베카 뉘마르크
코펜하겐 도시철도와 그레이터 코펜하겐 경전철의 전무이사

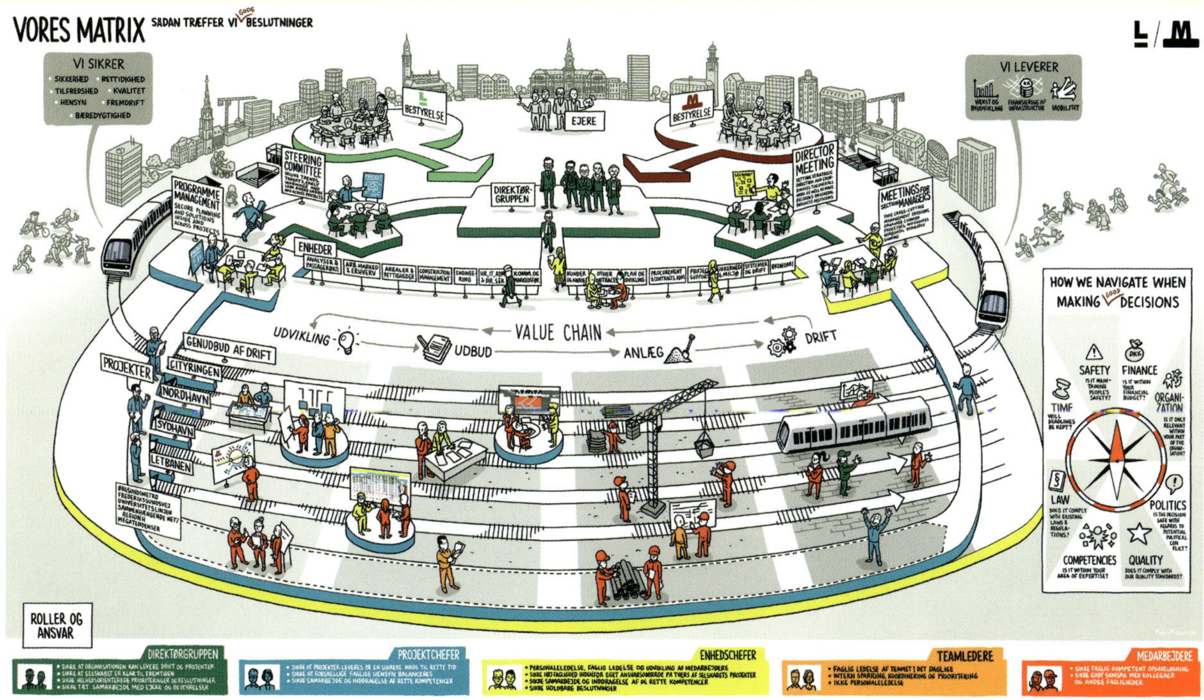

대화 도구: 이 회사 고유의 조직도를 중심으로 순환적인 가치 사슬을 함께 참조하여 대화 도구의 구조를 구축했다. 이 도구는 나중에 경영진과 팀장과 부서장이 제시하고 조정함으로써, 그들이 도구의 소유권을 갖고 각 단위별로 가치 있는 대화를 촉진할 수 있게 했다.

4.
참여를 부르는 템플릿을 만들어라

참여를 부르는 템플릿을 만들어라

목적: 템플릿 디자인의 비결 제공하기

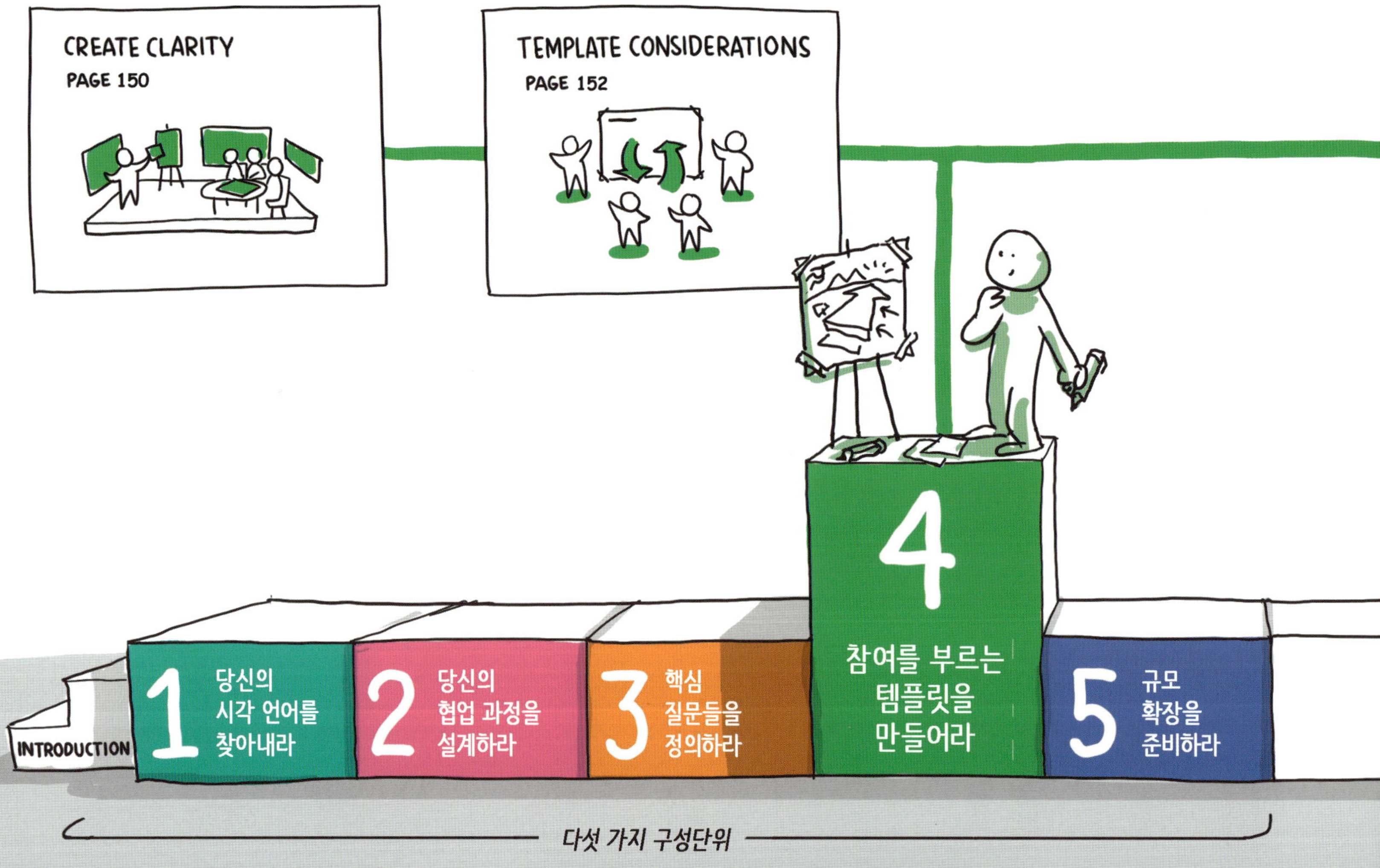

목표: 당신의 다음 회의나 프로젝트, 프로세스에서 가치를 만들 템플릿 마련하기

명료하게 만들어라

왜 템플릿인가? 템플릿은 정보를 시각적으로 조직한다. 하나의 템플릿은 틀을 제공할 뿐만 아니라 프로세스의 명료성을 여러 부분으로도 하나의 전체로도 만들어낼 수 있다. 좋은 템플릿은 복잡성을 관리할 수 있고, 대화에 초점을 두며, 집단 학습을 진흥할 수 있다.

템플릿은 상황에 맞게 변경해야 한다. 프로세스의 목적에 기초해야 하며, 당신이 미리 설계한 (일부) 프로세스 관련 질문들을 활용하라.

당신의 학습장을 구성하라

당신이 시각적으로 일한다는 것은 방의 물리적 표면들을 활용해 정보를 도표로 정리하고 대화를 구조화함을 뜻한다. 우리는 이를 '시각 학습장을 구성한다'고 부른다. 당신은 템플릿을 바탕으로 당신의 시각 학습장을 구성하는 게 유익하다고 여기게 될 것이다. 당신의 학습장은 참여자들이 구조적이고 전일적이며 체계적인 방식으로 서로 공통된 지식을 활용하게끔 도울 필요가 있다. 각 템플릿은 당신의 프로세스 디자인에서 한 요소의 틀을 짓는 데 이용할 수 있다. 템플릿들은 저마다 고유의 목적이 있지만, 전체적으로는 주어진 한 프로세스의 지배적인 목적과 목표에 이바지한다. 일단 작은 규모로 시작하라. 당신의 프로세스 디자인 중 한 부분만을 뒷받침하는 간단한 템플릿을 만들어보라.

예시: 워크숍의 각 프로세스 단계를 틀 짓는 템플릿 여섯 개를 제시한다.

워크숍 의제

참여자들에게 워크숍의 목적과 목표 그리고 그 날의 프로그램을 제시하는 템플릿.

마인드맵

하나의 중요한 질문이 있고 그에 대한 참여자의 반응들을 목록으로 정리하고 그림으로 그릴 여백이 있는 템플릿.

타임라인

중요한 사건과 경향 들을 검토해볼 수 있는 타임라인이 있는 템플릿.

프로세스 매핑

참여자들이 최적의 프로세스 형태를 배치할 수 있도록 접착용 쪽지를 붙일 여백이 있는 템플릿.

집단 대화

그룹은 한 템플릿 속의 질문들에 답하며 하나의 주제를 다룬다. 그 템플릿에 대한 그룹의 반응을 글로 적고 그림으로 그릴 수 있는 여백이 있다.

숙고 카드

질문 하나가 적혀있고 답변을 적는 공간이 있는 카드

템플릿 고려사항

**당신이 어떤 템플릿을 개발하고 있다면,
그걸 대화를 돕는 데 쓸지 지식을 발표하는 데 쓸지를 결정해야 한다.
물론 대화 발표를 결합한 도구로서 템플릿을 설계할 수도 있다.**

대화용 또는 발표용? 대화 도구와 발표 도구 중 무엇을 개발하느냐를 선택할 때는 몇 가지 요인을 고려하게 된다. 그 도구의 목적이 무엇인가? 어떤 상황에 쓰일 것인가? 주제는 무엇인가? 누가 그걸 사용할 것인가? 여기서 중요한 건 당신의 전반적인 프로세스 디자인과 관련된 최우선적 고려사항들이 전부다. 설령 당신은 그 과정의 작은 일부에 활용할 도구를 잠시 개발하고 있을 뿐이라고 하더라도 말이다. 여기서 당신의 선택에 도움이 될 수 있는 몇 가지 지침을 제시한다.

다음과 같을 때 대화 도구를 만들어라.

- 참여자들의 지식이 활발히 펼쳐질 필요가 있다.
- 대화를 구조화하고 그 초점을 맞출 필요가 있다.
- 참여자들은 각자가 관심과 경청의 대상임을 느낄 필요가 있다.

다음과 같을 때 결합 도구를 만들어라

- 한 그룹에 중요한 정보를 전달할 필요가 있다. 그리고….
- 참여자들의 지식이 활발히 펼쳐질 구조화된 대화를 나눌 시간이나 공간이 있다.
- 참여자들이 자기들의 노력을 투입할 필요가 있다고 느끼는 게 중요하다.

다음과 같을 때 발표 도구를 만들어라.

- 대량의 새로운 정보를 한 그룹에 전달하는 게 템플릿의 목적이다.
- 사실들을 제시해야 한다.
- 대화를 나눌 시간이나 공간이 거의 없다.

어떤 도구를 만들려고 하든, 앞선 구성단위에서 정식화한 당신의 질문들로 시작하는 게 좋다. 이 템플릿에는 어떤 질문들이 포함될 것인가? 그중에서 미리 답할 필요가 있는 질문이 있는가? 모든 질문이 참여자들의 노력을 투입하길 요하는가?

모든 발표 도구의 이면에는 대화 도구가 있다. 발표 도구는 이미 답변이 이뤄진 수많은 질문들로 이뤄진다. 따라서 대화 도구가 완성이 되면 그게 발표 도구가 될 수 있다. 일련의 질문들이 답을 얻고 시각화되었다면, 그 도구는 이미 발표에 쓰일 준비가 된 것이다.

오른쪽의 시각화 예시들은 대화 도구와 발표 도구의 차이를 보여준다. 중간에는 양자가 결합한 형태가 나온다.

우리가 현재 어디에 있고 어디로 가고 있는지, 그리고 어떤 도전과 해법을 인식하고 있는지 대화해봅시다.

시각적 대화 도구

시각적 대화 도구는 텍스트와 그래프와 삽화를 활용해 일단의 질문들을 중심으로 그룹의 대화를 구조화하는 템플릿이다. 활성가가 대화를 촉진할 수 있지만, 그룹 고유의 활성화에 도움이 되도록 대화 도구를 설계할 수도 있다.

우리는 A에 있고, B로 갈 필요가 있어요. 여기서 문제는 무엇이죠? 그걸 어떻게 해결하나요?

시각적 발표 및 대화 도구

발표와 대화를 결합한 도구는 정보를 전달하는 동시에 질문을 제기한다. 이 템플릿의 내용 중 일부는 미리 기입되며, 다른 일부는 도중에 기입된다.

우리는 A에서 B로 갈 필요가 있어요! 여기엔 문제가 있는데요! 우리는 이렇게 해결해야 합니다!

시각적 발표 도구

시각적 발표 도구는 텍스트와 수치와 삽화를 활용해 정보를 전달하는 템플릿이다. 그룹은 주로 그 발표를 듣고 이해하기만 하면 된다. 이 템플릿은 종종 미리 설계되며, 도중에 변경되지 않는다. 또한 템플릿의 소유권자가 내용을 발표할 때가 많다.

템플릿 고려사항

여기서는 조직 전략이 대화 도구에서 발표 도구로 변화할 때 어떤 모습이 될 수 있는지의 예시를 볼 수 있다.

대화 도구	발표 및 대화 도구

여기서 쓰이는 템플릿은 전략적 대화를 구조화한다. 참여자들은 모든 네 질문에 답해야 한다.

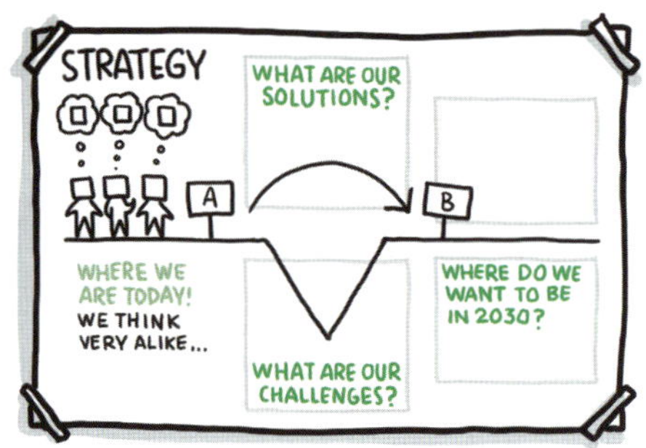

여기서 발표자는 "오늘날 우리가 서있는 곳!"을 참여자들에게 제시한다. 참여자들은 이 전략의 나머지 세 질문에 대한 답을 찾아야 한다.

이 템플릿은 "우리가 어디에 있는지"와 "우리가 어디로 가고 있는지"를 보여준다. 참여자들은 "우리가 맞닥뜨리는 문제는 무엇이죠?"와 "어떤 해법이 보입니까?"에 대한 각자의 답을 찾아야 한다.

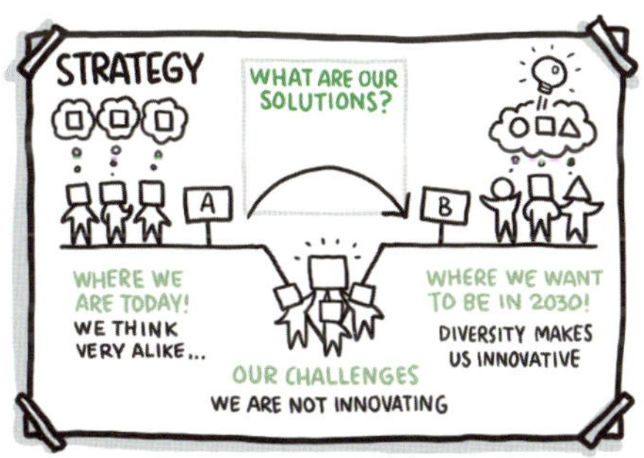

여기서 참여자들은 템플릿의 단일한 질문인 "어떤 해법이 보입니까?"에 대한 답을 촉구할 주요 메시지 세 개를 제공받는다.

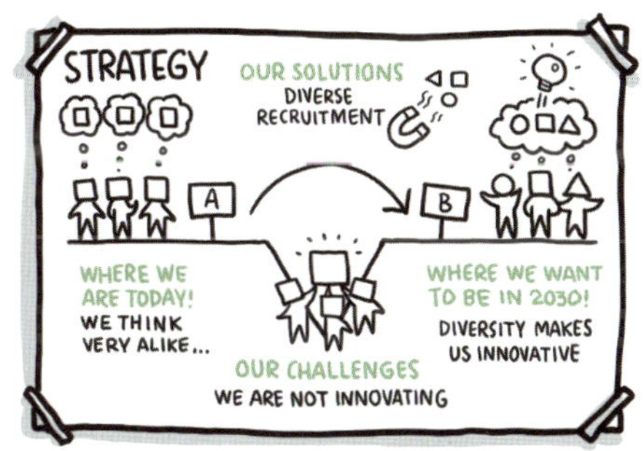

이 템플릿은 전략을 제시하고 "오늘날 우리는 어디에 있나요?"와 "우리는 어디로 가는 중인가요?", "우리는 어떤 문제를 맞닥뜨리고 있나요?", "그걸 어떻게 해결하나요?"를 포함한 모든 질문에 답하는 용도로 쓰인다.

템플릿 고려사항

구조

구조는 템플릿의 모든 요소를 전체적으로 함께 모으는 기초적인 뼈대다. 시각적 구조는 당신이 사용하는 시각 요소들을 일컫는다. 이건 마치 파워포인트 슬라이드 쇼를 디자인할 때 프레젠테이션의 흐름과 균형을 고려해 만드는 상자와 선, 말풍선 등과 유사하다. 당신의 템플릿에 사용되는 시각적 구조는 프로세스 참여자들이 연결 관계를 보며 전체를 이해할 수 있게 돕는다. 좋은 구조는 내용을 제시하기 쉽고 이해하기 쉬우며 논리적으로 다룰 수 있게 해준다.

당신의 첫 템플릿에서는 구조를 단순하게 유지하라. 시간표적으로 배치하는 게 쉬운 방법이다.

시간표적 구조(CHRONOLOGICAL)

당신의 학습장을 가능한 한 단순하게 설계하라. 당신의 내용을 플립차트 위에 사용될 순서대로 하나씩 배치하라. 또는 벽에 공간이 많을 경우 당신의 템플릿들을 큰 가로형 시트에 그려서 벽에 게시하라.

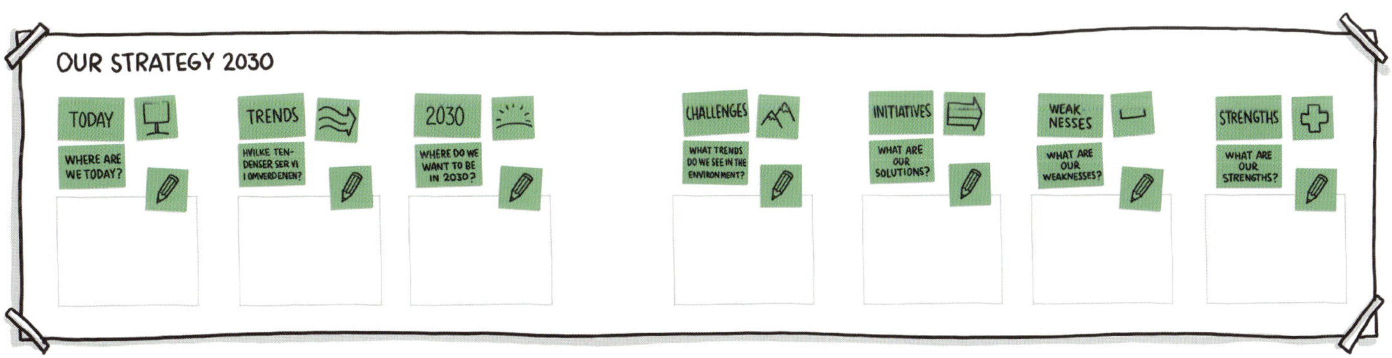

도식적 구조(SCHEMATIC)

도식적 구조는 선과 사각형, 원, 삼각형, 화살표 등의 기본 도형들이 결합된 것이다. 결합의 가능성은 무궁무진하다. 당신의 템플릿에 어떤 도형들이 가장 적합한지, 그리고 그 수와 크기는 내용에 따라 결정하라.

어떻게?

가장 기본적인 도형들은 대량의 정보와 복잡성을 수용할 수 있다. 각자의 역할과 책임을 포함한 한 조직의 전체적인 구조, 생산에서 납품까지의 가치 사슬, 또는 당해 기업 연간 보고서의 파이차트도 그런 도형들로 표현할 수 있다. 당신의 서사나 대화를 다음과 같은 도형들로 결합하여 표현해보라.

- 여러 지식 영역이나 조직 단위 또는 그룹 간의 중첩을 보여주며 교차하는 원
- 전체의 일부들을 보여주며 교차하는 삼각형이나 사각형
- 다양한 단위들을 서로 비교하며 보여주는 표
- 기초나 기둥 또는 건물을 보여주는 사각형, 원, 상자
- 또는 아이디어를 제시하는 다른 모든 기하학적 변이들

강점

기본 도형들은 직설적으로 소통하며, 은유가 그렇듯이 오해되거나 과도하게 해석될 여지가 없다. 도식적 다이어그램은 다양한 맥락에서 많이 쓰이기 때문에 우리는 그런 다이어그램을 해독하는 데 익숙하다.

약점

어떤 도형들은 눈에 띄지 않거나 지루해질 정도로 많이 사용된다. 그런 도형의 '읽기'가 더 이상 이뤄지지 않는 이유는 우리가 그걸 이미 알고 있다고 생각하기 때문이다.

은유적 구조(METAPHORICAL)

은유는 언어적인 이미지다. 시각적 은유는 언어적 이미지의 그림이며, 당신의 템플릿을 위한 응집력 있는 구조로 쓰일 수 있다.

당신의 내용에 따라 그러한 언어적 이미지를 결정하라. 당신의 은유는 그 내용을 시각적으로 따라야 한다.

어떻게?

당신의 주제에 들어맞는 시각적 은유들로부터 당신 자신이 영감을 받아 서사에 생기를 불어넣어라. 여행이나 자연, 교통, 스포츠, 레저 등을 생각해보라.

- 나무의 은유를 활용해 한 프로젝트의 뿌리와 줄기, 잎, 열매에 대해 대화해보라.
- 빙산은 보이는 것과 보이지 않는 것에 대한 대화로 이어질 수 있을 것이다.
- 저글링 하는 사람은 업무의 우선순위 매기기를 연상시킨다.
- 등산은 협업이나 성과에 관한 대화를 암시할 수도 있다.

강점

은유는 새로운 통찰과 아이디어를 만들어낼 수 있다. 한 주제에 관한 관점을 넓히고 신선한 시각을 드러낼 수 있다. 추상적인 주제들을 구체적으로 만들어서 쉽게 인식하고 회상할 수 있게 해준다.

약점

어떤 은유는 너무 남용되어서 진부하게 인식되곤 한다. 또 어떤 은유는 말로 하면 효과적일 수 있어도 시각적으로 묘사하면 유치하거나 부적절하게 느껴질 수 있다. 은유는 주의를 산만하게 할 수도 있는데, 예컨대 단지 등산의 은유를 활용한 발표를 접했다고 해서 한 조직의 직원 전체가 전략의 실제 내용보다 등산 기술의 세부적인 얘기에 빠져버릴 수도 있는 것이다.

템플릿 고려사항

크기, 형태, 기능

당신의 템플릿에 올바른 포맷은 무엇이며, 그것에 특별한 기능이 있을 필요가 있는가? 진부해보일 수도 있지만, 템플릿의 모양과 크기는 당신의 도구가 실무에서 얼마나 효과적일지를 판가름할 매우 중요한 요소일 수 있다. 모양과 크기는 참여자들이 어떻게 어느 정도까지 관여할 수 있는지를 결정하는 데 도움이 될 수 있다.

당신은 그러한 두 가지 물리적 제약을 바탕으로 템플릿의 목적과 원하는 결과를 가장 잘 뒷받침하는 게 무엇인지를 따져서 포맷을 선택해야 한다. 참여자들에게 템플릿이 어떻게 제시될까? 그들은 템플릿을 어떻게 활용할까? 또한 템플릿의 기능도 고려해야 한다. 예컨대 템플릿을 컨퍼런스 책자에 끼워 맞출 수 있어야 할까, 아니면 그 과정에서 양분될 수 있어야 할까?

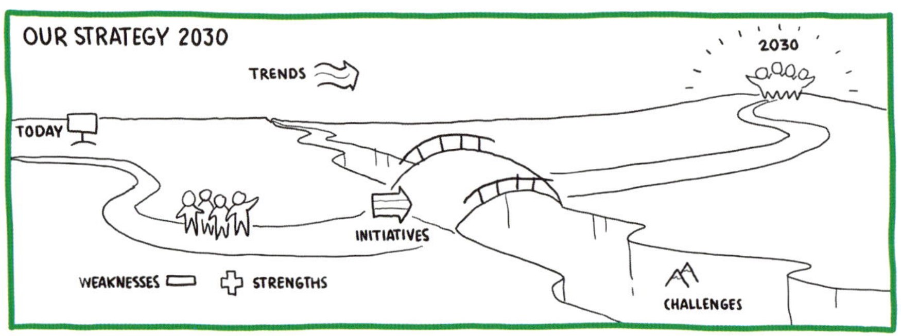

크기와 모양

템플릿의 크기와 모양은 프로세스와 목적, 원하는 결과에 따라 달라진다. 하지만 물리적인 틀이 템플릿의 디자인을 미리 규정할 수도 있다. 일반적으로 작은 템플릿은 3~5명의 소그룹에 가장 효과적이며, 큰 템플릿은 파노라마식 포맷으로 보며 일할 필요가 있는 대규모 그룹에 효과적이다. 템플릿을 쉽게 만들자. 표준 포맷이나 이미 당신의 조직에서 사용했던 적이 있는 포맷을 사용하자. 예산에 여유가 있으면 놀라운 모양을 활용하거나 그룹의 템플릿을 컨퍼런스 테이블의 모양에 맞춰서 제작해보라. 대안적인 크기와 모양이 창의성을 촉발하여 혁신적인 해법의 기반을 마련할 수 있다.

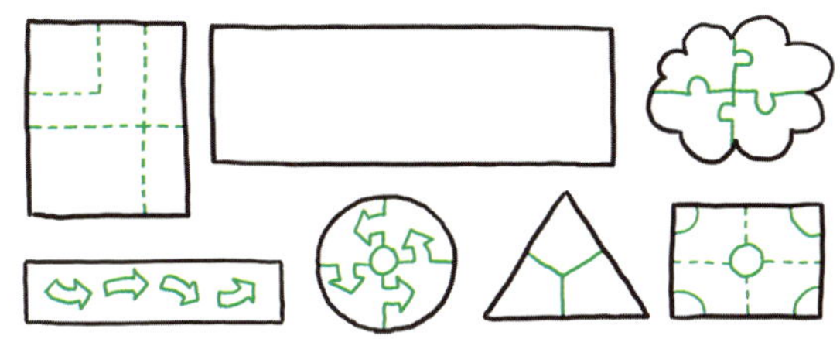

기능

템플릿의 프로세스와 목적 및 목표에 어떤 기능이 가장 들어맞는지를 고려하라. 집단 작업에 앞서 참여자들이 템플릿의 사본을 개인적으로 하나씩 갖고서 스스로 숙고해볼 필요가 있는가? 참여자들이 한 단계에서 다른 단계로 답을 전달할 필요가 있는가? 또는 세계 반대편에 있는 동료에게 답을 보낼 필요가 있을까? 시간과 공간의 제약에 갇혀 있지 말자. 템플릿의 기능을 실험하면서 요소들을 펼치거나 공유하거나 잘라 내거나 결합할 필요가 있는지의 여부를 고려해보라.

템플릿 디자인의 5단계

좋은 템플릿을 개발하는 데에는 시간이 걸린다. 한편 템플릿은 종종 새로운 프로젝트나 화두에 맞게 약간의 경미한 조정을 가해 다시 쓸 수도 있다. 이번 구성단위는 템플릿 개발에 도움이 될 수 있는 5단계를 담고 있다.

시각 언어와 프로세스 디자인, 그리고 당신의 템플릿이 탐구할 주제에 관한 일련의 질문들을 개발한 이후라면 다음 사항들을 활용하라.

당신이 처음부터 최종 포맷으로 작업할 수 있을지 생각해보라. 최종 포맷은 크기 제한과 위계, 부분과 전체에 대한 좋은 감각을 제공하기 때문이다.

1. 제목

당신의 템플릿에 그 주제를 표시하는 제목을 부여하라.

왜?
제목은 템플릿을 개발하고 사용할 때 초점과 방향성을 제공해준다.

어떻게?
좋은 제목은 "이것은 무엇인가?"라는 질문에 답해야 한다. 몇 가지 선택지들을 떠올려본 다음 가장 좋은 제목을 선택하라. 그 제목이 당신의 참여자들에게 호소력을 갖는지 또는 얼마나 그러한지를 고려해보라.

테스트
당신의 제목은 주의를 사로잡는가? 영감을 불러일으키는가? 참여를 유도하는가? 또는 적어도 주목은 받는가?

2. 질문

당신의 템플릿 질문들을 순서대로 배열하고, 템플릿에서 사용할 질문들을 선택하라. 선택한 질문들을 우선순위가 매겨진 순서대로 배치하라.

왜?
앞선 구성단위에서는 질문들을 활용하는 게 왜 중요한지, 그리고 퀘스천 디자이너를 어떻게 사용하는지를 보여줬다. 당신의 프로세스를 위한 일련의 질문들을 만든 상태라면, 이제 당신의 템플릿에 포함될 질문들을 선택할 수 있다.

어떻게?
당신의 질문들을 전달될 필요가 있는 순서로 나열해본다.

테스트
앞선 구성단위에 나오는 질문 테스트와 프로세스 다이아몬드를 활용한다.

3. 표제와 아이콘

각 질문마다 표제와 아이콘을 하나씩 만들어보라.

왜?
주제를 뒷받침하는 시각화는 참여자들이 질문을 이해하는 데 도움이 된다. 이런 시각화는 디테일을 강조하며 오해를 예방할 수 있다.

어떻게?
각 질문마다 하나의 표제를 쓰고, 첫 번째 구성단위에서 언급한 여덟 번째 요소 기법을 활용해 아이콘을 만든다.

테스트
당신의 동료들을 초대해 피드백을 받는다.

4. 견본 제작

3번 단계에서 만든 요소들을 활용해 크기와 모양, 기능, 구조를 실험하라. 하나 이상의 템플릿 견본을 디자인하라.

왜?
견본은 최선의 해법으로 향하는 길을 테스트할 수 있게 해준다.

어떻게?
접착용 쪽지를 활용해 3번 단계의 요소들을 교대로 돌려볼 수 있게 한다. 참여자들이 응답을 적을 수 있는 공간을 마련하자. 아무것도 쓰이지 않은 접착용 쪽지로 공간감을 만들어내면 된다. 활성가가 없이도 당신의 템플릿이 기능하려면 질문들의 순서가 명료해야 한다는 점을 명심하자.

테스트
두 발짝 뒤로 물러나 가장 균형 있고 이해하기 쉬운 견본을 선택하자.

5. 그리기

가장 좋은 견본을 선택한 다음 맞는 크기와 모양의 종이를 찾고, 프레임을 만들어 밝은 색의 격자선을 그린다. 이렇게 하면 크기의 제약을 고려해 당신의 내용을 조직하기가 더 쉬워진다. 이제 템플릿을 그리자.

템플릿의 요소들

템플릿을 디자인할 때 염두에 둬야 할 요소들을 개관하면 다음과 같다.

오른쪽의 전략 템플릿은 전략을 중심으로 구조화된 대화를 필요로 하는 경영진을 위해 개발되었다. 이와 관련하여 2번째 구성단위에서는 프로세스 디자인을, 1번째 구성단위에서는 아이콘을, 3번째 구성단위에서는 질문을 찾아볼 수 있다. 이 전략 템플릿은 템플릿을 구축할 수 있는 방법 중 단 하나의 예시일 뿐이다.

다음과 같이 하기를 권고한다.

- *견본들을 활용하자:* 최선의 해법으로 가는 길을 테스트하자. 그 과정에서 뭔가를 덧붙일 수도 있고 빼낼 수도 있다. 내용에 따라 템플릿을 조직하자. 첫 번째 해법이 늘 당신의 목적에 가장 잘 맞는 것은 아니다.
- *시간이 걸림을 인정하자:* 파워포인트 프레젠테이션을 만드는 데에도 시간이 걸린다. 얼마나 많은 시간을 투자할 것인지를 결정하고 그에 따라 집중력을 유지하자.
- *독자에게 친숙하게 만들자:* 당신의 템플릿이 멀리서 봐도 독자에게 친숙하게끔 튼튼한 논리를 유지하자. 읽는 방향과 위계, 글자 크기와 서체를 고려하자. 시선을 너무 갈팡질팡하게 만들면 관람자가 피로를 느끼게 된다.

그리고 다음을 잊지 말자.

일곱 가지 요소를 활용하자
사람, 장소, 과정, 말, 글, 색, 효과를 표현하자.

당신의 이름과 날짜를 넣자
템플릿을 만든 사람과 날짜를 넣자. 템플릿이 바뀌지 않는 경우는 거의 없다.

프레임을 만들자
내용의 경계를 이루는 틀을 설정하자.

공간을 비워두자
고요함을 만들어내기 위해서다.

응집력 있는 시각적 구조
내용을 함께 묶어 하나의 통합된 그림으로 엮자. 시간표적으로, 도식적으로, 은유적으로, 또는 그 모든 방식을 결합해서 말이다.

순서

템플릿이 큰 화면으로 옮겨졌을 때 쉽게 해독될 수 있게 요소들의 순서를 짠다.

제목

주의를 사로잡으며 초점과 방향을 부여하는 짧은 제목

응답 영역

참여자들의 응답을 쓰거나 그릴 여지가 있는 빈 공간

질문별 표제

프로세스 관련 질문의 본질을 담아내는 간략한 표제

핵심 질문

쉽게 이해하고 떠올릴 수 있는 완전하지만 간략한 문장. 문장 표현은 참여자들을 대상으로 모호하지 않게 정식화되어야 한다. 템플릿의 사용이 활성화되면 핵심 질문이 빠질 수 있다.

아이콘

당신의 시각 언어에서 제목과 질문별 표제, 질문을 뒷받침하는 아이콘들을 활용하라.

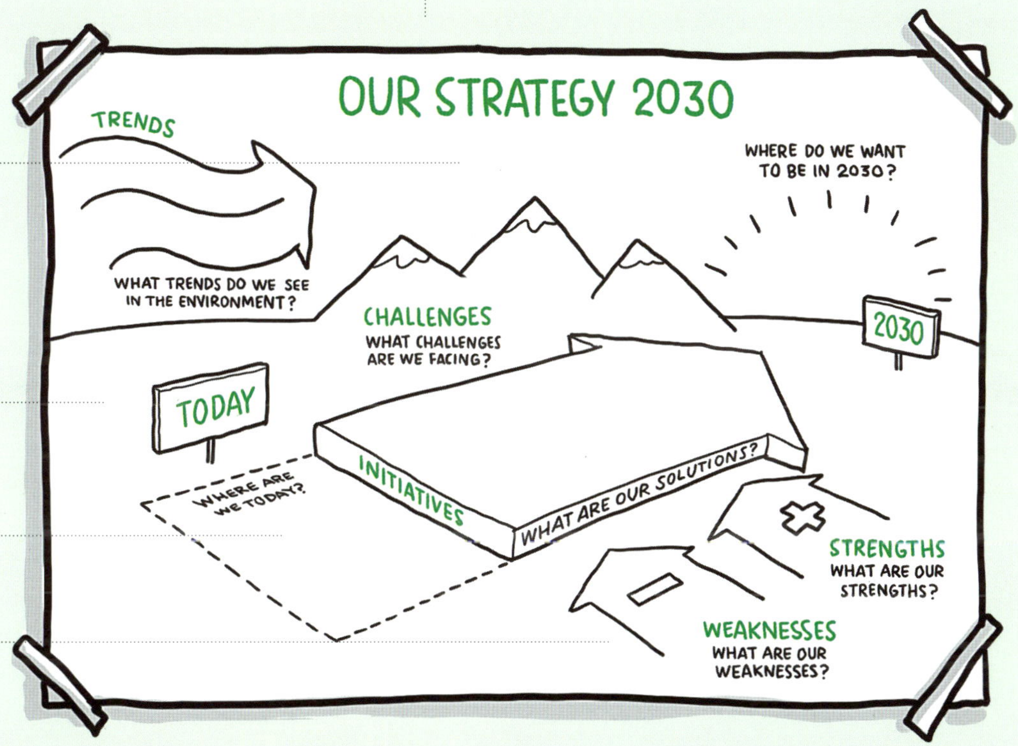

형태, 크기, 기능

템플릿의 목적과 프로세스 상황의 물리적 프레임 체계에 어울리는 모양과 크기와 기능을 고려하라.

도구

템플릿 디자이너

다섯 단계를 진행하는 동안 템플릿 디자이너(Template Designer)를 활용하라. 이 도구를 다운로드하여 인쇄해도 되고 직접 그려도 된다.

어떻게?

템플릿 디자이너를 왼쪽에서 오른쪽 방향으로 활용하라. 완성된 템플릿을 결정하고 나면 그걸 새로운 지면에 1:1 스케일로 그려보라.

접착용 쪽지/종이

제목과 질문, 질문별 표제 작업을 할 때는 직사각형 접착용 쪽지를 활용하라.

아이콘 작업에는 정사각형 접착용 쪽지를 활용하라.

견본 작업에는 21cn × 27cm (A4) 용지나 대형 접착용 쪽지를 활용하라.

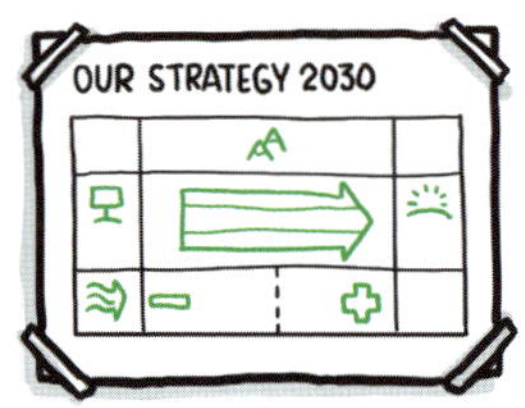

템플릿 디자이너는 www.visualcollaboration.site에서 다운로드받을 수 있다.

TEMPLATE DESIGNER

TEMPLATE DESIGN FOR: ______________________________

DATE: ______________

BY: ______________

TITLE	QUESTIONS	HEADING & ICON	PROTOTYPING

CONSIDERATIONS: DIALOGUE/ PRESENTATION · STRUCTURE · SIZE · FORM · FUNCTION

By Bigger Picture. This work is licensed under a Creative Commons Attribution-ShareAlike 4.0 International license.

도구 예시

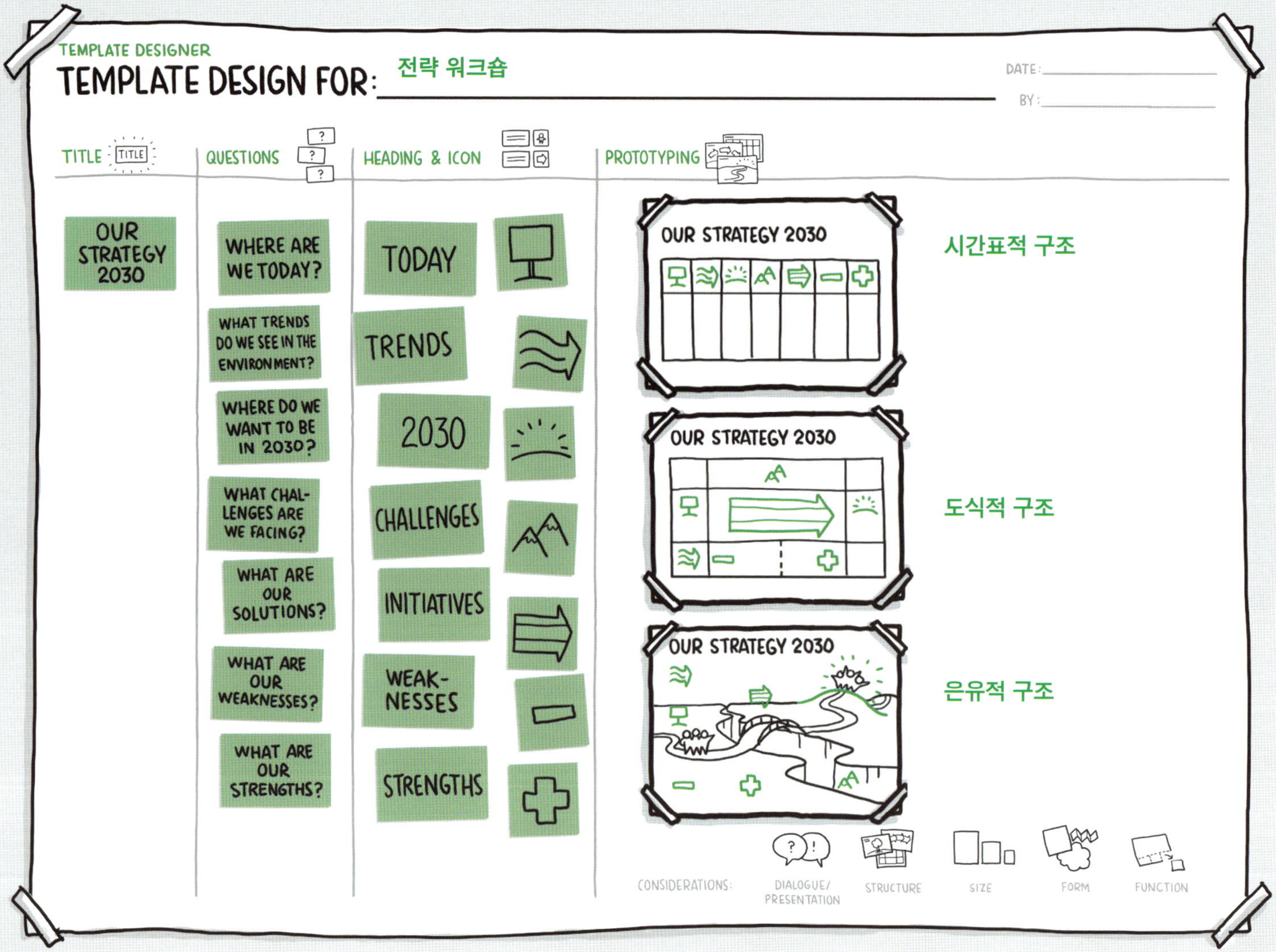
TEMPLATE DESIGNER
TEMPLATE DESIGN FOR: 전략 워크숍
DATE:
BY:
TITLE
QUESTIONS
HEADING & ICON
PROTOTYPING
OUR STRATEGY 2030
WHERE ARE WE TODAY?
WHAT TRENDS DO WE SEE IN THE ENVIRONMENT?
WHERE DO WE WANT TO BE IN 2030?
WHAT CHALLENGES ARE WE FACING?
WHAT ARE OUR SOLUTIONS?
WHAT ARE OUR WEAKNESSES?
WHAT ARE OUR STRENGTHS?
TODAY
TRENDS
2030
CHALLENGES
INITIATIVES
WEAKNESSES
STRENGTHS
OUR STRATEGY 2030
시간표적 구조
OUR STRATEGY 2030
도식적 구조
OUR STRATEGY 2030
은유적 구조
CONSIDERATIONS:
DIALOGUE/ PRESENTATION
STRUCTURE
SIZE
FORM
FUNCTION

완성된 템플릿

(도식적 구조와 은유적 구조의 결합)

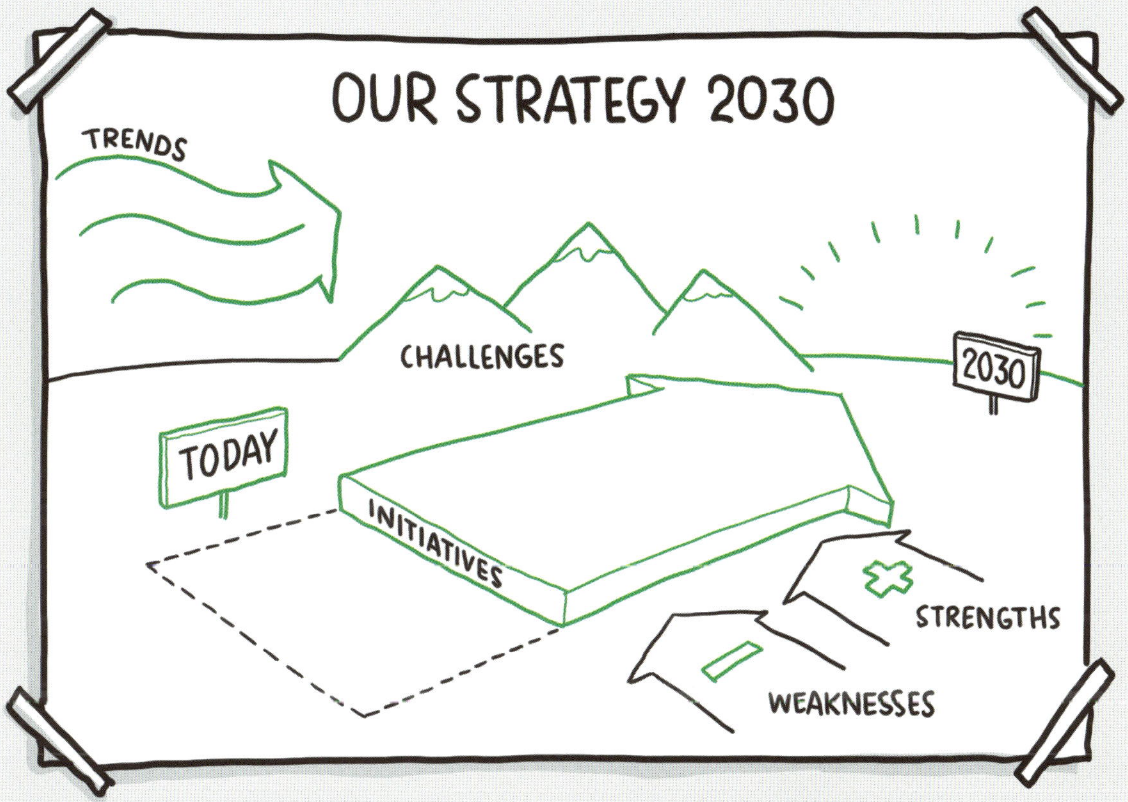

구체적이고 유용한 전략을 만들기란 어려운 작업일 수 있으며, 때때로 조직의 전략과 직원들이 수행하는 업무 사이에 간극이 발생하곤 한다. 전략 템플릿은 어떤 유형의 조직에 사용되든 간에 전략 업무를 실용적이고 행동 지향적으로 만들 수 있다.

목적: 조직의 다음 전략이나 현재 전략에 대한 관련 당사자들과의 구조적이고 행동 지향적인 대화를 제공하기. 참여자들은 왼쪽의 질문 7개를 활용하여 폭넓은 전략적 접근을 시도한다. 템플릿은 접착용 쪽지에 쓰인 응답들로 채워지기 때문에 유연한 프로세스가 진행되며, 응답들은 새로운 통찰이 일어날 때 바뀌거나 순서가 변경될 수 있다.

'우리의 전략 2030(Our Strategy 2030)'은 www.visualcollaboration.site에서 다운로드 받을 수 있다.

도구 예시

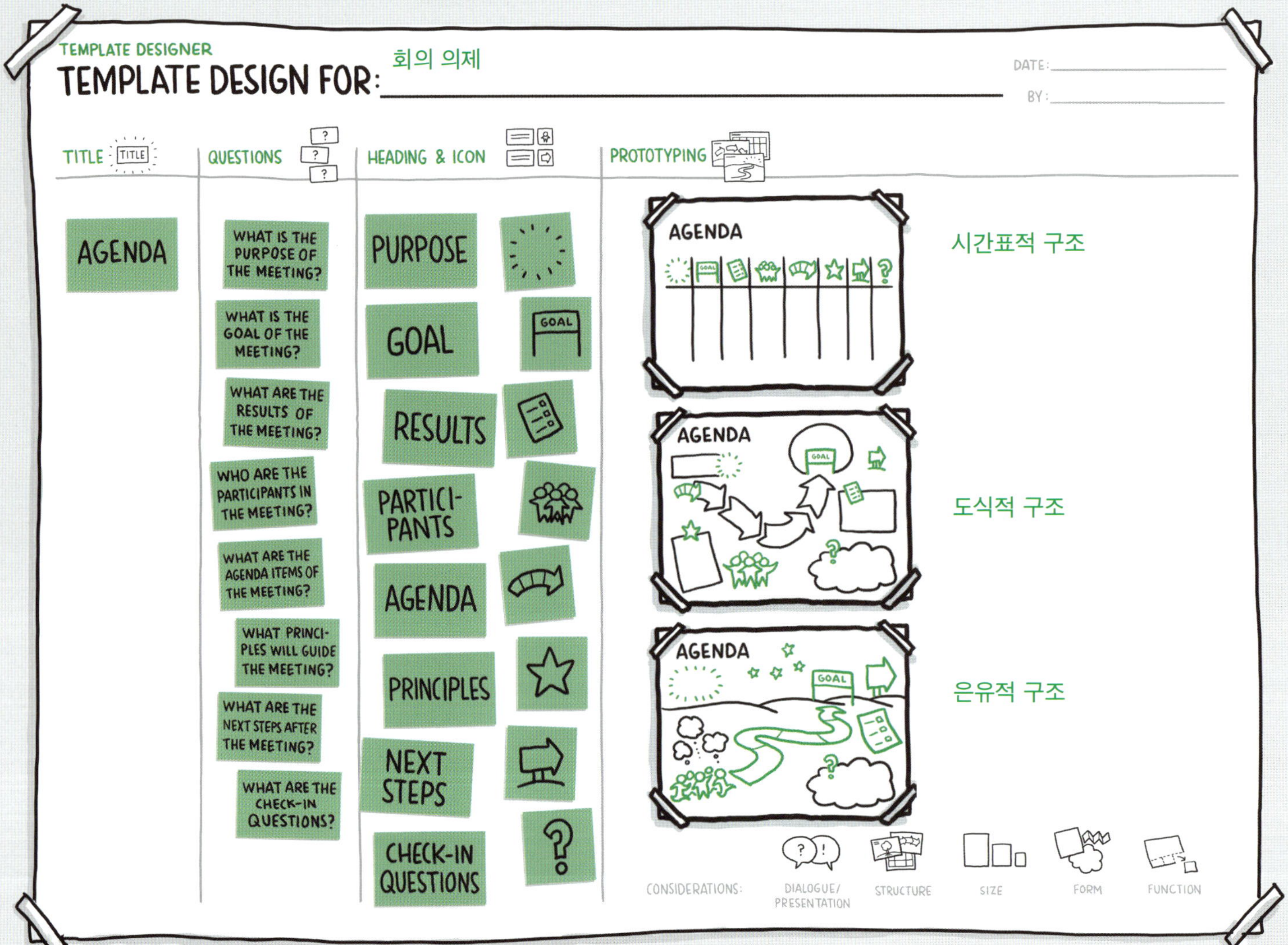
TEMPLATE DESIGNER
TEMPLATE DESIGN FOR: 회의 의제
DATE:
BY:
TITLE
QUESTIONS
HEADING & ICON
PROTOTYPING
AGENDA
WHAT IS THE PURPOSE OF THE MEETING?
WHAT IS THE GOAL OF THE MEETING?
WHAT ARE THE RESULTS OF THE MEETING?
WHO ARE THE PARTICIPANTS IN THE MEETING?
WHAT ARE THE AGENDA ITEMS OF THE MEETING?
WHAT PRINCIPLES WILL GUIDE THE MEETING?
WHAT ARE THE NEXT STEPS AFTER THE MEETING?
WHAT ARE THE CHECK-IN QUESTIONS?
PURPOSE
GOAL
RESULTS
PARTICIPANTS
AGENDA
PRINCIPLES
NEXT STEPS
CHECK-IN QUESTIONS
AGENDA
시간표적 구조
AGENDA
도식적 구조
AGENDA
은유적 구조
CONSIDERATIONS:
DIALOGUE/PRESENTATION
STRUCTURE
SIZE
FORM
FUNCTION

완성된 템플릿

(은유적 구조)

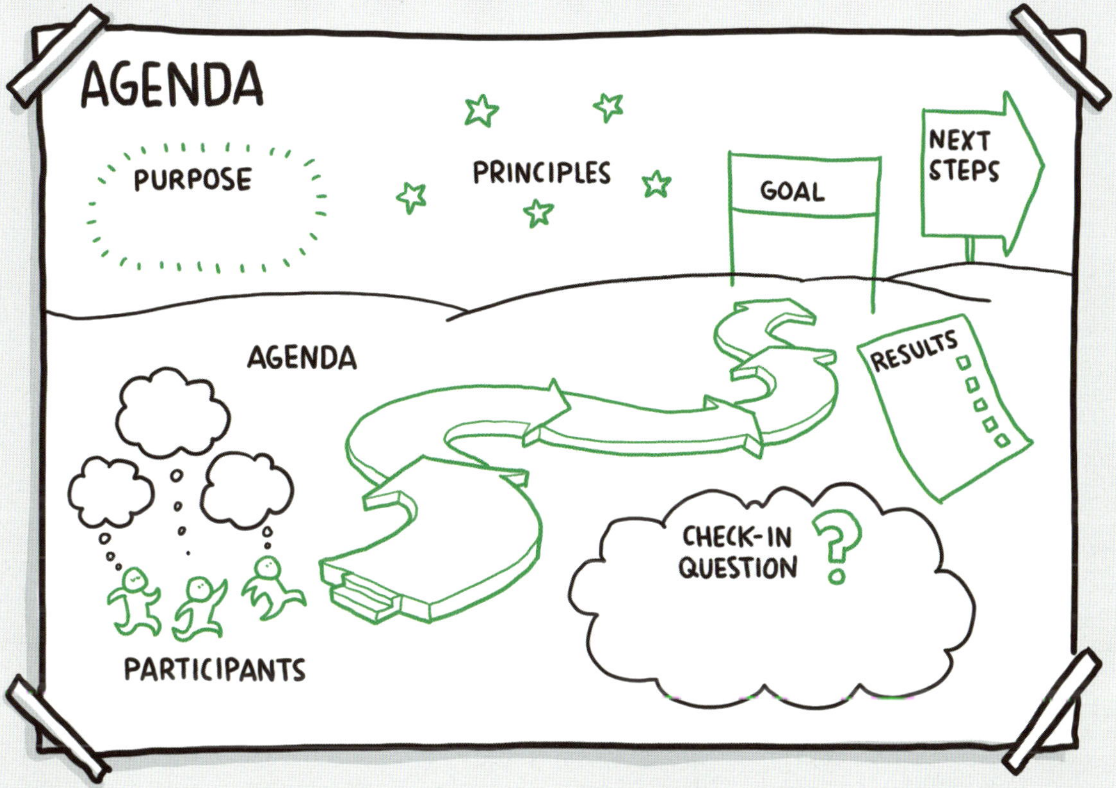

시각적 의제는 회의나 워크숍 또는 컨퍼런스에서 참여를 유도하며 쉽게 발표할 수 있는 방식이다.

목적: 일단의 참여자들에게 그들이 어떤 회의에 참석하게 될지를 설명하기. 시각적 의제는 왼쪽의 질문 8개에 따라 구성할 수 있다. 이 8개의 질문은 회의 프로그램의 요점뿐만 아니라, 참여자들이 회의 결과에 집중할 수 있게 할 회의의 목적과 목표 및 원칙에 관한 질문이기도 하다. 이 템플릿에는 여백이 있어서 회의 참여자들은 회의를 시작할 때 어떤 질문에 답을 할 수가 있다.

회의 의제(Meeting Agenda)는 www.visualcollaboration.site에서 다운로드

도구 예시

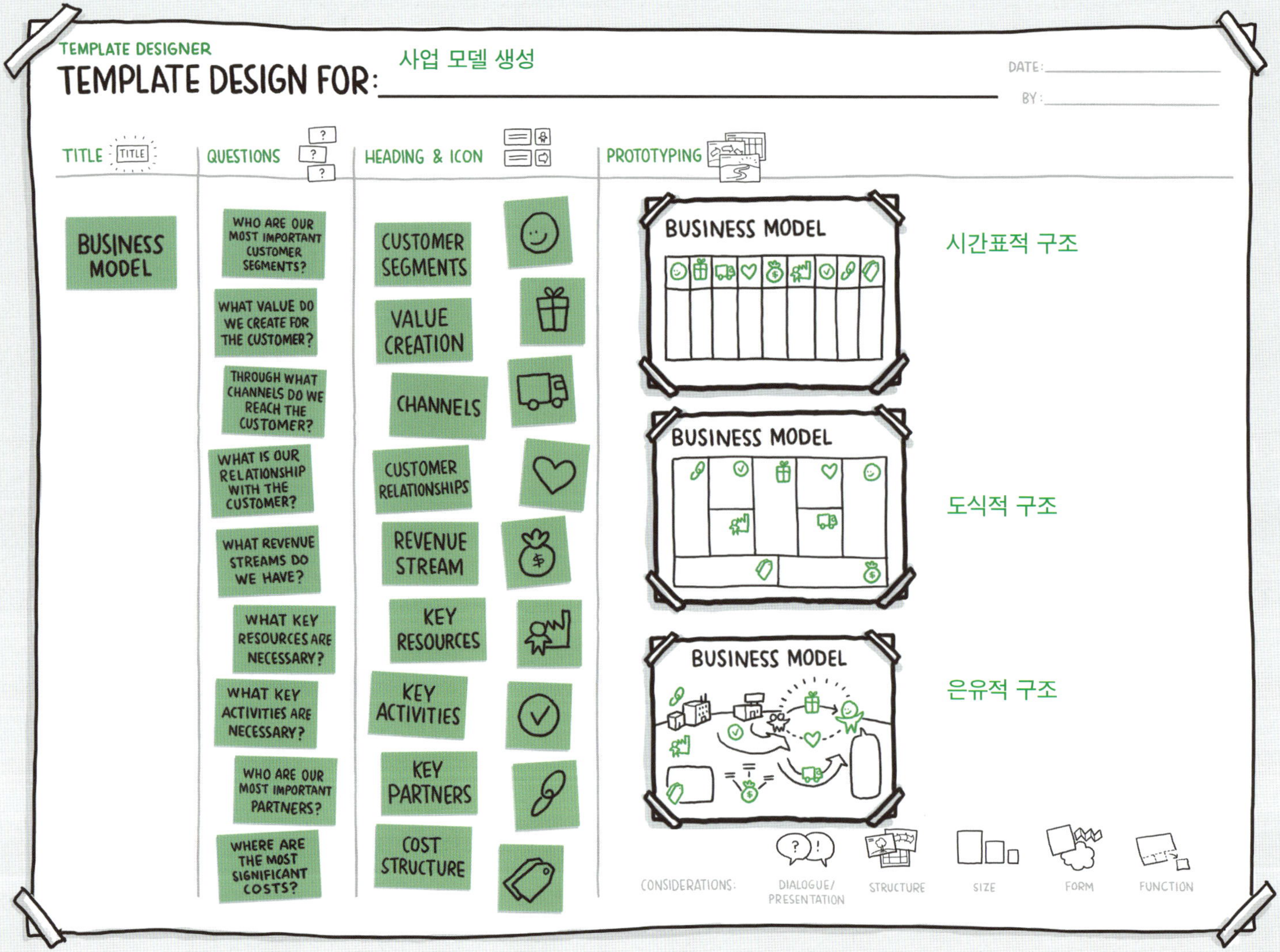
TEMPLATE DESIGNER
TEMPLATE DESIGN FOR:
사업 모델 생성
DATE:
BY:
TITLE
QUESTIONS
HEADING & ICON
PROTOTYPING
BUSINESS MODEL
WHO ARE OUR MOST IMPORTANT CUSTOMER SEGMENTS?
WHAT VALUE DO WE CREATE FOR THE CUSTOMER?
THROUGH WHAT CHANNELS DO WE REACH THE CUSTOMER?
WHAT IS OUR RELATIONSHIP WITH THE CUSTOMER?
WHAT REVENUE STREAMS DO WE HAVE?
WHAT KEY RESOURCES ARE NECESSARY?
WHAT KEY ACTIVITIES ARE NECESSARY?
WHO ARE OUR MOST IMPORTANT PARTNERS?
WHERE ARE THE MOST SIGNIFICANT COSTS?
CUSTOMER SEGMENTS
VALUE CREATION
CHANNELS
CUSTOMER RELATIONSHIPS
REVENUE STREAM
KEY RESOURCES
KEY ACTIVITIES
KEY PARTNERS
COST STRUCTURE
BUSINESS MODEL
시간표적 구조
BUSINESS MODEL
도식적 구조
BUSINESS MODEL
은유적 구조
CONSIDERATIONS:
DIALOGUE/ PRESENTATION
STRUCTURE
SIZE
FORM
FUNCTION

알렉산더 오스터발더와 이브 피뇨르가 만든 템플릿
(도식적 구조) 시간표적 구조와 은유적 구조의 견본은 어떤 모습일지도 생각해보길 제안한다.

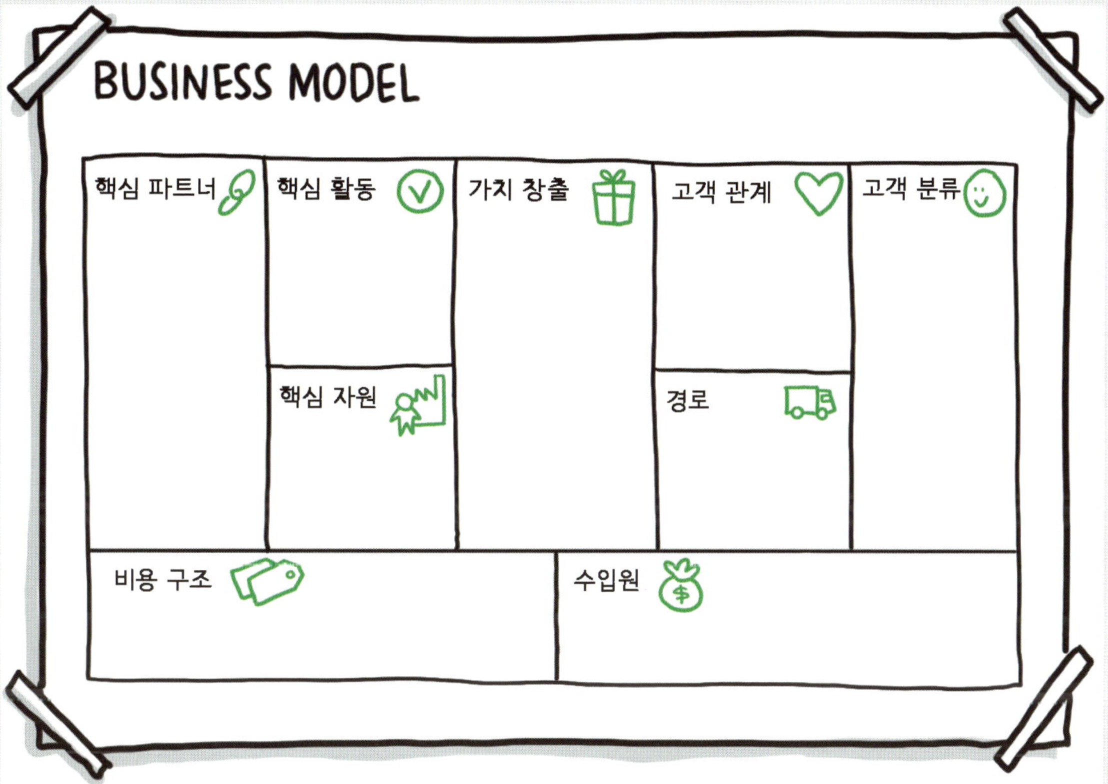

2010년에 알렉산더 오스터발더(Alexander Osterwalder)와 이브 피뇨르(Yves Pigneur)는 『비즈니스 모델의 탄생(Business Model Generation)』이라는 책을 출판했다[*국역본은 2011년에 출판되었다—옮긴이]. 이 책에는 '비즈니스 모델 캔버스(Business Model Canvas)'라 불리는 시각적 대화 도구가 등장했다.

『비즈니스 모델의 탄생』은 새로운 사업 모델을 개발하거나 기존 모델을 업데이트할 수 있는 방법을 다루는 책이다.

이 책은 사업 모델에 관한 초점 있는 대화를 통해 당신과 당신의 그룹을 안내하는 9개의 핵심 질문들을 소개한다. 9개의 질문에는 저마다 아이콘이 따라붙어 템플릿에 삽입된다. 템플릿에는 각 영역마다 접착용 쪽지를 붙일 수 있는 여백이 있어서, 회의 참여자들의 답을 유연하게 논하며 그 우선순위를 매길 수가 있다.

이 책과 그 방법 및 도구는 전 세계적인 성공을 거두었다.

알렉산더 오스터발더와 이브 피뇨르 strategyzer.com에 방문하면 이 도구를 다운로드 받고, 이해당사자들을 초대하고, 당신의 다음 사업 모델을 함께 만들고, 재해석하고, 테스트해볼 수 있다.

당신이 알 수도 있는 템플릿들

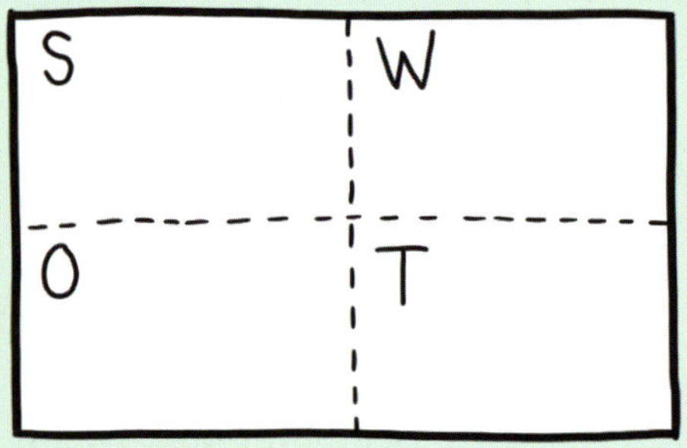

스워트(SWOT) 분석

사업이나 프로젝트의 강점/약점, 기회/위협요인을 분석하여 더 나은 의사결정을 할 수 있는 토대를 만든다.

작자불명

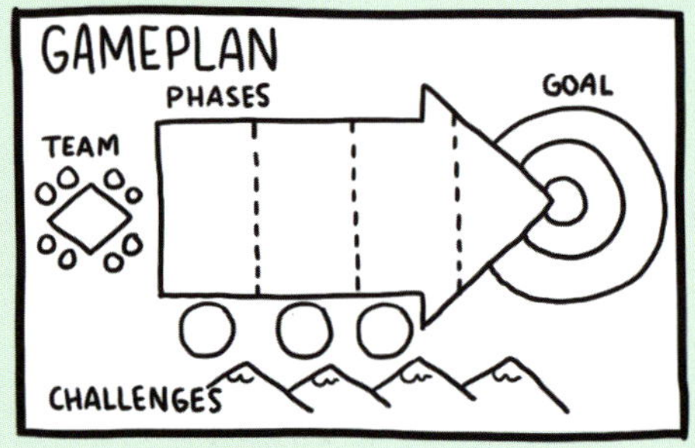

게임플랜(GAMEPLAN)

게임플랜을 활용해 당신의 다음 프로젝트를 개관해본다. 프로세스에 프로젝트 참여자들을 초대하여 각자의 역할을 분명히 하고, 프로젝트를 단계별로 나누고, 도전적인 문제들을 배치해보고, 목표들을 정식화한다.

데이비드 시베트
그로브 컨설턴트 인터내셔널

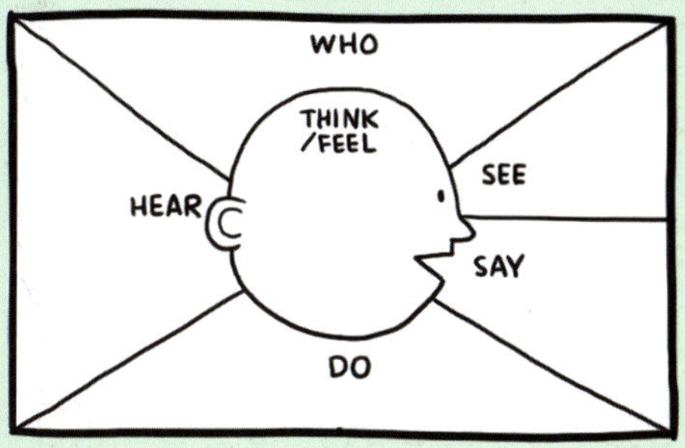

공감 지도

다양한 사용자 프로필의 행동을 지도화하며 탐색한다. 한 사람을 선택하여 그가 무엇을 듣고, 생각하고, 느끼고, 보고, 말하고, 행하는지를 분석한다.

데이브 그레이
엑스플레인(Xplane)

보스턴 매트릭스

시장 점유율과 성장 잠재력을 살펴보면서 당신 회사의 생산물들을 분석한다. 이 템플릿의 목적은 가장 수익성이 높은 생산물들을 파악하는 데 있다. 생산물들을 고수익성 상품(cash cow), 불필요한 상품(dead dog), 물음표 또는 별표로 범주화한다.

보스턴 컨설팅 그룹

영감

여기에 선별해둔 단순화된 형태의 템플릿들은 우리가 다양한 조직을 폭넓게 운영하며 다양한 목적으로 개발한 것들이다. 더 많은 아이디어는 visualcollaboration.site에서 확인할 수 있다.

By Bigger Picture. This work is licensed under a Creative Commons Attribution-ShareAlike 4.0 International license.

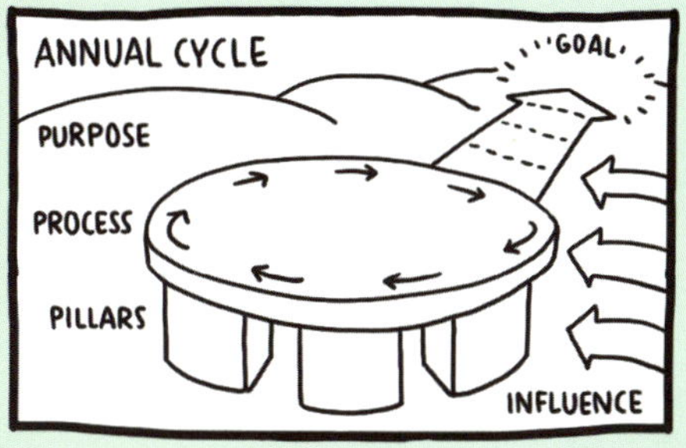

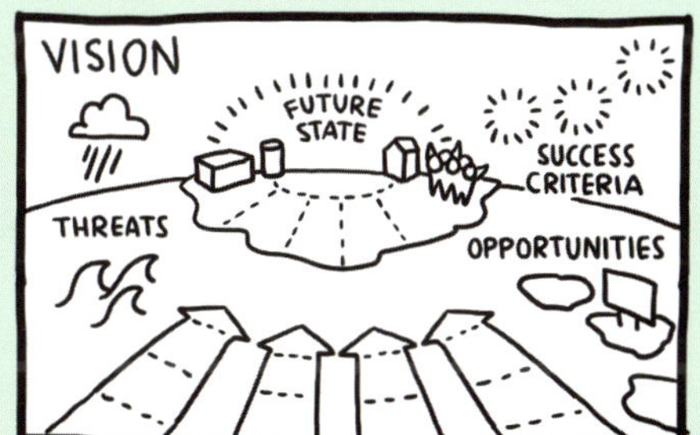

요약

명료하게 만들어라: 좋은 템플릿은 복잡성을 관리하고, 대화의 초점을 맞추며, 집단 학습을 진흥한다. 당신과 참여자들이 전일적인 시각으로 일하며 더 짧은 시간에 결과를 낼 수 있게 도와주는 템플릿들을 바탕으로 당신의 시각 학습장을 구성해보라.

템플릿 고려사항: 템플릿을 개발할 때는 그게 발표용인지 대화용인지, 시간표적 구조와 도식적 구조, 은유적 구조 중 무엇으로 할지, 그리고 어떤 크기와 형태가 템플릿의 기능에 가장 도움이 될지를 고려해야 한다.

템플릿 디자인: 템플릿은 다음의 5단계로 개발할 수 있다.

- 제목을 정한다.
- 질문들을 순서대로 배열한다.
- 질문별로 표제와 아이콘을 만든다.
- 견본들을 디자인한다.
- 그림을 그린다.

템플릿 디자이너: 템플릿을 개발할 때 디자인 과정의 구조화를 도와주는 도구

예시: 기존의 많은 템플릿들을 영감의 원천으로 활용하며 당신만의 상황과 프로세스에 맞게 변용할 수 있다.

당신의 다음 템플릿은
제목이 무엇인가요?

구매의 큰 그림

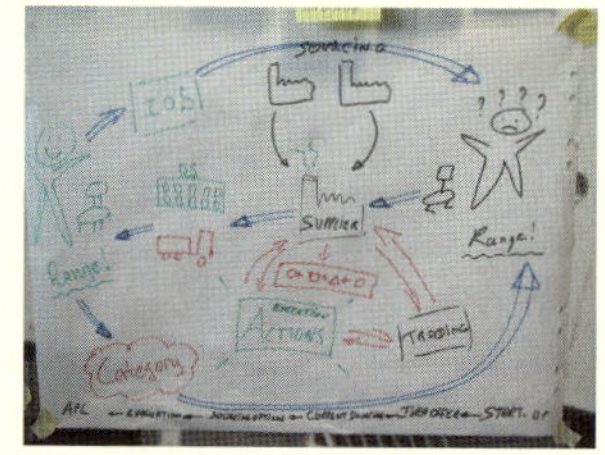

초창기의 한 워크숍을 위해 한 직원 그룹이 그린 스케치 예시.

이케아는 고품질의 일관된 납품을 보장하기 위해 절차와 매뉴얼을 종종 활용하는 세계적인 조직이다. 이케아의 구매/물류 부문(IKEA Purchasing & Logistics)도 예외가 아니다.

이 부문은 자기들의 업무를 상세히 기술한 30쪽짜리 매뉴얼을 수년간 활용해왔다. 그럼에도 매뉴얼의 내용은 세계 곳곳의 지사마다 매우 다르게 해석되었다. 공통의 이해와 일관된 방향 감각을 만들어내기 위해, 각 지사의 그룹들은 구매/물류 부문의 공통된 그림을 개발한다는 목표로 일련의 워크숍을 열어 회의했다.

많은 워크숍을 진행하는 과정에서 참여자들은 그들의 공통 매뉴얼과 지역적인 경험에 기초한 시각 언어를 개발하는 훈련을 받았다. 첫 워크숍에서 그린 스케치들은 후속 워크숍에서 정교하게 분석하고 발전시켜서 활용했는데, 말하자면 첫 워크숍에서 만든 시각 작업을 단일한 그림으로 정리하고 핵심 직원들에게 제출하여 승인받은 것이다. 이 그림은 일러스트 작가가 새롭게 다시 작업하여 완성했다.

'구매의 큰 그림(Big Picture of Purchasing)'은 이케아의 직원 100명 이상이 정식화하고, 그리고, 코멘트하고, 편집하고, 재배열해서 만든 것이다. 최초의 완성 버전은 이후 5번에 걸쳐 업데이트되었고, 오늘날 이케아 구매/물류 부문에 종사하는 직원 2천 명 이상이 매일 사용하는 중이다. 이 그림은 복도와 사무실에 걸렸고, 이케아의 인트라넷상에서 직원들이 클릭하면 다양한 수준의 디테일을 볼 수 있는 쌍방향 소통 도구로 이용이 가능하다. 또한 구매 개선 방식에 초점을 둔 워크숍 내 대화 도구로도 쓰이는 만큼, 신입직원 교육과정의 일환으로도 활용된다.

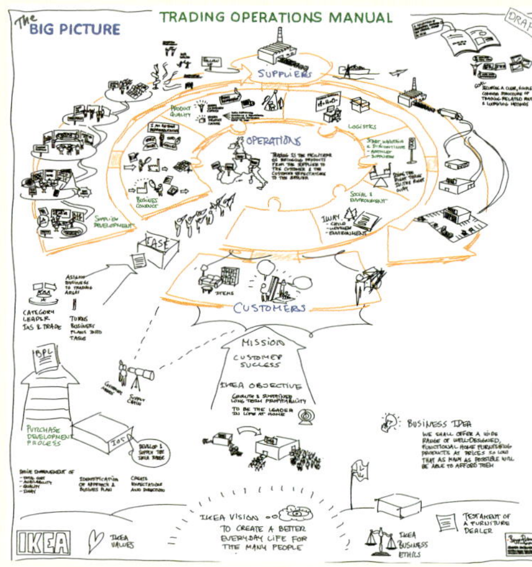

초창기 워크숍에서 그린 스케치들을 합쳐 만든 대형 시각화 버전.

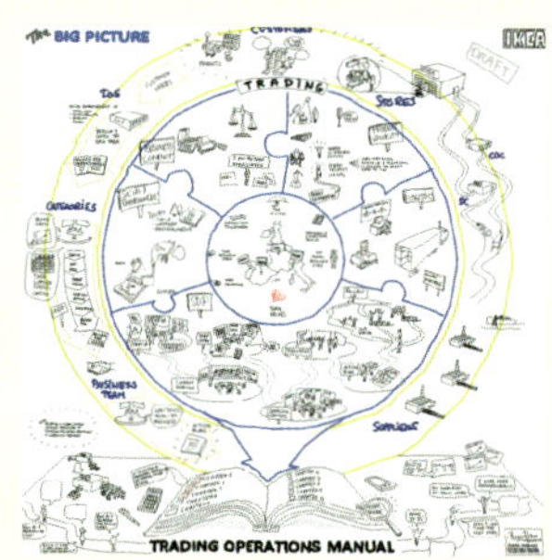

일러스트 작가가 재작업하기 이전의 최종 그림.

"오늘날 구매/물류 부문에서 공급자 생애주기(Supplier Life Cycle)에 관해 알 필요가 있는 사람이라면 이 이미지를 통해 우리의 복잡한 업무를 살펴볼 수 있습니다. 시각화는 당신에게 필요한 정보를 찾는 데 드는 시간을 줄여주고 내용을 더 쉽게 기억할 수 있게 해주죠. 포스터를 사용하기 시작한 이래로 우리는 세 번의 중요한 조직 변화를 겪었는데요. 이 그림은 대체로 그대로 유지되었고 여전히 우리 업무의 초석을 이루고 있답니다. 조직 구조와는 상관없이 말이죠."

헨리크 엘름
인터 이케아 그룹 구매/물류 부문 매니저

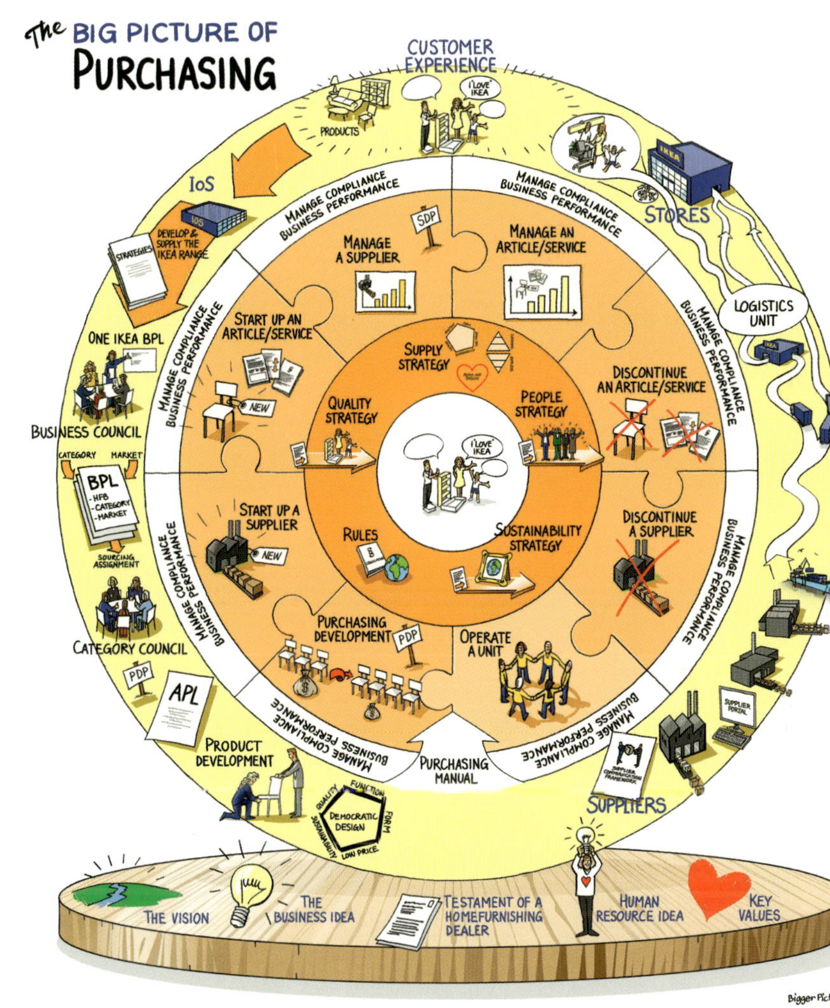

최종 포스터(5번째 버전)

그림의 배치: 고객이 중심에 위치하고, 그 주위로 전략들이 원환을 이룬다. 가장 안쪽의 원환은 서로 연결된 여덟 가지 프로세스로 구성된다. 가장 바깥쪽의 원환은 고객 수요에서 고객 만족으로 나아가는 이케아의 전체 프로세스를 보여준다. 이 모든 건 5가지 핵심 문서로 구성되는 이케아의 토대를 바탕으로 이뤄진다.

5.
규모 확장을 준비하라

규모 확장을 준비하라

목적: 당신의 프로세스 규모를 확장하는 시각 작업에 영감을 불어넣기

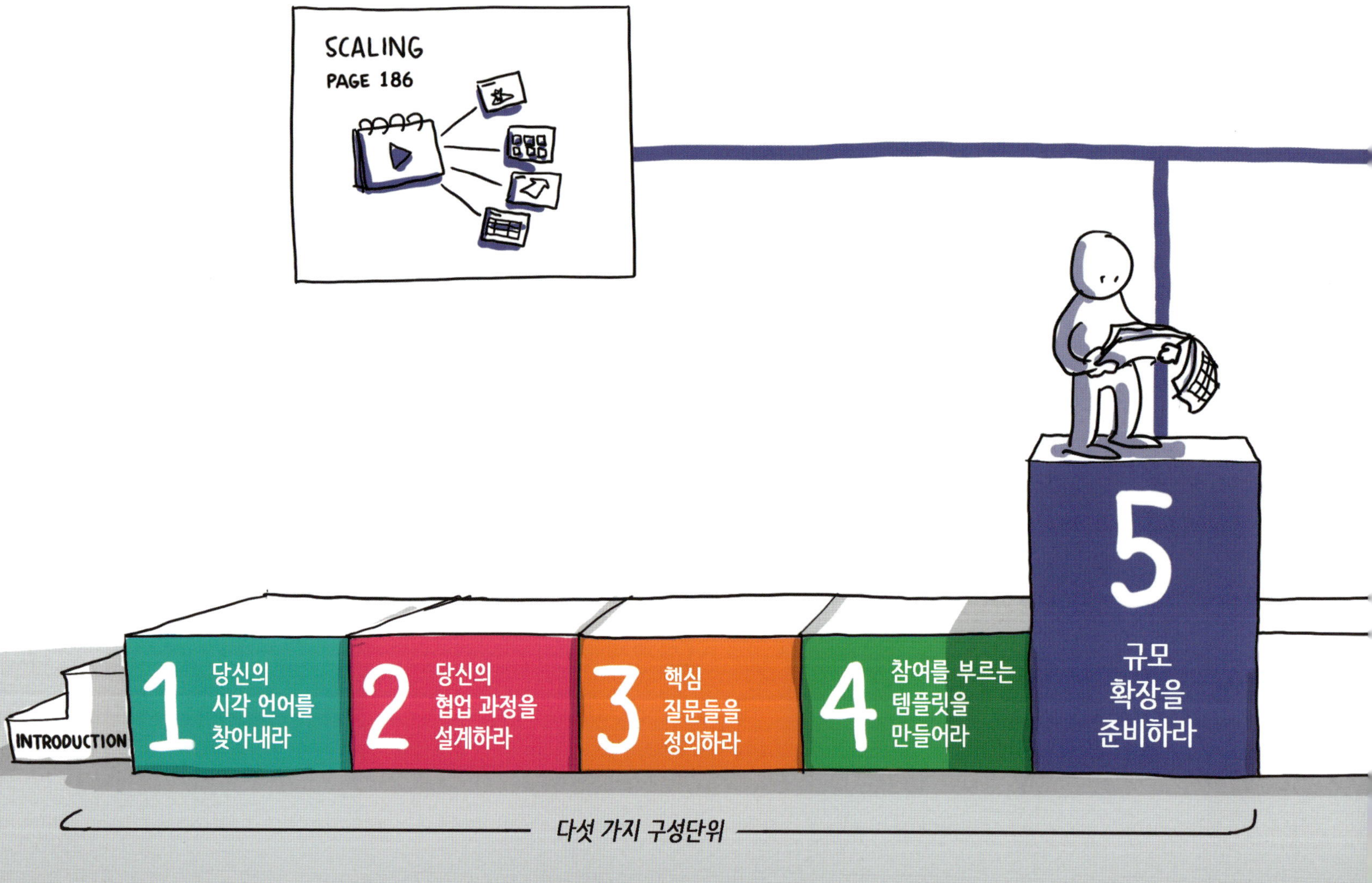

목표: 다른 이들이 당신의 작업 규모를 확장할 수 있는 플레이북을 마련하기

규모 확장하기

왜 플레이북을 만드나? 플레이북은 한 프로세스에서 일어날 필요가 있는 걸 상세하게 보여주는 도구다. 이 도구는 특히 이해당사자가 많고 중대한 이해관계가 걸려있는 크고 복잡한 프로세스를 활성화할 필요를 느낄 때 쓰기에 적절하다.

두 번째 구성단위에서 프로세스 디자이너를 활용하여 다음과 같은 데이터의 핵심 요점들을 다룬 바가 있다.

— 프로세스가 일어날 상황
— 각각의 프로세스 단계
— 프로세스의 결과
— 프로세스의 다음 단계

시각 플레이북에서는 이런 요소들을 더 자세하게 묘사하고 시각화한다. 바로 이런 작업이 상세한 일정표와 함께 시각 플레이북의 요소들을 구성한다.

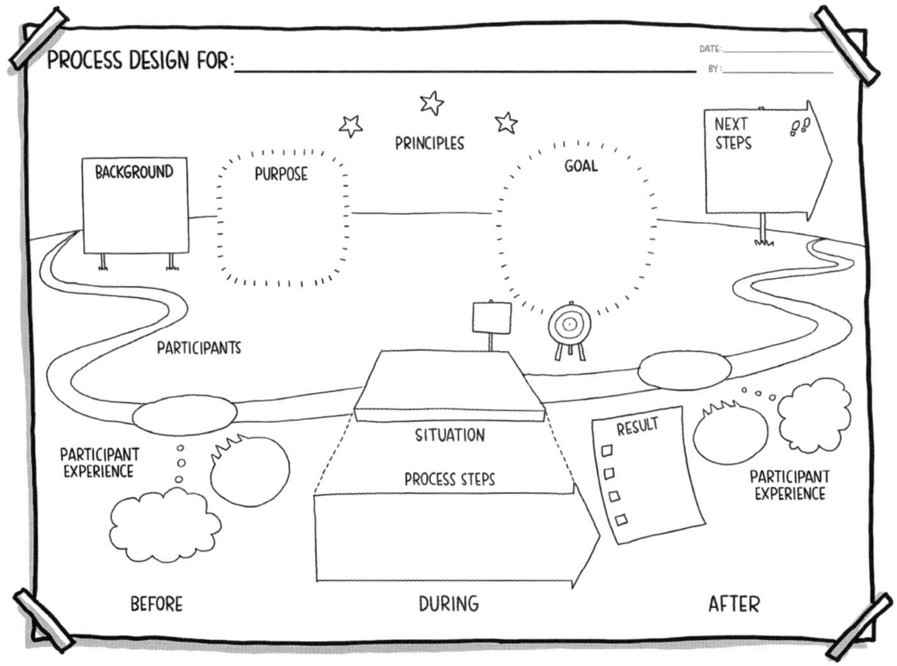

좋은 플레이북은 '자유'와 '유연성', '소유권', 그리고 '즉흥의 여지'를 제공한다.

— 많은 이권이 걸린 대규모 컨퍼런스를 설계하거나 활성화하거나 운영할 책임이 당신에게 있고 수행해야할 역할과 책임도 크다면, 플레이북이 업무의 강력한 기초를 제공해줄 것이다.
— 당신의 조직 전체에 적용될 회의 개념이나 변화 과정을 설계해본 적이 있다면, 플레이북은 다른 사람들이 당신의 디자인으로 성공할 가능성을 높여주는 훌륭한 도구다.
— 당신이 시각적 작업에 익숙하지 않은 조직에 속할 경우, 플레이북을 개발하면 템플릿을 그리거나 사용하는 과정에 참여자들을 포함시켜야 할 때 그들보다 두 단계쯤 앞서서 진행하는 데 도움이 될 수 있다.

시각 플레이북

네 개의 디자인 요소를 당신과 당신의 프로세스에 가장 잘 맞는 순서와 깊이로 활용하라.

상황을 스케치하라

프로세스가 일어나고 있는 상황을 스케치하라.

예상되는 결과를 시각화하라

예상되는 결과의 모습을 스케치하라.

시각 플레이북의 내용

스토리보드

각 프로세스의 이전과 도중과 이후 단계를 묘사하는 스토리보드를 만들어라.

일정표

스토리보드를 따라 각 프로세스 단계를 자세하게 묘사하는 일정표를 만들어라.

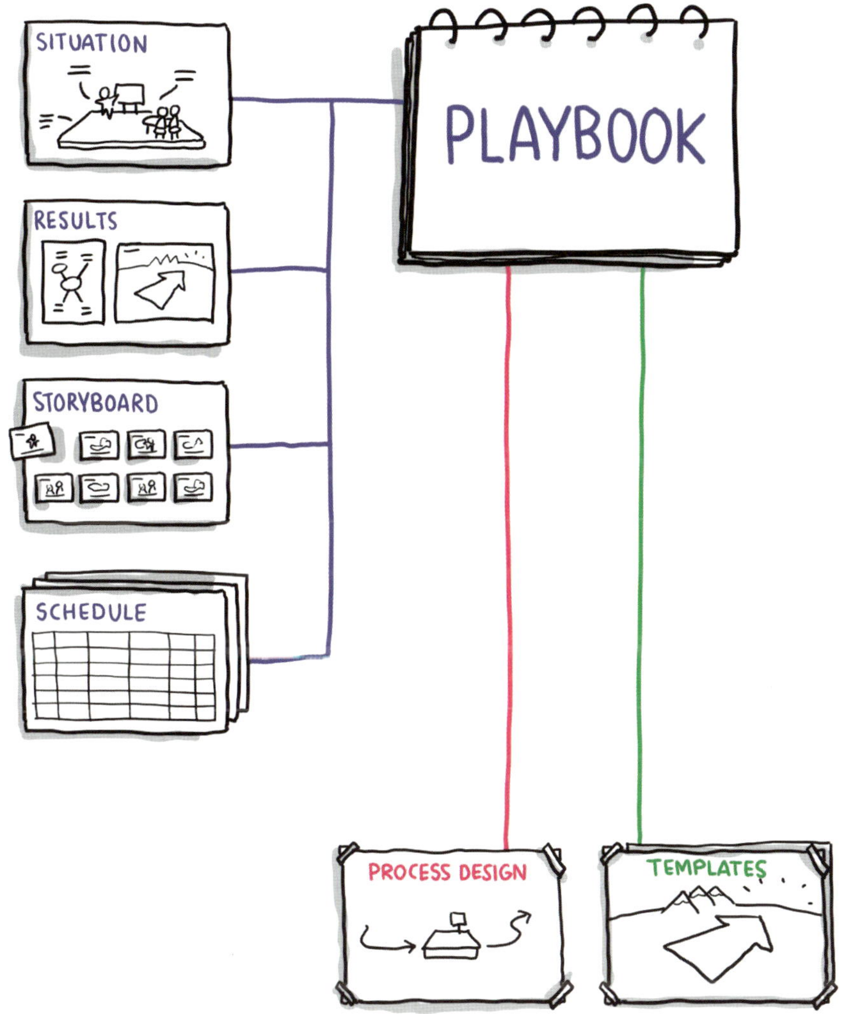

시각 플레이북

상황을 스케치하라

프로세스의 얼개를 형성하는 상황을 스케치하라.

왜?

프로세스가 일어날 상황을 개략적으로 묘사함으로써 당신과 참여자들은 프로세스의 개념을 전체적으로 훑어보게 될 것이다. 이런 스케치는 빠진 부분이 없는지 또는 프로세스를 진행하기 위해 고려해야 할 추가 사항이 있는지를 드러낼 수 있다.

어떻게?

좌석 배열, 장면, 장비, 물품을 포함한 당신의 학습장을 그린다. 참여자들과 그들의 다양한 역할, 책임, 의무를 그린다. 프로세스의 개념을 하나의 짧은 문장으로 묘사한다. 이 스케치를 당신의 플레이북에 넣는다.

예시: 집단 작업이 이뤄지는 전략 워크숍

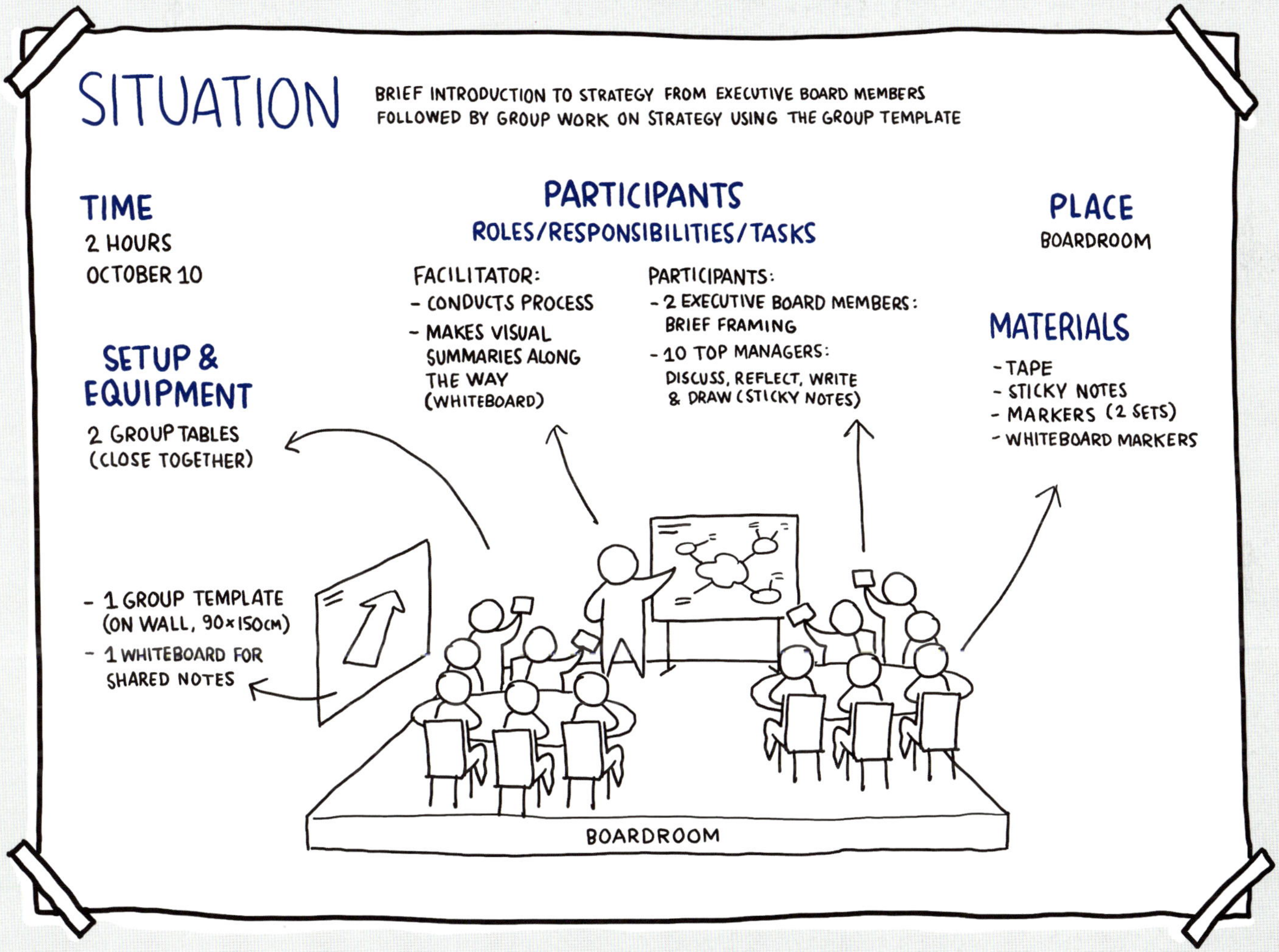

시각 플레이북

예상되는 결과를 시각화하라

당신이 기대하는 프로세스 결과의 모습을 그려라.

왜?

원하는 프로세스 결과를 시각화하면 성공할 가능성이 높아질 것이다. 프로세스의 결과를 구체적이고 달성 가능한 것으로 만들면 당신의 목표를 이루기 위해 뭔가를 바꿔야함을 깨달을 수 있다.

원하는 결과가 당신의 눈앞에 그려질 때, 진행 방법을 묘사하기도 더 쉬워진다.

어떻게?

시각적인 작업을 할 때는 완성된 템플릿이나 화이트보드 또는 플립차트 형태의 시각용 완제품이 하나 이상은 있을 때가 많다.

당신의 프로세스가 끝날 때 참여자들이 벽면이나 화이트보드에 그려놓았을 걸로 예상되는 이미지를 상상해서 시각화한다.

원하는 결과에 대한 스케치들을 플레이북에 포함시킨다.

예시: 전략 워크숍의 예상 결과 스케치들.

플립차트 - 최종 결과:
10~20개의 아이디어와 통찰이 플립차트상에 그려진다.

템플릿 - 최종 결과:
각 질문에 대한 우선적인 답들

시각 플레이북

스토리보드

프로세스의 이전과 도중과 이후 단계를 그려라.

왜?

좋은 스토리보드는 모든 핵심 프로세스 단계를 분명하게 묘사한다. 그것은 프로세스를 전반적으로 훑어보며 조절할 수 있게 해주며, 능숙한 발표를 보장하는 중요한 도구다. 스토리보드는 당신의 프로세스 디자인에 관한 지식을 공유하고 디자인을 개선하기 위한 도구이기도 하다.

어떻게?

당신의 프로세스를 단계별로 나눈다. 새로운 단계를 하나 만들고, '장면 변화'가 있을 때마다 새로운 프레임을 하나 만든다. 각각의 장면은 이동이 가능하게 만들어야 장면들의 순서를 실험할 수 있다. 각 장면마다 숫자와 제목, 소요시간, 간략한 내용 설명을 넣는다. 무엇이 진행될 것인지에 대한 핵심 요점들을 스케치한다. 그 모습이 어떠한가?

프로세스 자체의 여러 단계와 더불어 그 이전과 이후에 이뤄져야 하는 게 뭔지도 잊지 말고 보여주자. 그래야 당신의 학습장이 효과를 발휘한다. 그러면 참여자들은 만들어지는 결과들이 앞으로 어떤 방향으로 나아갈지를 분명히 예측하게 된다. 이 스토리보드를 당신의 플레이북에 넣는다.

예시: 어느 전략 워크숍을 위한 스토리보드

프로세스 이전

프로세스 도중

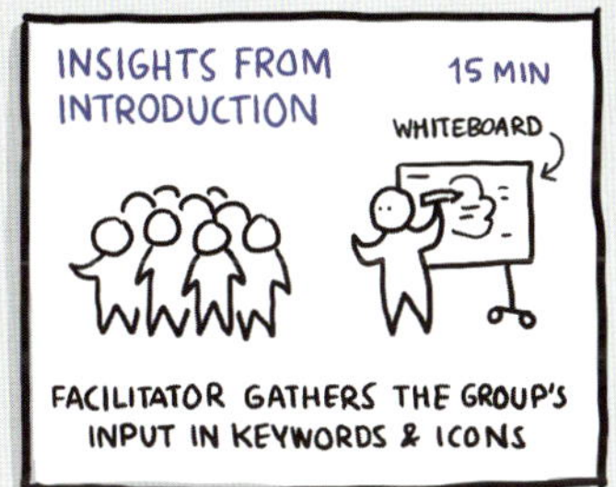

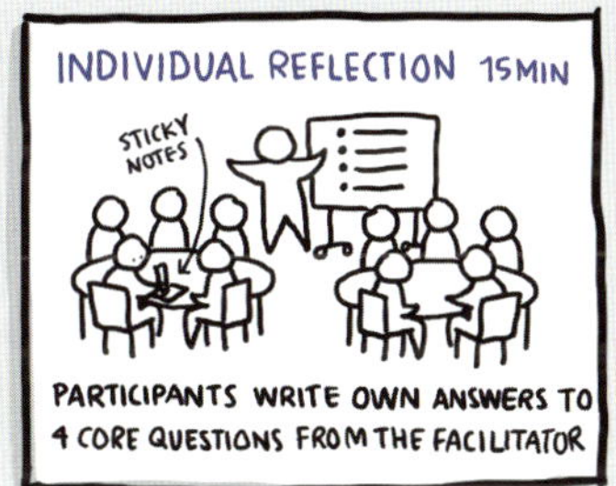

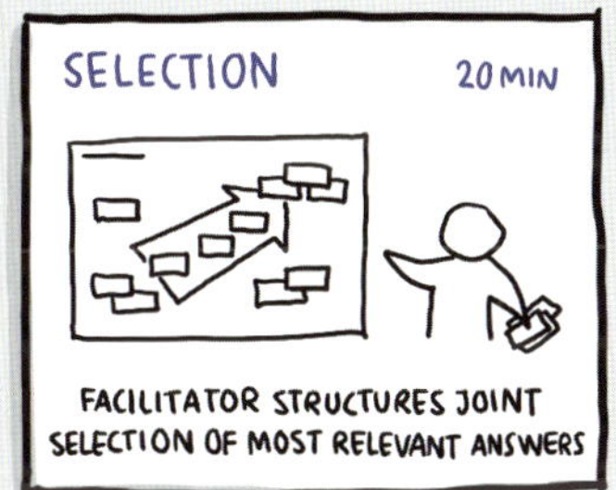

프로세스 이후

시각 플레이북

일정표

프로세스 전체에 대한 자세한 일정표를 만들어라.

왜?

일정표는 고전적인 활성화 도구다. 이 도구는 당신의 프로세스를 실행 가능하게 만들어주고, 모든 참여자들이 적시에 적절한 형태로 각자의 기여를 하게 해준다. 당신이 세운 일정에 얽매이는 노예가 되어선 안 되겠지만, 일단 일정을 자세하게 준비하면 실행 과정에서 뭔가를 바꿔야 할 때 일어날 일을 예상할 수 있게 된다.

어떻게?

타당하다고 여겨지는 요점들을 활용하여 하나의 텍스트 문서를 만든다. 프로세스 디자이너에서 당신이 만든 답들을 잊지 말고 활용하자. 이 답들은 지금껏 당신이 프로세스를 개발하는 과정을 안내해왔고, 발표 과정에서도 당신과 참여자들을 안내할 것이다.

시간과 제목, 내용, 활동, 책임, 코멘트, 물품을 위한 영역뿐만 아니라 각각의 프로세스 단계가 어떤 모습인지를 묘사하는 영역을 일정표에 포함시키는 것도 좋은 아이디어일 수 있다. 스토리보드의 요소들을 잘라 붙이거나 해당 단계에서 사용될 템플릿을 보여주고, 이렇게 만든 일정표를 플레이북에 넣는다.

예시: 전략 워크숍을 위한 일정표

일정표: 전략 워크숍. 10월 10일 월요일, 오전 9:00-11:00.

Start	Time Minutes	Heading	Content (purpose & activity)	Person(s) responsible	Comments	Materials	Illustrations
BEFORE							
1 week prior	00:30	Briefing and sending out of invitation	Facilitator and members of the Executive Board conduct a brief review of the process. Invitation is sent to participants.	Facilitator		Template, text for agenda, invitation	
8:20 AM	00:30	Setup	The premises are arranged for 2 groups, each of 5 participants with materials ready.	Facilitator	Everyone must be able to see the template. Draw up an agenda.	Template, 1 whiteboard, box of materials, including markers and sticky notes	
08:50 AM	00:10	Ready for participants to be invited in	Show the participants that they are expected and welcome. The premises should be ready and inviting.	Executive members + Facilitator	Provide name cards	Coffee, tea, breakfast, fresh air	
DURING							
09:00 AM	00:05	Introduction to workshop	Welcome. Introduction to purpose, process, and the desired results of the strategy workshop.	Executive members + Facilitator	Print template and questions for each participant.	Template	
09:05 AM	00:15	Insights from the introduction	What insights did the introduction provide? Compiling of the participants' insights from the introduction in key terms and icons on whiteboard.	Facilitator	Use color codes for input.	Whiteboard and markers	
09:20 AM	00:10	Individual reflection	Have everyone consider the 4 core questions. All participants note their own responses on sticky notes.	Facilitator	Each participant shall show a completed sticky note.	Black markers and sticky notes to write on	
09:30 AM	00:40	Dialogue on 4 questions	Joint dialogue on the 4 core questions. Participants submit responses on sticky notes, which are posted on the template (4 responses x 10 minutes).	Facilitator	If any additional input comes up along the way, this should be added on new sticky notes.	Extra sticky notes	
10:10 AM	00:20	Selection	Structuring, joint selection, and synthesis of the most relevant answers	Facilitator	Remove the sticky notes that were not selected.	Template, markers, and sticky notes	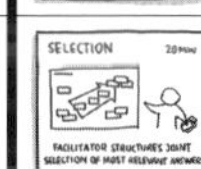
10:30 AM	00:20	Collection and drawing	The group draws the final answers directly on the template.	Facilitator	Make sure writing is legible.	Template and markers	
10:50 AM	00:10	Conclusion and next steps	Recap. Thank you for participating. Member of the Executive Board talks about the next steps.	Executive members/ Facilitator	Clearly describe what the next steps entail.	Complete the template	
AFTER							
	00:10	Documentation, sharing, and clearing up	Take photo of completed template and share with participants. Template is rolled up and taken to the next step.	Facilitator			
	00:60	Processing of input	Facilitator and 2 members of the Executive Board meet to incorporate the participants' input in the strategy and prepare for distribution within the entire organization.	Executive members			

도구

플레이북 디자이너

상황, 결과, 스토리보드, 일정표 작업을 마쳐라. 접착용 쪽지와 종이, 화이트보드 위에 그려도 되고, 이 도구를 다운로드해서 완성해도 된다. 당신의 작업을 사진으로 찍고, 모든 걸 취급하기 쉬운 하나의 문서로 정리해 쉽게 공유할 수 있게 하자.

어떻게?

이 도구 안의 영역을 당신에게 가장 잘 맞는 순서로 작업한다.

접착용 쪽지와 종이

상황과 결과를 시각화할 필요가 있을 땐 종이 위에 바로 그림을 그린다. 스토리보드 안의 각 단계마다 접착용 쪽지나 종이를 활용하여 단계들을 서로 바꾸며 순서를 시험해볼 수 있게 한다.

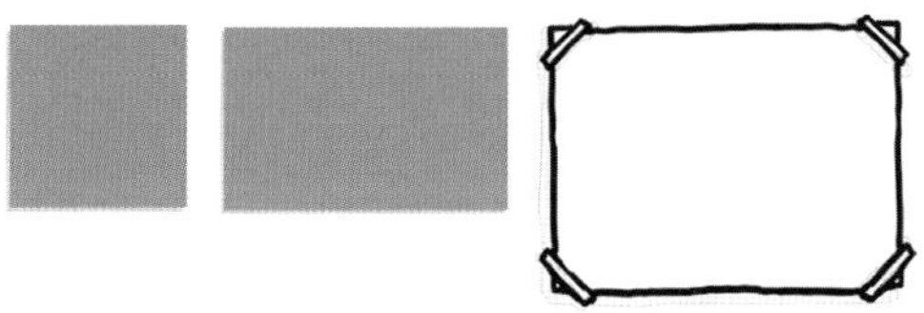

일정표

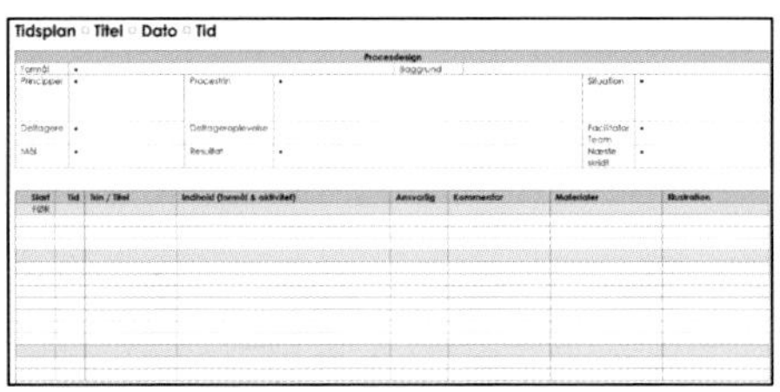

플레이북 디자이너(Playbook Designer)와 일정표(Schedule)는 www.visualcollaboration.site에서 다운로드할 수 있다.

PLAYBOOK DESIGNER

PLAYBOOK FOR: ____________

DATE: ____________

BY: ____________

SITUATION

TIME

PARTICIPANTS
ROLES/RESPONSIBILITIES/TASKS

PLACE

SETUP & EQUIPMENT

MATERIALS

SKETCH

RESULTS

STORYBOARD

BEFORE

DURING

AFTER

By Bigger Picture. This work is licensed under a Creative Commons Attribution-ShareAlike 4.0 International license.

요약

규모 확장하기: 좋은 플레이북은 프로세스의 규모를 확장해야 할 때 특히 적절하게 쓰인다. 좋은 플레이북은 자유와 유연성, 소유권, 즉흥의 여지를 제공한다.

다음 방식에 따라 플레이북을 **디자인**하라.

— 상황을 개괄하기

— 예상되는 결과를 시각화하기

— 스토리보드 만들기

— 일정표 만들기

플레이북 디자이너: 플레이북 디자이너를 활용해서 당신의 플레이북 내용을 구조화하라.

당신은 동료들과
어떤 프로세스의
시각 플레이북을 만들고 싶나요?

6.
집단 학습이 일어나게 하라

집단 학습이 일어나게 하라

목적: 시각 협업에 관한 이론적 관점 제공하기

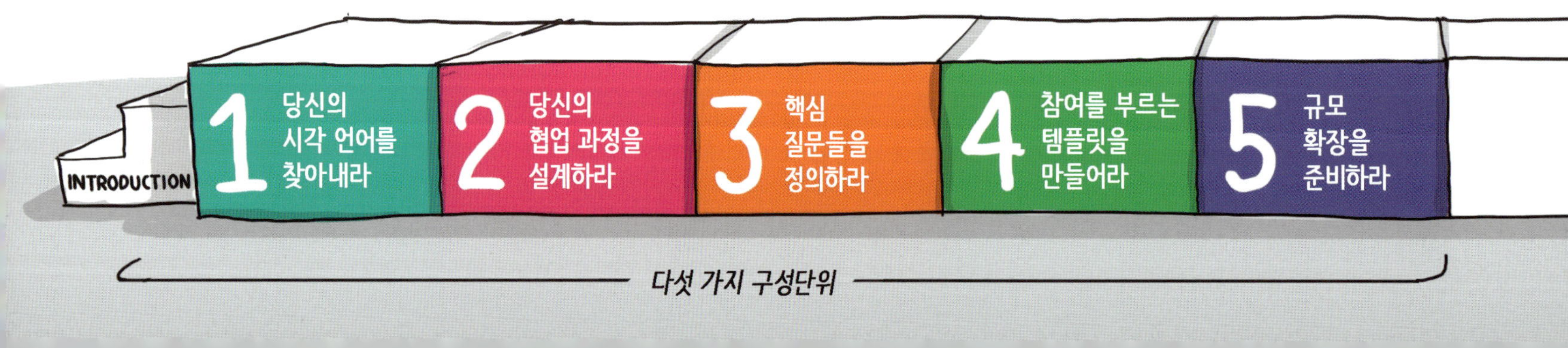

목표: 탄탄한 이론적 틀에 근거한 시각 협업

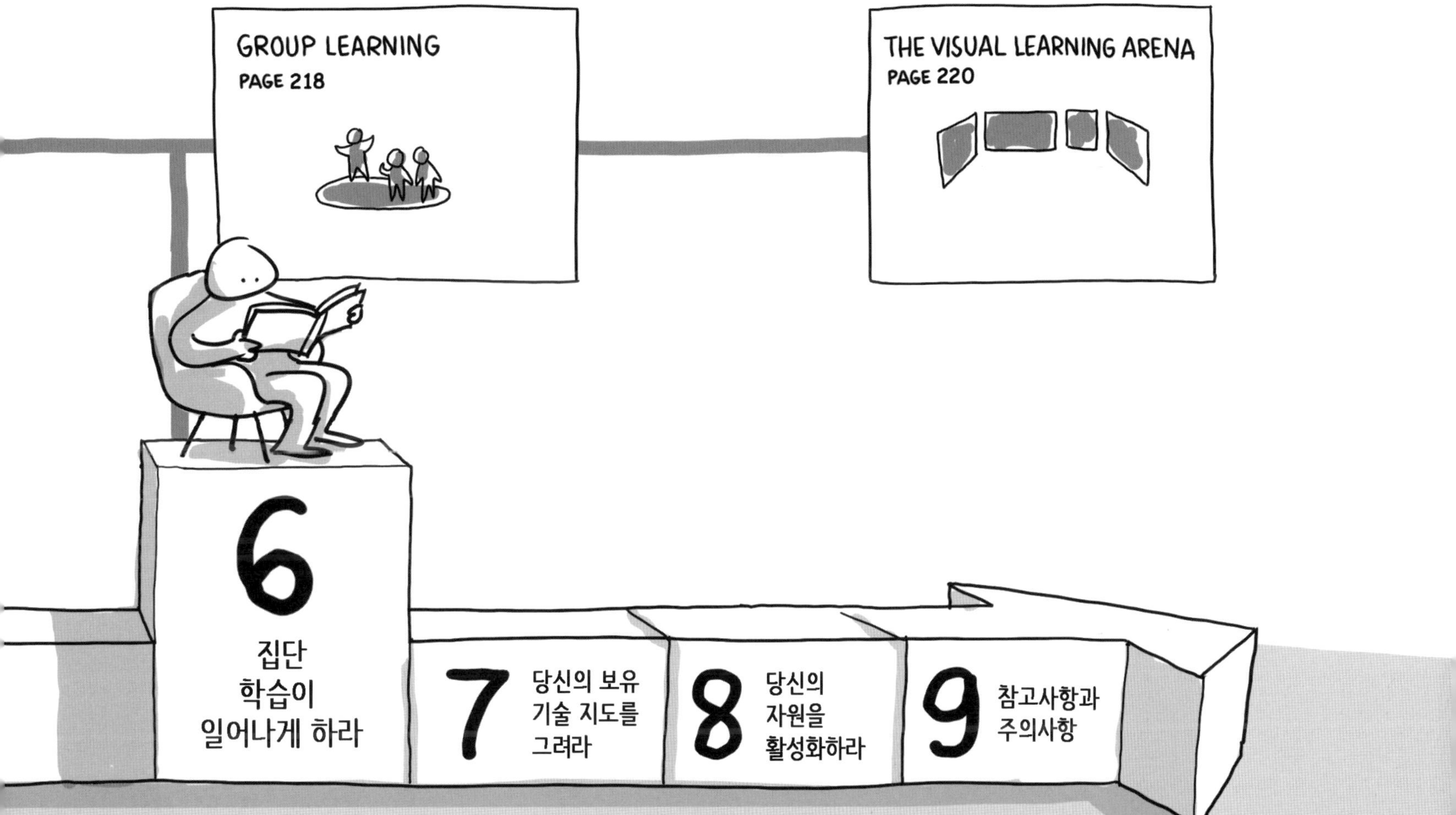

복잡성 관리하기

당신은 이제 다섯 개의 장을 거쳐 이 지점에 와있다. 지금까지는 어떻게 하면 당신의 업무를 더 시각적으로 할 수 있는지를 실천적 관점에서 묘사하는 방법에 관한 논의를 했다면, 이번 장에서는 그 다섯 개의 실천적 장들에 대한 이론적 관점을 제공한다. 여기서는 덴마크에서 비거 픽처를 운영하는 우리가 왜 지금과 같은 일을 하고 있고, 당신의 업무 규모가 크던 작던 상관없이 당신을 보다 시각적인 업무 방식으로 안내할 수 있는지를 설명한다. 우리는 업무에 대한 우리의 시각적 접근을 '시스템 시각화(system visualization)'라고 부른다.

우리가 혼자서든 다른 사람들과 함께든 시각적인 작업을 할 때면 세상을 우리가 보는 이미지와 말로 재현한다. 우리는 관찰하고 해석할 수 있는 자료를 구축한다. 사회적 프로세스 속에서 시각화를 활용할 때는 부분과 관계, 그리고 모든 게 함께 들어맞는 방식에 특별히 주의를 기울이며 접근한다. 시스템 시각화는 복잡성을 관리할 수 있게 하는 처리 방식이다.

시스템 시각화는 시스템 이론에서 상정하는 일단의 근본 가정들, 집단 학습에 초점을 둔 접근, 그리고 사회적 과정들이 펼쳐지는 장소를 시각 학습장으로 여길 수 있다는 생각에 기초한다.

우리가 속해있는 대부분의 직업적 프로세스들은 발전이나 도전, 기회 또는 변화를 이해하고 표현하는 일에 중심을 둔다. 하지만 세상의 복잡성과 점점 더 빨라져가는 변화 속도는 그 무엇도 전체를 온전히 파악하기가 거의 불가능하게 만든다. 결정은 더 큰 그림의 맥락 속에서 이뤄질 필요가 있다. 따라서 이번 장에서는 사람과 조직으로 우리의 업무를 안내하고 우리가 복잡한 조직과 시스템 속에서 서로를 이해하며 일할 수 있게 돕는 몇 가지 개념들을 소개할 것이다.

3. 시각 학습장

우리는 그룹의 학습과 지식 및 시스템적 이해를 자극하도록 우리의 물리적 환경을 설계한다. 시각 학습장에서는 배치와 작업물과 시각 템플릿이 총체를 이룬다.

2. 집단 학습

우리는 집단성을 학습 개념으로 도입하면서 개인보다는 그룹에 초점을 둔다.

1. 시스템 이론의 기초

시스템 이론에서 상정하는 일단의 가정들은 프로세스와 참여자들을 촉진하도록 활성가들을 안내한다.

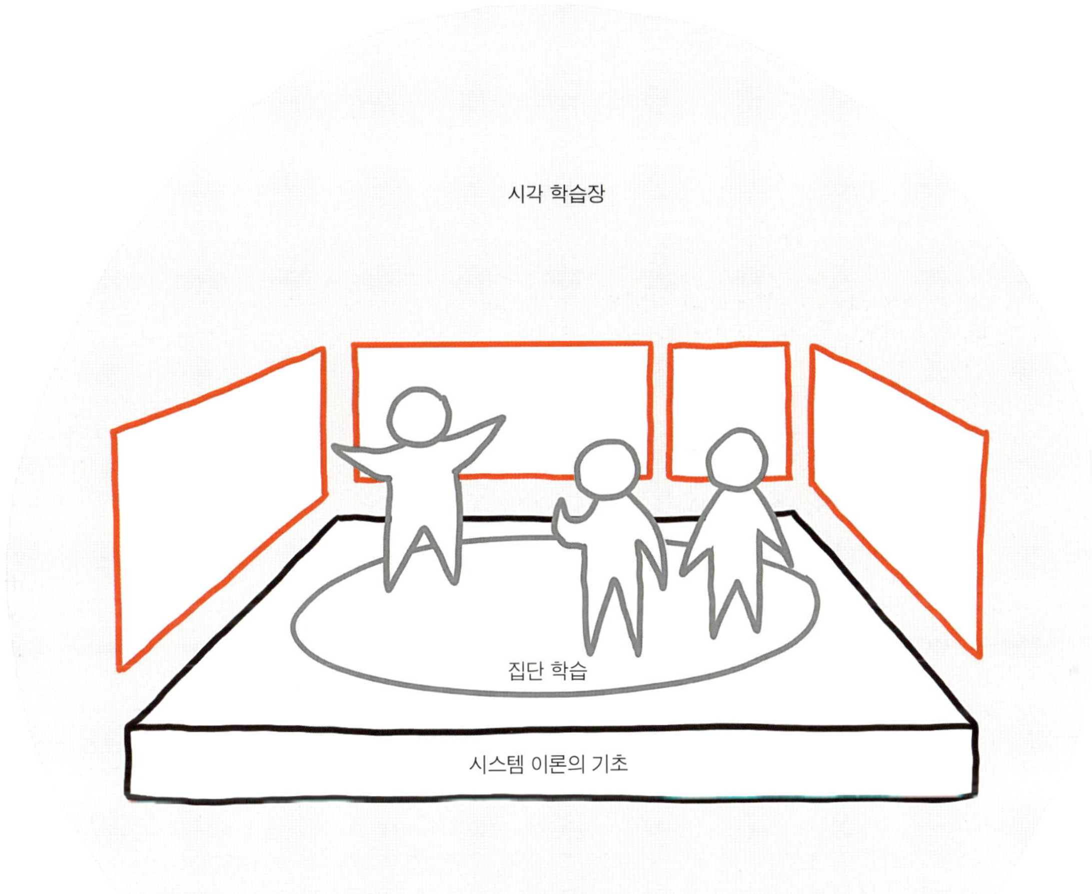

시스템 시각화

시스템 이론의 기초

사회 시스템

니클라스 루만의 이론에 뿌리를 둔 체계적 관점으로 세상을 바라볼 때, 사회 시스템들은 우리가 세계 속에서 존재감을 찾는 핵심에 위치한다.

시스템 이론은 인간을 생물학적이고 심리적인 시스템의 한 단위로 이해한다. '생물학 시스템(biological system)'은 생명을 만들어내고 유지한다. '심리 시스템(psychological system)'은 의식을 만들고 유지한다. '사회 시스템(social system)' 은 소통을 만들어내고 유지한다.

이 세 유형의 시스템은 저마다 그 자체의 구성요소인 세포와 사유와 소통을 생산한다. 이러한 시스템들은 서로를 이해하지 못한다는 의미에서 서로에게 닫혀있지만, 그럼에도 서로의 자원을 활용할 수가 있다. 두뇌의 자원은 신경세포(뉴런)인데, 심리 시스템은 신경세포를 활용해 의식을 만들어낸다. 심리 시스템의 자원은 사유인데, 사유는 소통을 일으키는 투입 요소로서 사회 시스템에 영향을 준다. 사람들이 서로 접촉하게 되는 방식은 세 번째 시스템인 사회 시스템을 통해 이뤄진다.

모든 사람들은 일생 동안 광범위한 사회 시스템들과 접촉한다. 가족, 학교, 친구, 레저 동호회, 팀 동료들 또는 직장 전체가 그런 사회 시스템들이다. 루만은 사회 시스템을 '상호작용(interaction)'과 '조직(organization)' 그리고 '사회(society)'라는 세 가지 유형으로 구분한다.

상호작용 유형과 관련하여, 우리는 어떤 프로세스를 활성화할 때 시간과 공간 속에서 모이는 사람들을 다루며 사회 시스템을 활용한다. 조직 유형과 관련해서는, 한 조직의 전략이나 작업 방법 또는 프로젝트를 시각화할 때 조직의 의사결정 프로그램을 재현하면서 사회 시스템에 기초한 한 집단과의 상호작용을 활용한다. 마지막으로 사회 유형은 함께 엮일 수 있는 모든 소통을 포함하는 무한히 복잡한 시스템이기에 직접 다루지 않는다.

세 가지 시스템

생물학 시스템
세포를 통해 생명을 만들어내고 유지한다.

심리 시스템
의식(사유, 감정, 관념)을 만들어내고 유지한다.

사회 시스템
소통을 만들어내고 유지한다.

사회 시스템의 세 유형

상호작용 유형
시간과 공간 속에 모이는 사람들

조직 유형
멤버십과 의사결정 프로그램

사회 유형
연결될 수 있는 소통의 총량

사회 시스템

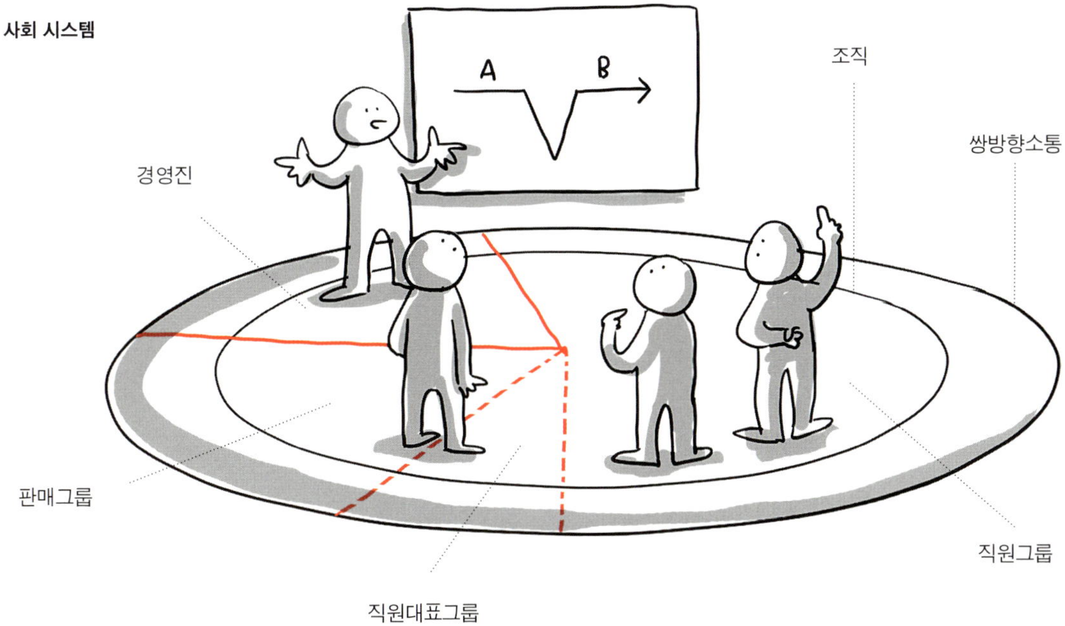

사회 시스템 프로세스에서 활성가는 상호작용을 도입하는 동시에 사회 시스템을 활성화해야 한다. 예컨대 우리는 어떤 전략적 대화에 일부 직원 그룹을 초대할 때 개개인들이 하나의 동질적인 집단으로서 소통하지 않음을 알고 있다. 어떤 간부 한 명은 상호작용의 소통에 영향을 주는 일련의 역량과 개인적 특질을 대표할 뿐만 아니라 경영진에 대한 정해진 구조의 기대와 소통하는 경영 시스템을 대표하기도 한다. 마찬가지로 어떤 직원 한 명이 그가 맡은 역할에 따라 조직 내의 다양한 시스템을 대표할 수도 있다.

판매부서의 어느 직원은 판매 유무에 초점을 둔 소통적 관점을 확립할 뿐만 아니라, 직원 대표로 임명되어 직원으로서 느끼는 만족과 불만족의 관점에서 소통할 수도 있다. 한 전략의 공통된 이미지를 개발하거나 하나의 전략적 대화를 설계하려면, 그에 따른 도구의 상호작용이 조직의 다양한 사회 시스템에 걸쳐 의미를 갖도록 할 필요가 있다.

시스템 시각화는 여러 사회 시스템을 우리의 선택지로 만드는 작업이다. 우리는 시각적으로 소통을 재현하는 과정에서 누가 그리고 무엇이 말하고 있는지를 알아챈다. 우리는 어떤 프로세스에서 어떤 목소리가 나타나지 않고 어떤 목소리가 과도하게 대변될 수 있는지를 알 필요가 있다. 프로세스가 좋은 시각화로 잘 설계되면 참여자들이 자기들만의 사랑에 빠져버리기 쉽다. 상호작용 속에서 이뤄지는 결정과 시각화는 영락없이 이상적으로 보일 수 있기 때문이다. 하지만 그런 내용이 회의 그룹 이상으로 효과를 내려면 회의에 참여하지 않은 동료들의 목소리도 반영해야 한다.

다섯 가지 구성단위는 저마다 프로세스 속에서 활성화되는 사회 시스템들을 염두에 두고 설계된다. 예컨대 두 번째 구성단위에 속하는 열 개의 프로세스 관련 질문과 관련 도구들은 사회 시스템이나 상호작용이 필요한 시스템들에 맞춰 프로세스를 진행할 수 있도록 설계된다.

커뮤니케이션

사회 시스템은 의사소통, 즉 커뮤니케이션으로 이뤄진다. 사회 시스템은 여러 커뮤니케이션을 서로 연결함으로써 발생하고 기능한다.

예컨대 당신이 어느 회의에 참석한 상황에서 한 참여자가 말을 하고 또 다른 참여자가 듣고 있다면, 차례로 소통이 이뤄지는 형식으로 사회 시스템의 상호작용이 진행 중인 것이다. 우리는 보통 "나는 의사소통한다(I communicate)"고 말하지만, 시스템 이론에서는 "커뮤니케이션이 소통한다(communication communicates)"고 말한다. 커뮤니케이션은 사람들과 별개인 자체적인 형태로 관찰될 수 있지만, 자연스럽게 그 원인이 되는 생각과 의식의 영향을 받는다.

어떻게 커뮤니케이션이 소통할까? 하나의 사유는 다른 사유를 따르고, 그 사유는 또 새로운 사유로 이어지며, 그 사유는 눈에 보이는 무엇의 영향을 받고 그게 또 다시 새로운 사유로 이어진다. 이런 식으로 커뮤니케이션을 바라볼 수도 있다. 무언가의 커뮤니케이션이 이뤄지고, 그 이후의 커뮤니케이션은 초기 커뮤니케이션을 바탕으로 구축되어 다음 커뮤니케이션의 기초를 형성한다. 루만에 따르면, 그런 이유로 커뮤니케이션은 늘 되돌아감으로써 전진하는 하나의 연쇄 반응이다. 따라서 커뮤니케이션은 스스로 그 자신을 만들어내는 프로세스인 셈이다.

커뮤니케이션에 대한 이러한 이해는 시각 업무에서 분명하게 나타나는데, 당신이 말과 글과 그림을 활용하면 그렇게 기록된 글과 그림을 통해 커뮤니케이션이 쉽게 진행될 수 있기 때문이다. 그리고 커뮤니케이션이 시각화된다는 점은 되돌아갈 지점을 분명히 가리킬 수 있다는 뜻이기도 하다.

시스템 이론에서 중요한 기본 가정 한 가지는 커뮤니케이션을 발신자에서 수신자를 향해 직선적이고 직접적으로 이뤄지는 정보 전달 형태로 볼 수 없다는 점이다. 오히려 커뮤니케이션은 다음의 세 부분으로 이루어지는 선택의 과정이다.

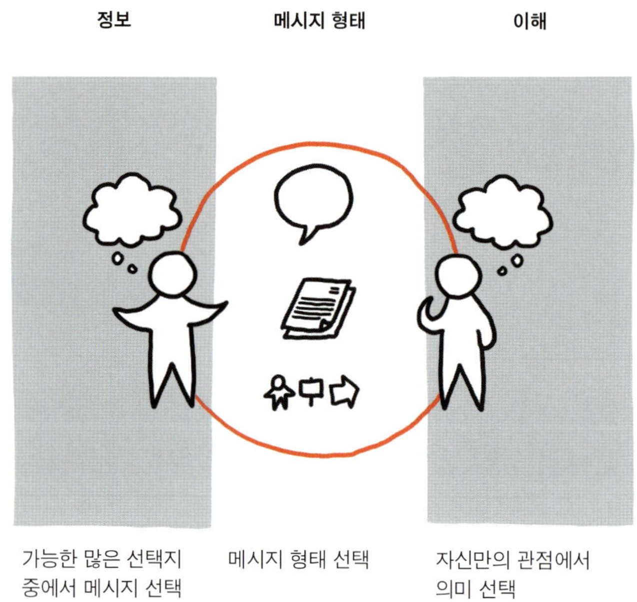

선택의 과정은 커뮤니케이션의 각 단계마다 일어난다. 가능한 많은 메시지들 중에서 하나의 메시지를 선택해야 하고, 메시지의 형태도 선택해야 한다. 메시지를 구술로 전달할 것인가? 이메일이나 시각적 재현으로 전달할 것인가? 그리고 마지막으로, 수신자는 메시지를 의도대로 이해할 것인가?

시스템 이론에서 커뮤니케이션은 소통되는 대상뿐만 아니라, 소통과 이해가 이뤄지는 방식에 관한 것이기도 하다.

시각 언어는 커뮤니케이션을 위한 매체이며, 해석의 가능성을 줄이는 데 도움이 될 수 있다. 우리가 스마트폰에서 접하거나 발견하게 되는 전통적인 상징과 아이콘을 제외하면, 시각 언어는 글과 말처럼 일상적인 해석의 영향을 받지 않을 때가 많다. 시각적 작업물을 활용한 커뮤니케이션은 보조적인 근거와 뉘앙스를 전달한다. 말과 글과 그림으로 소통할 경우에는 의미와 기대를 모아 더 발전된 소통을 할 수 있는 언어들을 만들어낸다.

예컨대 우리가 첫 번째 구성단위에서 시각 언어를 개발할 때 중요한 건 우리 작업의 조건과 개념을 이해하고 활용하는 방식을 개선할 수 있게 반복적인 작업이 가능해야 한다는 점이다. 시각 언어는 정적이기보다 동적이며, 우리는 새로운 통찰이 일어나거나 뭔가가 변할 때 다시 조건을 타협하고 조정할 수 있어야 한다.

예시: 시각적 작업물을 활용할 때와 활용하지 않을 때의 프로세스 개념에 관한 커뮤니케이션

프로세스라는 용어가 의도대로 이해되지 않는다.

프로세스라는 용어가 시각적 작업에 힘입어 의도대로 이해된다.

자기생산

당신은 어느 조직의 회의에 게스트로서 참석했다가 테이블 주위의 모두가 적어도 당신이 알아챌 수 없는 표현이나 절반의 문구를 활용하는 은어로 말하는 와중에도 자리를 지키려고 했던 경험이 있을지 모른다. 당신이 잘 준비된 사람이라면, 계속 자리를 지키기가 곤혹스럽다고 해도 그게 당신의 잘못은 아닐 것이다. 아마도 그 조직이 너무 자기중심적이어서 더 이상 외부인들에게는 의미가 없는 소통을 하게 된 것이리라.

'오토포에이시스(autopoiesis)'는 자기생산(self-production) 또는 자기창작(self-creation)을 의미하는 말이다. 이 개념은 사회 시스템을 독립적이고 제한된 것이자 그 환경과는 오로지 선택적으로만 연결되는 것으로서 관찰할 수 있게 해준다.

'질문'에 관한 구성단위에는 한 그룹이 시각적 작업을 활용해 의미하는 바를 보여주도록 도울 수 있는 일련의 활성화 질문과 시각화 질문이 있었다. 한 그룹이 어떤 개념을 이해하는 방식을 정의하고 결정함으로써, 그들은 '무언가'를 다른 무언가보다 우선 선택하고 그 경계를 짓는다. 이런 작업을 시각적으로 하려면 구체적인 필요가 있고, 그렇게 하면 외부인들이 더 이해하기가 쉬워진다.

많은 조직에서 '전략 계획'은 세심하게 개발되지만 예외적으로 짧은 주기 동안에만 의미를 지닐 수 있는 문서로, 자기생산의 좋은 예시가 된다.

전략 계획은 종종 고객 관계나 경쟁자, 시장 추세의 매트릭스를 통해 그 환경을 참조하며, 기법 개발이나 생산 개발과 같은 내부 조건들을 묘사한다. 하지만 이 문서는 배타적인 경영진 내부에서 만들어지기 때문에 평범한 직원으로서는 해독하고 처리하기가 종종 어려울 수 있다.

하지만 그 평범한 직원은 프로젝트 유닛과 같이 한 조직 내부에 속한 하위체계의 일부이기도 하다. 여기서도 자기생산이 작동한다. 프로젝트 유닛은 프로젝트의 책임 범위에 속하는 것과 속하지 않는 것을 묘사함으로써 스스로를 정의한다. 따라서 프로젝트 유닛은 그 환경과의 관계 속에서 스스로를 나타낸다.

이러한 선택과 제한의 과정은 어떤 활성가라도 중요하게 들어야할 사항이다. 왜냐면 이 연속적인 자기묘사가 내부적으로 이해되는 의미들을 종종 담아내기 때문이다. 의미 부여는 시각적으로 표현되어 명시될 때 하나의 시스템이 이러한 자기이미지를 인식함으로써 의식적으로 스스로의 모습을 형성하거나 재편하도록 도울 수 있다.

예컨대 당신이 이 책에 나온 전략 템플릿을 활용하고 있다면, 그 템플릿 속에서 구조화된 다양한 요소들이 경영진이 새로운 방식으로 자체 전략을 관찰하고 불분명함을 줄이도록 도와줄 것이다. 여전히 외부인으로서는 그걸 해독하기 어려울 수 있다. 경영진은 그 템플릿이 누구를 위해 어떤 기능에 복무하도록 설계되었으며 그걸 알 필요가 있는 사람들에게 얼마나 쉽게 이해될 것인지를 각별히 신경써야 할 필요가 있다.

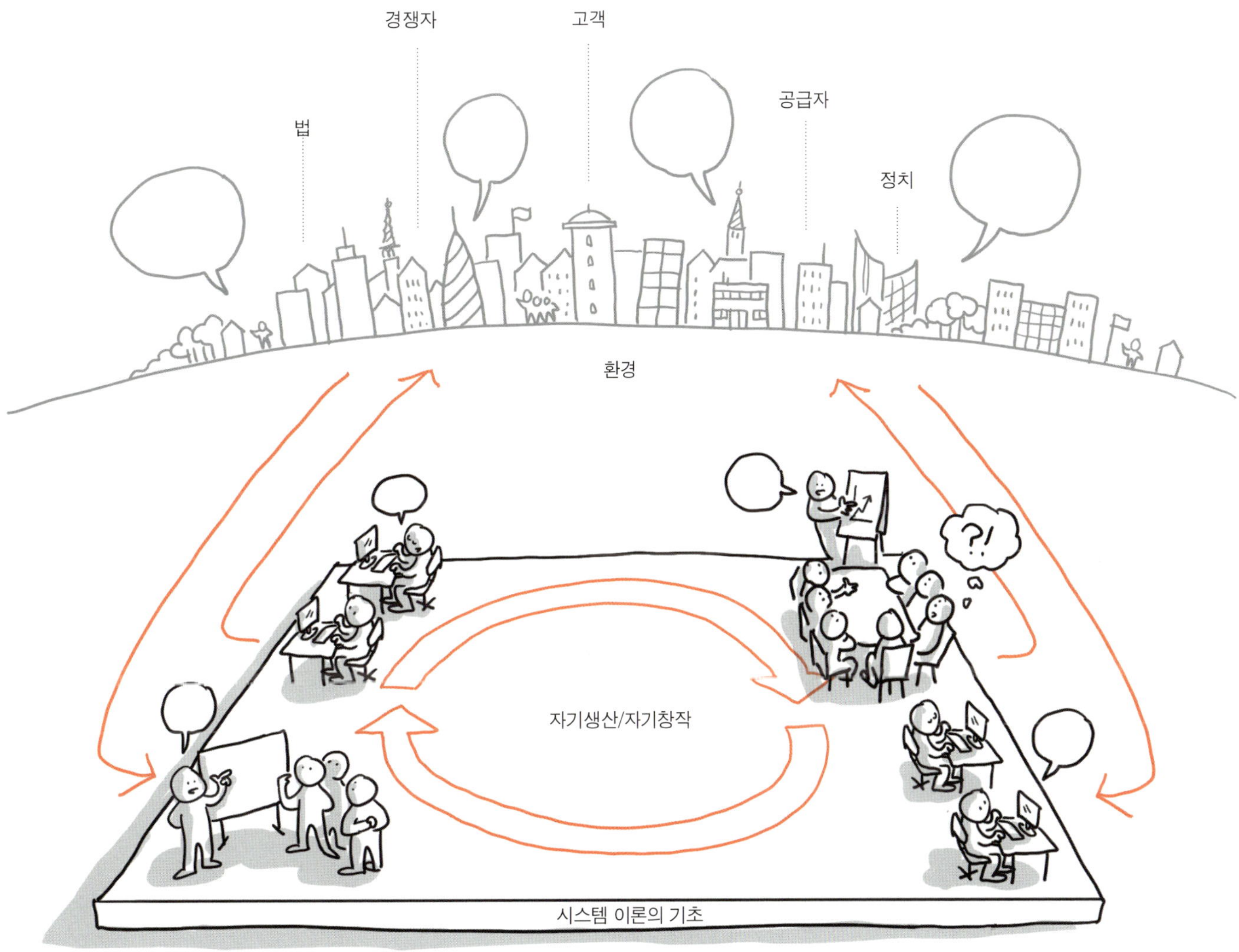

모델: 사회 시스템과 자기생산

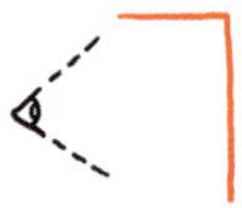

관찰

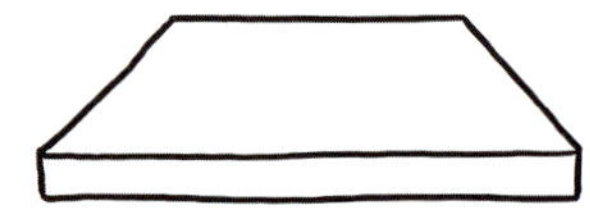

시각 활성가의 역할은 참여자들이 그들의 프로세스를 관찰하도록 돕고 필요할 경우 교정적인 관점을 활성화하는 일이다.

우리가 계속 프로세스의 목적을 다루는 데 집중하는 이유는 관찰에 대한 우리의 접근과 긴밀히 연관되어 있다.

우리는 목적을 정식화할 때 우리가 관찰하고 있는 것뿐만 아니라 관찰하지 않고 있는 것도 동일하게 다룬다.

사회 시스템의 자기 관찰은 시스템 시각화에 필수적이다. 지금껏 시스템 시각화를 바탕으로 개발된 모든 조직적인 시각 도구는 시스템의 자기 관찰을 통해 개발되었다. 어떤 프로젝트 그룹이 좋은 회의 관리를 지원하는 시각 도구를 개발한다면, 그 도구는 자기 관찰을 통해 회의를 더 잘 관찰하는 방향으로 그룹을 이끌 수 있을 때에만 가치를 만들어내게 될 것이다. 또한 그런 도구는 해당 그룹이 좋은 회의 관리를 관찰하고 이해하는 자기들만의 방식을 정의한 상태에서만 개발될 수 있을 것이다.

두 번째 구성단위는 대개 시스템의 관찰을 돕는 방향으로 개발된다.

우리는 관찰을 통해 우리가 뭘 배제하고 있는지를 자각하게 되고, 그에 따라 우리가 사실상 관찰하고 있는 것에 초점을 맞추게 된다.

이는 우리가 어떤 사회적 과정의 틀에 속하는 것을 매우 분명하게 시각적인 측면에서 정의할 뿐만 아니라, 아울러 선택된 틀에 속하지 않음에 따라 우리 작업에 통합하지 않게 될 게 무엇인지를 분명히 한다는 뜻이다. 우리의 관찰에서 벗어나는 것 중에는 우리에게 알려지지 않은 것도 있다. 우리의 관찰에는 맹점이 내재하기 때문이다. 어떤 것에 대해서는 우리가 그걸 모른다는 사실을 알지만, 또 어떤 것에 대해서는 우리가 그걸 모른다는 사실조차 모르는 경우가 있다.

이런 의미에서 우리가 다루는 '더 큰 그림'은 결코 우리의 인식 범위 속에서 특정된 그림(THE bigger picture)이 아니라 늘 어떤 하나의 그림(A bigger picture)일 뿐이다. 어떤 그룹이나 조직, 부서 또는 프로젝트도 여러 버전의 전체(wholes)를 보여줄 수 있는 매우 그럴듯한 귀중한 이미지들을 보유하지만, 그 어느 것도 정답으로서의 전체(the whole)를 보여줄 수는 없다.

전체는 늘 관찰에 의존한다. 즉 어떻게, 언제, 누가, 무엇을 관찰하느냐에 따라 전체는 다르게 나타날 것이다.

한 프로젝트 그룹이 조직 전체에 걸쳐 기능할 수 있는 시각 도구를 개발하려고 할 때, 그들은 자기들에 대한 관찰과 조직(환경)에 대한 관찰을 모두 감지할 수 있어야 한다. 아울러 그 프로젝트 그룹은 그들의 관찰이 무엇을 포함하고 무엇을 생략한 것인지의 선택에 기초할 뿐만 아니라 이런 선택이 그룹의 관찰 결과에 영향을 준다는 점을 이해해야 한다.

이런 접근은 그 도구를 그 프로젝트 그룹만 이용할 수 있게 될 위험을 줄여준다. 프로젝트 그룹은 자체적인 의미 부여를 하며 자체적인 논리를 지닌 하나의 시스템 자체다. 조직 내의 다른 프로젝트 그룹과 성공적으로 소통하고자 하는 그룹은 각자의 자기생산을 의식적으로 다뤄야 하는데, 예를 들면 자기 그룹과 조직 사이의 유사성과 차이를 관찰해야 하는 것이다.

펜과 종이는 한 그룹이 어떤 프로세스의 각 단계를 관찰하는 데 활용하기 좋은 도구들이다. 이는 당신의 그룹이 어떤 렌즈를 끼고 스스로를 바라보고 있는지를 이해하도록 도와줄 수 있다.

관찰은 단지 사회 시스템들이 새롭거나, 다르거나, 더 많은 무엇을 보게 하는 것이 아니다. 관찰은 사회 시스템들이 사물을 바라보는 방식에 맞서서 새롭게 바라보는 방식을 제공하는 것이다.

예시: 한 프로젝트 그룹이 회의 템플릿을 동료들이 어떻게 받아들일지를 상상한다. 회의 템플릿은 아직 개발되지 않은 상태다

이 프로젝트 그룹은 아직 개발되지 않은 회의 템플릿들을 활용해 (이 프로젝트 그룹 외부의) 다른 이들에게 보여줄 그림을 만든다. 이 그룹은 다음과 같은 질문들을 활용한다.

— 우리 동료들에게 왜 회의 템플릿이 필요한가?
— 우리 동료들은 오늘 조직 회의들에 대해 뭐라고 말할까?
— 그들은 새로운 회의 템플릿을 사용한 회의를 마치고서 뭐라고 말할까?

시스템 이론의 기초

시스템 이론의 핵심 개념들

사회 시스템

상호작용, 조직, 사회는 모두 사회 시스템들이다. 이런 시스템은 커뮤니케이션의 더 심화된 가능성들을 제한함으로써 환경을 기준으로 스스로를 묘사하는 커뮤니케이션으로 구성된다.

커뮤니케이션

커뮤니케이션은 스스로를 통해 스스로를 만들어내는 과정이다. 커뮤니케이션은 정보와 메시지와 이해를 결합하는 3부 구성의 선택 과정이다.

자기생산

모든 시스템은 스스로를 통해 스스로를 만들어내며, 오직 무엇을 포함하고 무엇을 생략할지에 대한 자체적 선택에 기초한 환경적 영향만을 받는다.

관찰

관찰은 늘 경계 설정의 문제다. 무엇을 포함하고 무엇을 생략할지가 선택된다. 관찰에는 늘 무엇을 관찰할 수 있는지를 정의하는 관찰자가 존재한다.

시각 협업은

사회 시스템

- 자기보존을 통해 사회 시스템들을 강화할 수 있다.
- 관찰을 통해 사회 시스템들을 도울 수 있다.
- 학습을 통해 사회 시스템들을 도울 수 있다.

커뮤니케이션

- 말과 글과 그림을 통해 커뮤니케이션에 뉘앙스를 줄 수 있다.
- 커뮤니케이션을 고정할 수 있다.
- 커뮤니케이션을 관찰 가능하게 만들 수 있다.

자기생산

- 심리적 확실감과 자기참조를 분명히 할 수 있다.
- 커뮤니케이션의 장벽을 극복할 수 있다.

관찰

- 관찰 도구다.
- 한 그룹이 자체적인 관찰을 탐색하도록 도울 수 있다.

집단 학습

우리는 시스템 이론에 입각해 집단 간의 소통에 초점을 맞춤으로써 학습을 개별적 과정으로 보기보다 집단적 과정으로 이해할 수 있다.

지식은 적용할 수 있을 때 가치가 있다. 변화하는 세계에서 지식과 경험이 꼭 생존을 보장하는 건 아니지만, 자신의 지식을 꾸준히 늘리고 새로운 지식을 활용할 줄 아는 능력은 실로 생존을 보장한다. 개인이든, 그룹이든, 조직이든 모두 마찬가지다.

우리는 시스템 이론에 입각해 집단 학습을 개별 학습과는 다른 무엇으로 바라볼 수 있다.

교육자나 활성가 또는 간부는 오른쪽 그림에 나오는 것처럼 각 개별 참여자의 학습이나 집단 학습, 즉 시스템 내에서 소통 중인 내용을 경청하겠다는 선택을 할 수 있다.

집단 학습은 늘 그 자체의 복잡성과 더불어 해당 집단 전체가 주변 세계의 일부를 구성하는 복잡성에 의존한다. 집단 학습은 '자체적으로 유지되는 지식'과 '외부 환경과 연결되며 변화하는 지식'의 결합을 요한다.

따라서 사회 시스템들의 학습은 기본적으로 그룹이 외부 환경과 연결되는 가운데 사회 시스템 자체가 커뮤니케이션을 통해 적극적으로 지식을 구성하는 자기생산 과정으로 묘사할 수 있다. 이런 구성의 학습에 대한 접근은 개인적인 것과 거리가 멀다.

여기서 학습은 복잡성이 늘 소통을 통해 늘어나는 집단적인 자기생산 과정이다. 따라서 늘어나는 복잡성을 지원하고 관리하려면 커뮤니케이션을 조직하는 게 중요하다. 이를 위해 우리는 주제와 위계와 관계를 언어적으로 정의하는 방식을 활용할 수 있다.

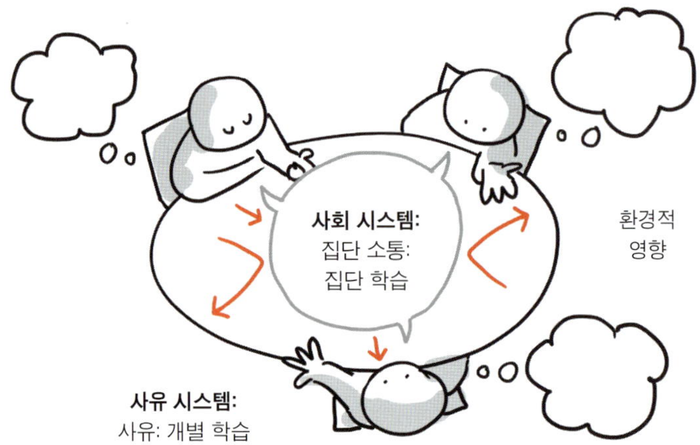

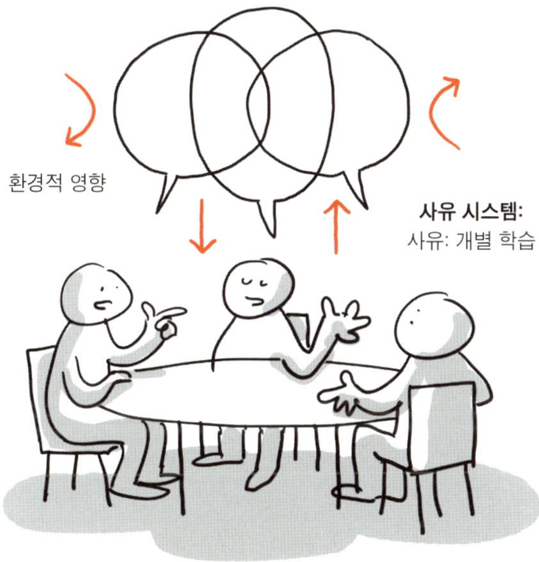

집단 학습

개인에서 집단으로 초점이 바뀌고, 소통 중인 내용을 중심에 두게 된다. 집단 학습은 '자체적으로 유지되는 지식'과 '외부 환경과 연결되며 변화하는 지식'의 결합을 요한다.

언어적으로 조직되는 소통

학습 집단 내에서 늘어나는 복잡성을 관리하기 위해 확립되는 위계들은 서로 관계를 맺으며 정의되고 배치된다.

예컨대 어느 전략 회의에서 다음과 같은 세 주제가 논의될 때를 생각해볼 수 있다.

— 오늘날 우리가 서있는 위치는 무슨 특징이 있는가? (A)
— 우리는 어떤 미래를 원하는가? (B)
— 우리는 어떤 도전들을 마주하고 있는가? (C)

시각 학습장

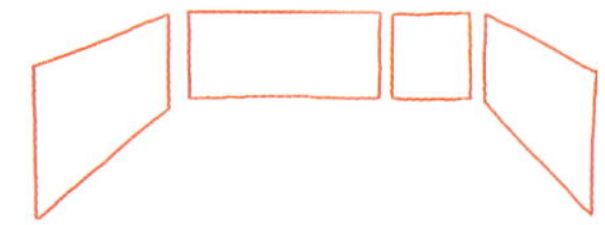

시각 학습장은 집단 학습과 지식 그리고 시스템적 이해를 뒷받침하는 시각 템플릿과 레이아웃 및 요소들을 합쳐놓은 것이다.

시스템 시각화의 마지막 세 번째 층위는 시각 요소들의 추가다. 시각 학습장은 가장 간단한 의미에서 당신이 글을 쓰거나 그림을 그릴 수 있는 바탕이 되는 평면이며, 예를 들면 종이 한 장이나 태블릿, 화이트보드, 또는 플립차트 같은 것들이다. 만약 개인적인 쪽지를 회의용으로 쓴다면 그건 원칙적으로 자기 생각을 뒷받침하기 위한 자기만의 학습장을 만드는 것이라고 말할 수 있을 것이다. 하지만 우리는 집단 학습에 초점을 맞추고 있는 만큼 여기서는 우리가 '함께 만드는 시각 학습장(co-created visual learning arena)'이라 부르는 것에 주목할 것이다. 시각 학습장은 관찰이 가능한 시각 자료이며, 지식의 유지와 변화를 보장하는 더 깊은 커뮤니케이션에 활용할 수 있다. 어떤 적극적인 시각 학습장은 주제의 위계에 따라 배열되고 시각적 구조와 모델, 상징, 아이콘을 통한 관계 속에서 배치될 필요가 있는 지식을 보여준다. 그것은 글과 말과 그림으로 소통하며 함께 창작하는 장이다.

네 번째 구성단위에서 보았듯이 당신의 학습장은 하나의 의제, 프로젝트 개요, 새로운 투입 요인을 모을 템플릿 등을 포함할 수 있다. 이 세 가지 템플릿은 저마다 당신의 커뮤니케이션 중 어느 일부분을 주제화하기 때문에 당신이 내용을 관리하고 물리적 · 정신적으로 탐색하는 데 도움이 된다.

시각 학습장은 한 그룹의 학습을 자극하고 지원하는 방법이다. 당신의 학습장은 당신의 목적을 제각기 수행하는 여러 가지 템플릿들을 포함할 수 있다. 당신과 동료들이 상대적으로 오랜 기간에 걸쳐 이뤄지는 프로젝트를 진행 중이라면 좋은 학습장을 만들어보라. 당신의 프로세스를 넘나들며 당신이 빠뜨린 부분이 어디인지를 빠르게 짚어낼 수 있게 될 것이다. 학습장을 통해 구조화된 작업은 프로세스에 새로운 참여자들을 초대하기에 효과적인 수단이기도 하다. 참여자들은 당신의 과거와 현재 위치를 빠르게 볼 수 있는 만큼 앞으로 어디서 어떤 방향으로 기여할 수 있을지를 더 잘 알게 된다.

글과 말과 그림으로 소통하기

우리는 말과 글과 그림으로 소통함으로써 메시지가 수신자들 사이에서 잘못 해석될 가능성을 줄인다. 우리는 더 깊은 커뮤니케이션에 활용할 수 있는 개념들로 의미와 기대들을 포착한다.

늘어나는 복잡성 관리하기

글과 그림을 활용하는 구조화된 소통 관리는 그룹의 늘어나는 복잡성을 유기적으로 제어할 수 있게 해준다. 시각 학습장은 집단 학습을 자극하고 지원한다.

시각 학습장의 실제

프로세스 이전

그림을 그리기 적당한 종이를 벽에 걸거나 모형과 프레젠테이션 등 이전에 사용한 커뮤니케이션 형식으로 물리적 공간을 마련한다. 화이트보드와 프로젝터를 준비한다.

프로세스 도중

참여자들은 말과 글과 그림으로 소통한다. 핵심 요점들을 요약하고 소통된 내용을 모아 종합한다. 각각의 참여자는 다른 참여자들과의 상호 작용 속에서 커뮤니케이션을 소성하고 변경하며 소통에 영향을 준다. 참여자들은 이리저리 움직이며 시각적 재현에 참여하고, 이로써 개별적이고 집단적인 학습이 이뤄진다.

프로세스 이후

프로세스의 소유권자는 이러한 학습장의 결론을 내릴 책임이 있으며, 집단의 재해석이 이뤄지거나 외부 세계나 새로운 시스템, 또 다른 부서나 팀 또는 조직으로 회부되어 세부적인 조율이 일어날 때 이미 진행된 커뮤니케이션을 이해하기 쉽게 전달할 책임도 있다.

요약

시스템 시각화는 시각 협업이 펼쳐지는 사회적 과정을 개념화하고 활용하는 하나의 특수한 시각 업무 접근법이다.

복잡성 관리: 시스템 시각화는 복잡성을 관리 가능한 수준으로 처리하는 방법이다.

시스템 이론의 기초: 우리는 시스템 이론의 기초를 활용해 네 가지 핵심 개념인 사회 시스템과 커뮤니케이션, 자기생산, 관찰을 다룬다.

집단 학습: 우리는 개별 학습보다 집단 학습에 초점을 맞춘다. 시스템 이론을 활용하여 커뮤니케이션을 언어적으로 조직할 수 있다.

시각 학습장: 우리는 학습장을 통해 집단 학습을 지원하고 자극함으로써 더 높은 수준의 복잡성을 관리할 수 있다.

무엇을 위해 시각 학습장을 만들고 싶나요?

7.
당신의 보유 기술 지도를 그려라

당신의 보유 기술 지도를 그려라

목적: 시각 협업의 여덟 가지
핵심 기술 소개하기

7장

목표: 시각 협업 기술과
그걸 키우는 법을 알기

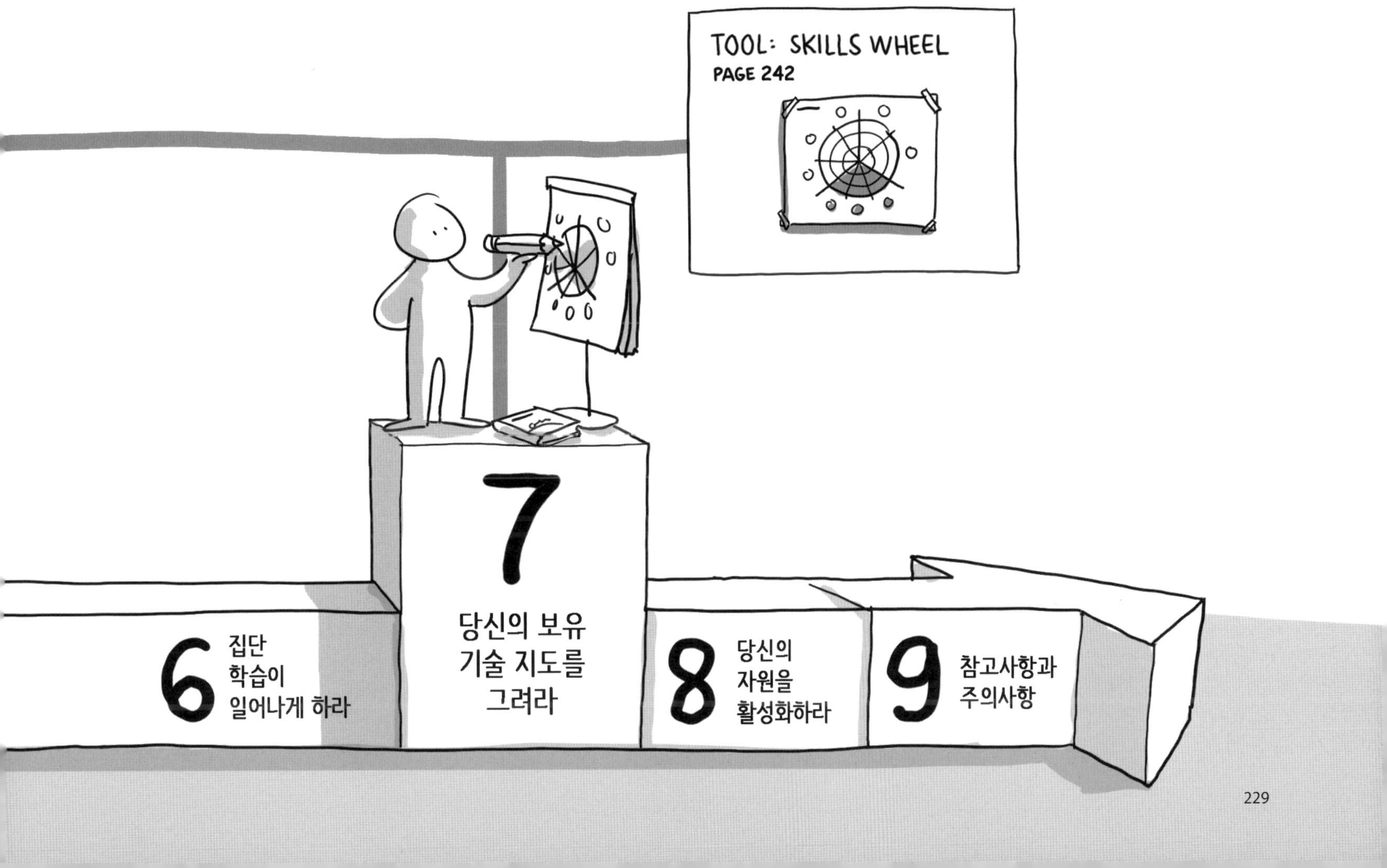

세 가지 역량 영역

우리는 시각 업무를 활성화하거나 준비할 때 습득하면 특히 유용하다고 여겨지는 세 가지 역량 영역을 파악했다.

시스템 역량

시스템에 대한 이해를 증진하는 능력:
맥락과 전체를 만들어내고 보여주기

활성화 역량

한 그룹을 읽어내면서 그들의 미래를 찾는 데
도움을 주는 능력

시각화 역량

공명을 일으키는 시각 자료와 문서 자료를 다루고
개발하는 능력

여덟 가지 기술

시각 업무를 향상시키고 싶을 때 실천해야 할 일련의 실용적 기술을 세 가지 역량 영역에 걸쳐 선별했다.

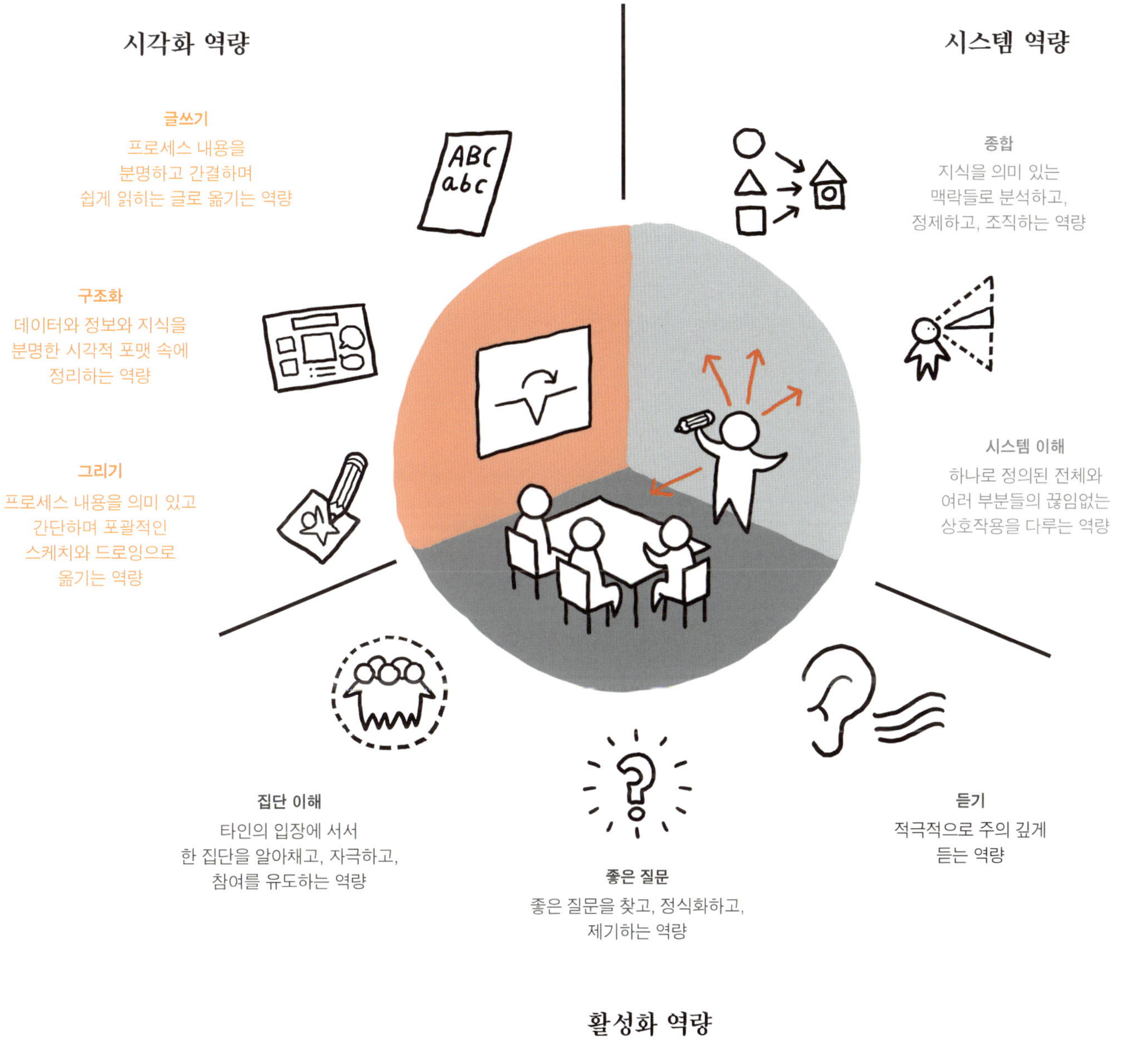
시각화 역량
글쓰기
프로세스 내용을
분명하고 간결하며
쉽게 읽히는 글로 옮기는 역량
ABC
abc
구조화
데이터와 정보와 지식을
분명한 시각적 포맷 속에
정리하는 역량
그리기
프로세스 내용을 의미 있고
간단하며 포괄적인
스케치와 드로잉으로
옮기는 역량
시스템 역량
종합
지식을 의미 있는
맥락들로 분석하고,
정제하고, 조직하는 역량
시스템 이해
하나로 정의된 전체와
여러 부분들의 끊임없는
상호작용을 다루는 역량
집단 이해
타인의 입장에 서서
한 집단을 알아채고, 자극하고,
참여를 유도하는 역량
좋은 질문
좋은 질문을 찾고, 정식화하고,
제기하는 역량
듣기
적극적으로 주의 깊게
듣는 역량
활성화 역량

집단 이해

타인의 관점에서 바라보면서 한 집단을 알아채고, 자극하고, 참여를 유도하기

왜?

집단의 역학관계는 중요하다. 그것은 한 집단이 성취할 수 있는 범위에 영향을 준다. 한 집단이 협업하며 함께 학습하는 능력은 그 집단에 참여하는 개인이 스스로를 공동체의 일원이라고 느낄 때 향상된다. 이런 일은 개개인이 주목받고, 경청되고, 이해될 때 일어난다. 당신이 이런 과정을 활성화할 수 있다면, 당신은 공동 작업을 위한 좋은 토대를 놓는 동시에 당신의 활성가 역할이 갖는 정당성을 만들어내는 것이다. 아울러 당신이 그 집단의 필요를 이해하며 그런 필요를 구조화된 방식으로 다루는 걸 보여줄 수 있다면, 이러한 점은 당신의 시각 학습장에 반영되며 참여자들의 호응을 일으킬 것이다.

실천사항

- 준비를 잘하고, 참여자들이 누구인지 그리고 그들이 뭘 중요하게 생각하는지를 분명히 인지한다.
- 균형 있는 상호작용의 관점에서 개인과 집단을 바라본다.
- 참여자 한 명의 요구가 그 집단의 요구를 압도하지 않게 한다.
- 어떤 집단이 기능장애를 일으키는지 감지하고 그에 따른 조치를 취할 수 있어야 한다.

좋은 질문

좋은 질문을 찾고, 정식화하고, 제기하기

왜?

좋은 질문은 대화와 혁신을 돕는다. 활성가의 중요한 책무는 좋은 질문을 사전에도 현장에서도 잘 정식화하는 것뿐만 아니라, 참여자들이 품고 있을 수 있는 다른 질문들을 어떻게 언제 조율하고 제기해야 하는지를 아는 일이다. 질문은 주어진 프로세스에서 뭘 얘기하고 시각화해야 하는지에 대한 틀을 만들어낸다. 어떤 질문은 열려있고 새로운 지식에 대한 탐색과 연구를 장려한다. 마지막 질문들은 결정과 결론을 이끌어낸다. 당신의 질문들은 형성되는 대화의 질을 결정하며, 그에 따라 시각화되는 내용도 결정한다. 서투른 질문을 허용하면 프로세스가 삼천포로 빠지거나 대화에서 누군가가 배제되어 당신이 활성가로서 부적절하다고 비춰질 수도 있다. 일련의 질문들을 잘 분석하고, 모든 질문이 잘 구성되어 생산적인 순서로 제기되게 하며, 프로세스가 진행되는 동안 물어야 할 정당한 질문들을 잘 구별해내는 것은 지극히 중요한 기술이다.

실천사항

- 좋은 질문을 설계하고, 정식화하고, 구조화할 수 있어야 한다.
- 어떤 질문들을 던져야 주어진 화두에 모두가 집중할 수 있는지를 인식한다.
- 참여자들의 질문을 요청하고 포함시킨다.
- 질문이 구성되는 방식에 주의를 기울인다.
- 질문이 대화를 개시하고 마무리하는 순간을 인식한다.
- 질문이 부적절한 순간을 인식한다.
- 질문들을 활용해 한 집단이 다른 누군가의 목소리를 경청하고 관점을 바꿔가며 각자의 결론과 유용한 결과에 도달하도록 이끈다.
- 다양한 상황에서 효과적이며 적극 활용해본 적이 있는 일련의 질문들을 숙지한다.
- 말로 하는 게 가장 효과적인 질문들이 무엇이고 템플릿 속에 글로 담는 게 가장 효과적인 질문들은 무엇인지를 숙지한다.

듣기

적극적으로 주의 깊게 듣기

왜?

참여자들의 얘기를 적극적으로 경청할 때 그들을 개개인으로도 하나의 집단으로도 이해하게 된다. 그럴 때 그들에게 특히 적절한 질문을 할 수가 있다. 적극적으로 경청할 때 당신은 참여자들에게 인정과 존중을 표하는 것이며, 그들이 프로세스에 참여하고 기여하기를 원하는 당신에게 이건 중요한 얘기다. 참여자들에게 귀를 기울여야 그들이 뭘 논의하려고 회의 중인지를 더 잘 알고 이해하게 된다. 이런 실천이 시각적 결과를 가치 있게 만든다.

실천사항

— 당신은 프로세스의 맥락과 목적과 목표를 알고 있으니, 준비를 잘하고 어떤 얘기에 귀 기울여야 하는지를 알고 있어야 한다.

— 사람들에게 주의를 기울인다. 누가 말하고 있으며, 뭐라고 말하고 있는지, 그들이 어떤 단어들을 강조하며 몸짓 언어를 어떻게 활용하는지에 주목한다.

— 당신 내부의 비평가 겸 조언자가 하는 목소리를 접어두고 그저 열린 마음으로 듣기만 한다.

— 몸짓과 제스처, 작은 긍정적 발화(네, 좋아요, 아하)를 활용해 당신이 화자에게 주의를 집중하고 있음을 알린다.

— 당신이 들은 내용을 간간히 되뇜으로써, 논의 중인 내용을 당신이 이해했음을 참여자들에게 분명히 알린다.

글쓰기

프로세스 내용을 분명하고 간결하며 쉽게 읽히는 글로 옮기기

왜?

시각적으로 작업할 때 중요한 건 당신이 쓰는 내용을 다른 사람들이 읽고 이해할 수 있어야 한다는 점이다. 당신이 미리 만들어낸 내용도, 프로세스 도중에 만들어내는 내용도, 프로세스가 끝나고서 만드는 내용도 말이다. 잘 정립되고 잘 읽히는 글쓰기는 지식 공유와 참여를 위한 필수 조건이다.

실천사항

— 준비를 잘하고 당신의 글쓰기 능력을 활용해 프로세스가 시작되기 전에 학습장을 마련함으로써 참여자들이 환대받는 느낌을 갖게 만든다.

— 긴 문장은 짧은 문장들로 나눌 수 있지만 그 본질은 유지해야 한다.

— 글쓰기는 활성화 업무에서 중요한 부분이다. 프로세스의 모든 관련 내용이 단어들과 글귀들로 정리된다.

— 참여자들이 하는 말을 글로 정리하여 당신이 경청하며 이해하고 있음을 보여준다.

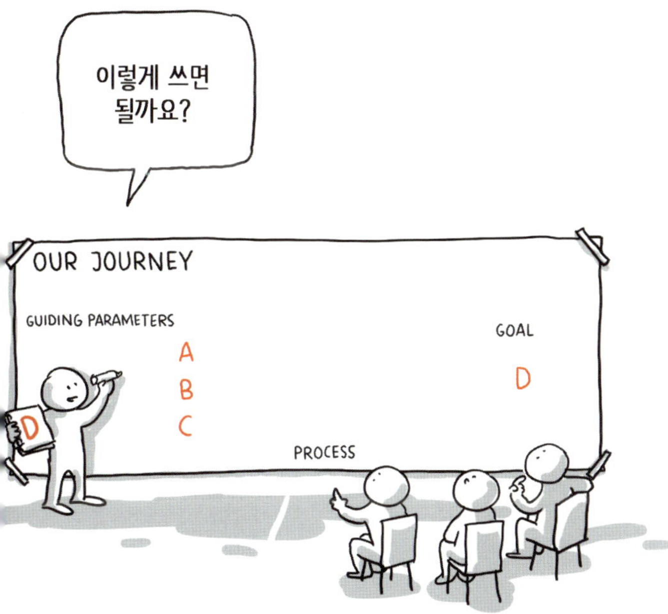

그리기

프로세스 내용을 의미 있고 간단하며 포괄적인 스케치와 드로잉으로 옮기기

왜?

그리기는 소통을 위한 도구이며, 이해와 대화를 돕는 도구다. 당신이 생각 중인 것을 그릴 때에는 모호했던 게 명료해지는 과정이 일어난다. 종이 위가 아니면 제대로 이뤄지지 않는 것들이 있다. 이러한 시각적 선택은 당신과 참여자들 모두에게 숙고해 볼 수 있는 기회를 허용한다. 빠르게 그리는 불완전한 스케치들은 참여자들이 더 깊게 생각하며 당신과 함께 그리도록 유도한다. 프로세스를 진행하는 동안 그림을 그리고 스케치를 한다는 것은 참여자들과 함께 하나의 주제를 실험하고 탐색하고 명료하게 만드는 일이다.

실천사항

- 프로세스를 시작하기 전에 회의에서 논의할 내용의 틀이 될 시각 템플릿들을 만든다.
- 프로세스 도중에는 디테일을 보여주는 작은 삽화들과 더불어 공동의 이해와 일체감을 제공하는 큼직한 시각 개념들을 그린다.
- 스케치를 활용하여 작업하고, 실수할까봐 두려워하지 않는다.
- 프로세스 이전이나 도중 또는 이후에 그 화두에 맞는 시각 언어를 만든다.

구조화

데이터와 정보와 지식을 분명한 시각적 포맷 속에 정리하기

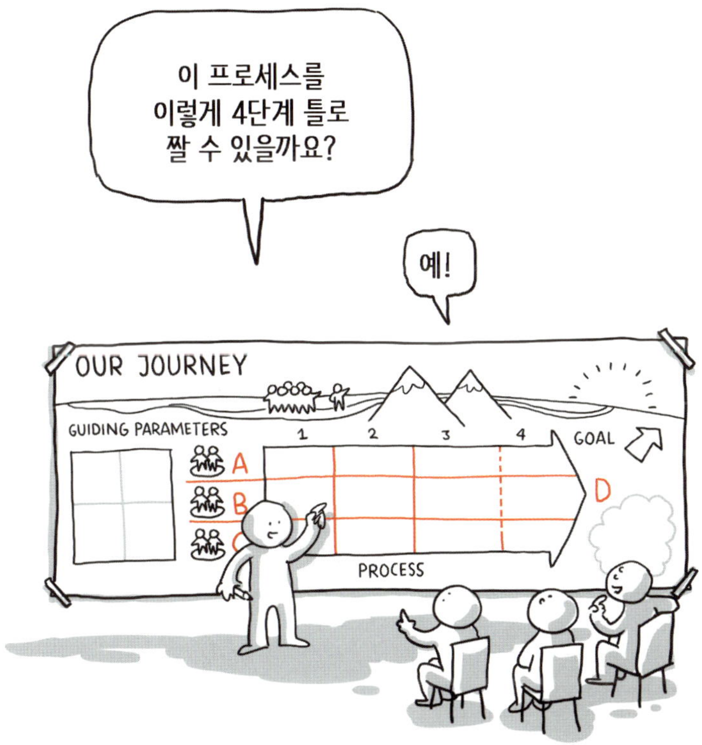

왜?

좋은 레이아웃은 육안으로 가능한 한 쉽게 시각 자료를 훑어볼 수 있도록 돕는다. 무엇이 같은 범주에 속하는지, 일이 일어나는 순서가 어떻게 되는지, 다양한 요소들이 서로 어떤 위계와 관계를 맺는지를 쉽게 볼 수 있어야 한다. 좋은 레이아웃은 분명하게 읽을 수 있는 방향을 암시하며 '독자'가 시각 도구를 정확히 활용할 수 있게 돕는다.

실천사항

- 참여자들이 사용하기 쉽게 템플릿과 플레이북을 준비한다.
- 프로세스 도중에 패턴과 맥락을 이해하기 쉽게 모양과 크기와 색상 용도를 계획한다.
- 눈에 편안한 느낌을 만들어내는 관점을 이용하면서, 흐름과 움직임과 시간의 감각을 제공한다.
- 프로세스 도중 여유를 갖고 육안으로 쉽게 탐색할 수 있는 시각 자료를 만든다.

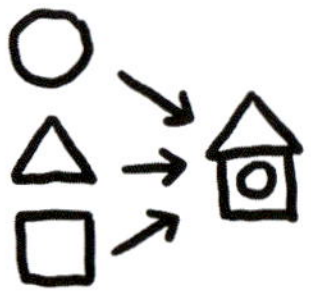

종합

지식을 의미 있는 맥락들로 분석하고, 정제하고, 조직하기

왜?

종합은 '함께 합치기'를 의미한다. 분석은 '전체를 분해하여 개별 부분들을 살펴보기'를 의미한다. 복잡한 세계에서는 맥락과 디자인을 분석하고 이해하면서 전체적인 그림을 만드는 역량이 필수다. 이런 역량이 참여자들에게 분명하게 느껴지려면, 논의 중인 내용을 이해하기 쉽고 상응 조치를 할 수 있는 시각적 형태로 논리정연하게 옮겨 참여자들에게 되돌려줄 수 있어야 한다.

실천사항

- 뭐가 같은 범주에 속하는지와 어떤 요소들이 서로 다른지를 듣고 이해한다.
- 논의가 펼쳐지는 수준, 어떤 화두가 다뤄지는지, 그리고 그런 것들을 함께 결속하는 게 뭔지를 듣는다.
- 얘기된 내용의 핵심 요점들을 요약하며 대화를 결론짓는다.
- 단편들을 전체적으로 모아 참여자들에게 의미가 있도록 만든다.

시스템 이해

전체와 그 부분들의 끊임없는 상호작용을 다루기

왜?

시스템 이해는 사회적 상호작용 범위에 있는 모두와 관련이 있는 역량이다. 우리는 시스템 이론의 기초를 활용하여 기본적으로 많은 세계관과 진리가 있으며 아무도 세계를 객관적으로 파악할 수 없다고 가정한다. 이런 관점에 입각할 때 당신과 참여자들은 복잡성을 더 잘 이해하고 관리할 수 있다.

실천사항

- 프로세스를 시작하기 전에 참여자들이 누구이고 어떤 내용을 다루게 될지를 미리 숙지한다.
- 시간을 할당하고 참여자들이 여러 관점에 서도록 유도하는 질문들을 활용한다.
- 종종 이전 단계로 돌아가서 당신이 임하고 있는 주제가 더 큰 맥락의 그림에 어떤 방식으로 들어맞는지를 확인한다.
- 전체를 포괄하는 시각적 개념들을 제공하여 참여자들이 전체적인 구도를 조망할 수 있도록 자극한다.
- 맹점일 수 있는 부분들을 인식하게 만드는 질문을 던진다.
- 다양한 버전을 활용하고, 완성되거나 최종적인 것은 없음을 인정한다.

도구

스킬 휠

스킬 휠(Skills Wheel)을 활용하여 당신의 역량 프로필을 작성하고, 어떤 기술들을 연습하는 게 도움이 될지를 전체적으로 살펴보라. 현재 당신이 각각의 기술을 어느 정도로 습득하고 있는지를 1점부터 5점까지의 척도로 평가하라.

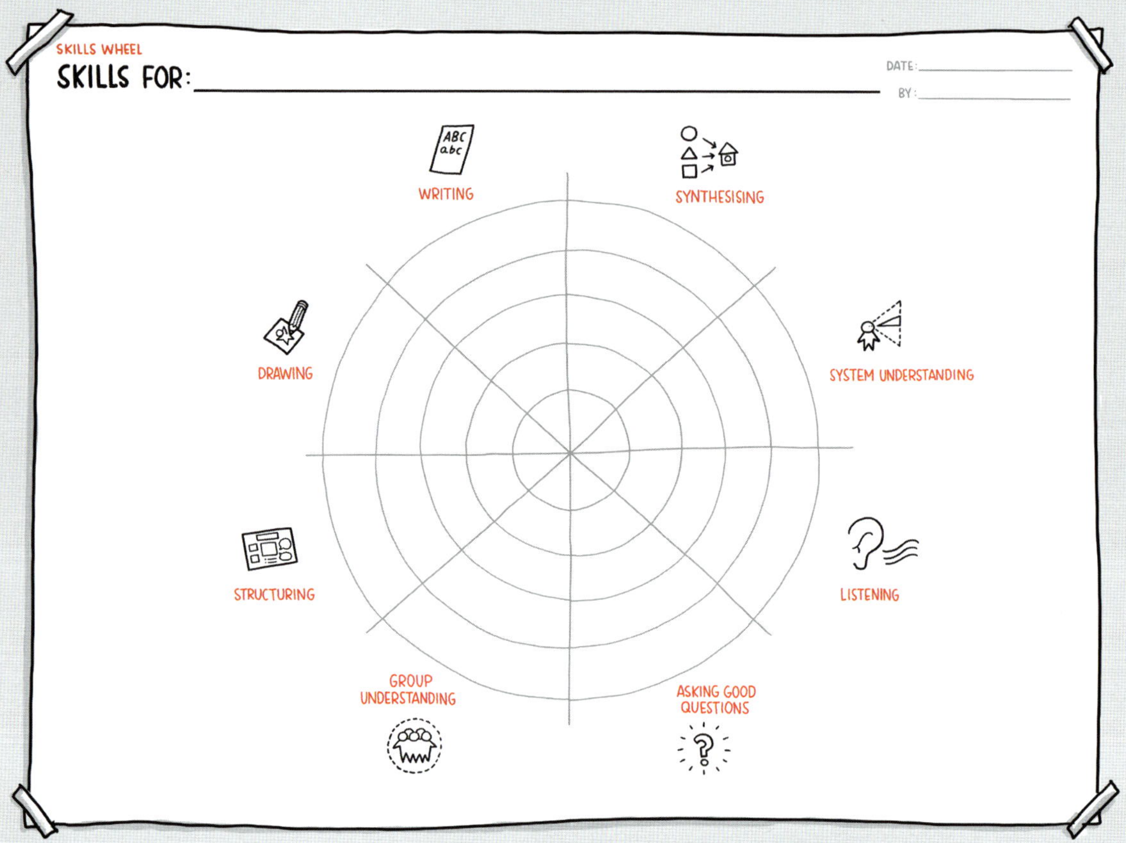

스킬 휠은 www.visualcollaboration.site.에서 다운로드받을 수 있다.

By Bigger Picture. This work is licensed under a Creative Commons Attribution-ShareAlike 4.0 International license.

프로필

스킬 휠은 개인별로도 집단별로도 완성할 수가 있다. 개인이나 집단의 수요와 관련하여 빠진 기술(들)을 보충하여 휠을 확장해보라.

예시

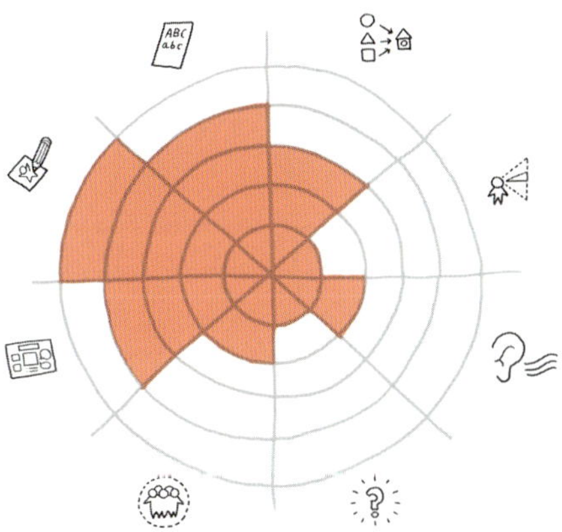

강력한 시각 실천가(Strong visual practitioner) 활성화 훈련이 안 되어 있거나 시스템을 이해하지 못하는 사람

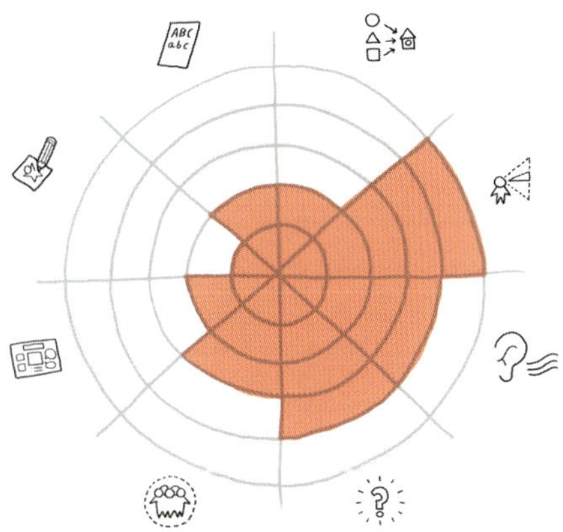

강력한 활성가(Strong facilitator) 대부분의 프로세스를 편하게 느끼지만 아직 더 시각적인 기술을 습득하지는 못한 사람

초심자(Beginner) 모든 걸 시도해봤지만 아직 선별된 기술 중 어느 것에도 안정감을 못 느끼는 사람

요약

더 시각적으로 작업하고 싶다면 다음의 **세 가지 역량 영역**을 숙달한다.

1. 활성화 역량
2. 시각화 역량
3. 시스템 역량

시각적인 업무를 더 잘하고 싶다면 다음의 **여덟 가지 기술**을 연습한다.

- 집단 이해
- 좋은 질문
- 듣기
- 글쓰기
- 그리기
- 구조화
- 종합
- 시스템 이해

스킬 휠: 스킬 휠을 활용하여 당신 개인이나 팀의 역량을 지도화할 수 있다.

어떤 기술을 가장 늘릴
필요가 있나요?

8. 당신의 자원을 활성화하라

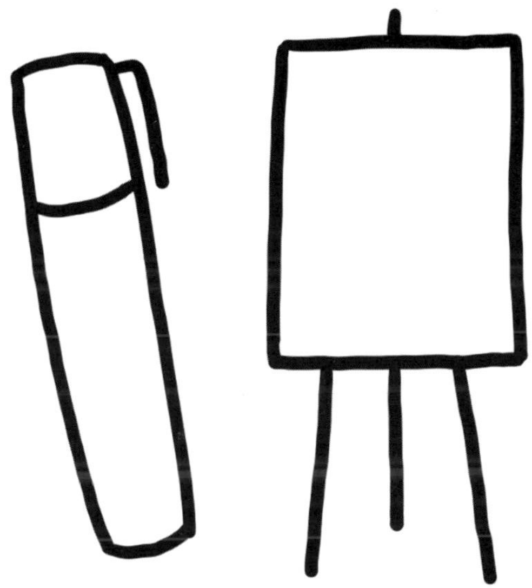

당신의 자원을 활성화하라

목적: 시각 협업의 가장 중요한 자원을 소개하기

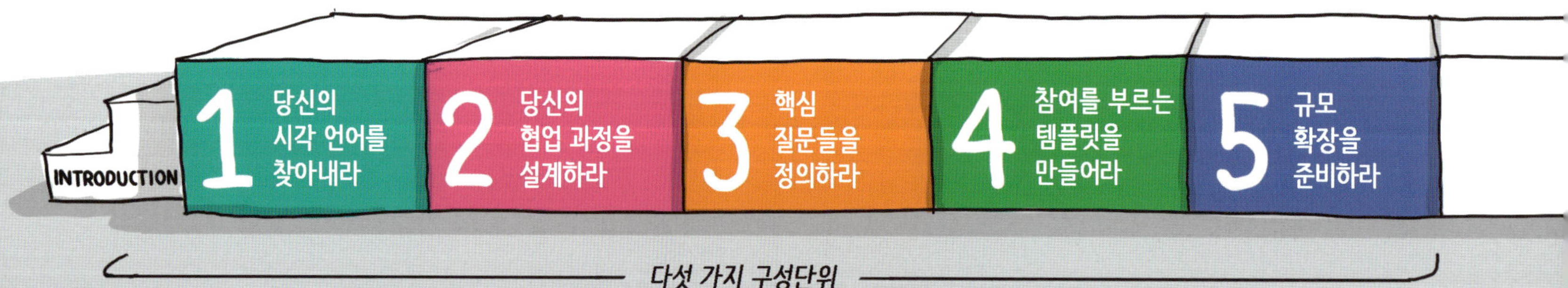

8장

목표: 당신의 자원을 활성화하는 최선의 방법 알기

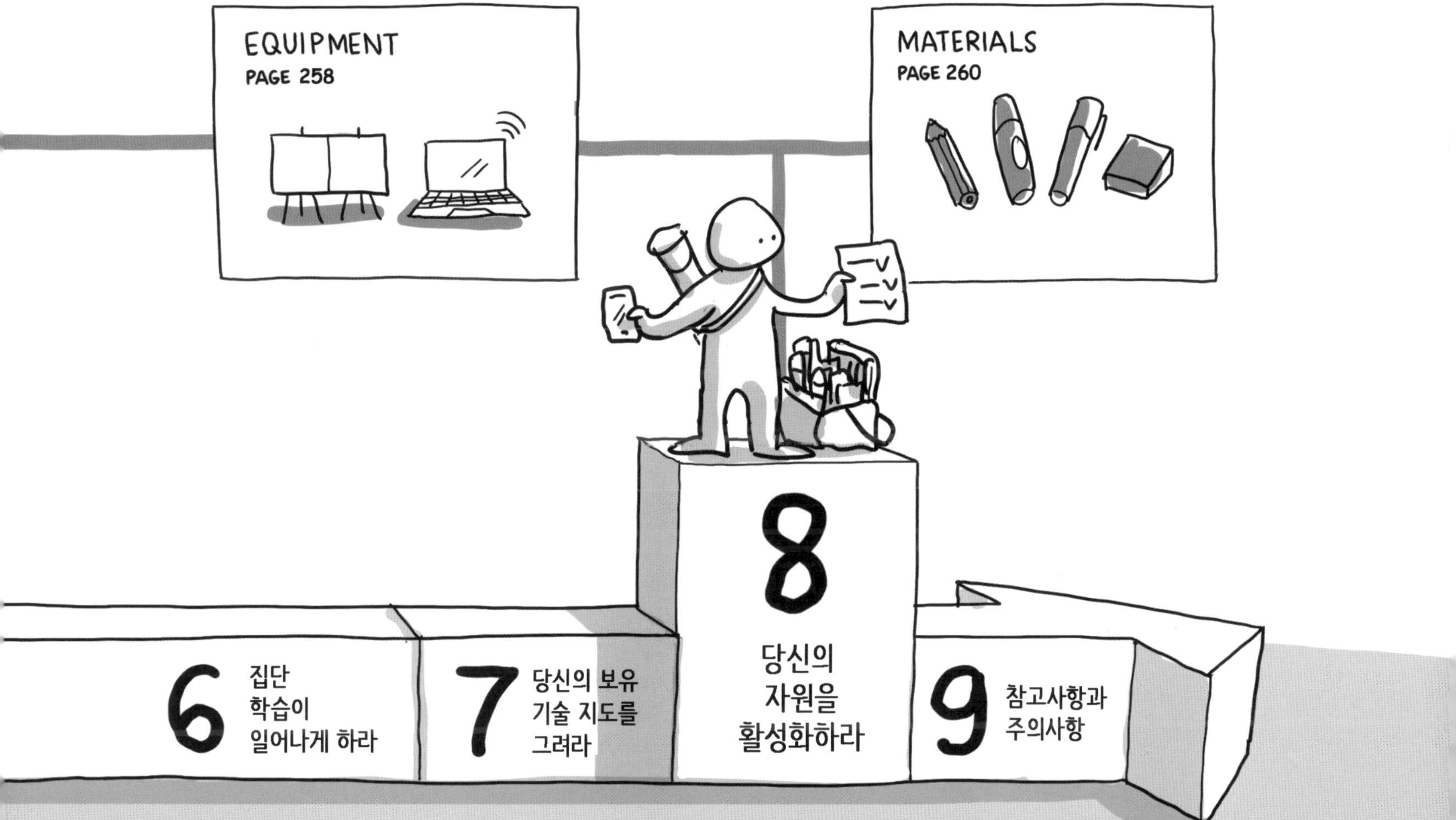

자원의 선택

모든 회의와 프로젝트와 프로세스는 서로 다르고, 요구되는 자원의 조건도 다양하다. 참여자들은 당신의 가장 중요한 자원이다. 그들이 없이는 프로세스가 존재하지 않는다. 그 외의 모든 자원들, 예컨대 시설과 장비와 물품 따위는 참여자들의 업무와 참여 그리고 프로세스의 목적을 가장 잘 지원하는 방식으로 쓰여야 한다.

소규모 대화를 활성화하든 대규모 회의를 설계하든 간에 중요한 것은 어떻게 하면 가용한 자원들을 최대한 잘 활용할 수 있는지를 고려하는 일이다. 예컨대 시설의 음향을 깜빡하고 고려하지 못하면 참여자들이 아무것도 들을 수 없어서 잘 계획된 프로세스마저 실패로 돌아갈 수가 있다.

AGENDA

참여자들

프로세스 이전과 도중과 이후에 누가 뭘 하는지를 모두가 분명히 알 수 있도록 참여자들에게 역할과 책임을 부여하는 식으로 당신의 주요 자원을 활성화하라. 여기서는 대규모 프로세스에서 시각 업무를 할 때 위임하거나 추가적으로 주목하는 게 좋을 수 있는 역할과 책임을 전체적으로 제시한다.

프로세스 소유권자

프로세스 소유권자는 프로세스의 목표를 달성하는 데 특히 관심이 있다. 그는 프로세스의 모든 수준에서 변화를 실행할 수 있는 권위를 갖는다. 따라서 프로세스의 목표와 그것을 달성하는 방식의 통일성을 확보하려면 프로세스 소유권자와 프로세스 디자이너 또는 시각 활성가 간의 긴밀한 협업이 필수적이다.

주최자

주최자는 프로세스가 일어나는 곳에서 가용한 시설을 마련한다. 주최자와 긴밀히 협업하여 당신의 학습장을 구성하라.

참여자

참여자들은 프로세스 도중 많은 역할과 책임을 다양하게 맡을 수 있다. 예를 들면 발표 중 수동적인 청취자로 앉아있을 수도 있고, 팀 작업에 적극적으로 참여해 다른 참여자와 서로의 지식을 나누며 상호작용할 수도 있다. 어떻게 하면 참여자들이 가진 자원을 가장 잘 활용하여 최상의 결과를 일궈낼지를 고민해보라.

발표자

발표자는 프로세스의 참여자들과 프로세스의 목적에 모두 맞는 지식을 보유한 사람이다. 발표자는 참여자들이 이해할 수 있고 활용할 수 있는 지식을 발표할 책임이 있다.

그룹 조장

그룹 조장은 집단 작업의 프로세스와 결과를 지원할 책임이 있다. 하나의 결과를 함께 만들어야 할 대규모 그룹들과 협업할 때 또는 당신의 주제나 디자인이 상당히 복잡한 수준일 때는 그룹 조장을 임명하라.

시각 활성가

시각 활성가는 여러 사람이 모인 그룹 속에서 길잡이가 되는 질문과 시스템 시각화를 통해 소통과 상호작용을 조성하고 지원한다.

프로세스 일러스트 작가

프로세스 일러스트 작가는 프로세스 내용의 핵심 요점들을 모아 시각적인 구조와 언어를 구성함으로써 프로세스가 진행되는 동안 참여자들이 그 내용을 이해할 수 있게 돕는다.

보조자

보조자는 늘 프로세스를 시작하기 전에 두 단계 앞서서 준비해야 하며, 시간과 물품, 음식 공급, 프로세스 기록, 참여자 돌봄을 전반적으로 관리한다.

기술자

기술자를 당신의 새로운 절친으로 만들어라. 당신이 원할 때 아날로그 도구와 디지털 도구를 교대로 쓸 수 있으면 좋다. 당신을 돕는 기술자의 이름과 구체적인 연락처를 알고 있으라.

시설

당신의 시설에 대한 요건을 확립하라. 이런 요건이 당신이 만들 학습장의 기본 틀을 이루기 때문이다. 시설은 토론과 발표에 적당한 맑은 공기 좋은 음질과 협업을 위한 유연한 공간을 참여자들에게 제공하여 프로세스를 지원해야 한다.

사무실

일상 업무의 일환으로서 시각 업무를 하고 싶다면, 그게 가능하도록 당신의 환경을 정돈해야 한다. 벽에 종이를 걸기 쉽게 만들거나, 책상을 돌려서 아날로그 형태로 일할 장소를 마련하라.

회의 시설

시각 업무에서 공간은 특히 중요하다. 시각 협업을 위한 회의 시설을 예약할 때는 약간 여유가 있는 공간을 알아보는 게 좋다. 실제로 참여하는 사람의 2배수를 수용하는 공간을 예약해야 그림을 보고 발전시키고 함께 그려나갈 공간이 마련된다. 방 전체를 활용하고, 맥락에 맞는 물품들을 걸어두고, 회의 프로그램과 목적을 게시해서 모두가 볼 수 있게 만든다. 프로젝트가 진행되는 동안 공간 안에서 이리저리 돌아다닐 수도 있게 만들자.

많은 조직이 이 책이 권고하는 것처럼 시각 업무를 할 준비를 아직 갖추지 못했다. 시각적으로 일하기 위한 공간을 확보하기 위한 쉽고 창의적인 방식들을 생각해보라. 대부분의 경우 약간의 재배열만 하면 효과를 거둘 수가 있고, 그렇게 펜과 종이로 효과적으로 일하는 데 필요한 환경을 갖게 될 것이다.

워크숍 시설

워크숍 시설은 가변적인 배치 형태가 많다. 약간의 여유 시간을 갖고 당신의 프로세스에 맞는 환경을 생각해보라. 여러 그룹이 함께 일할 거라면 각 그룹마다 칸막이를 치고 방 안에 작은 학습 공간들을 만드는 게 좋은 아이디어일 수 있다. 이렇게 하면 그룹 참여자들의 집중력을 높일 뿐만 아니라, 활성가는 모든 그룹을 한 번에 개괄적으로 보면서 프로세스 도중 공통의 메시지를 전달할 수 있다.

컨퍼런스 시설

컨퍼런스 시설은 규모가 클 때가 많아서 참여자 수가 50명이 넘는 프로세스에 가장 적합하다. 워크숍 시설처럼 컨퍼런스 시설도 가변적인 배치 형태를 띤다. 규모가 크면 나름대로의 장·단점이 있다. 공간이 넓은 건 장점이지만, 음향 조건이 별로고 사람은 너무 많아서 프로세스가 소음에 묻혀 잘 전달되지 않을 수도 있다. 얘기되는 내용을 모두가 들을 수 있도록 적절한 기술 장비를 확실히 갖춰야 한다. 대규모 시각 행사일수록 가장 작은 디테일까지 신경 써서 계획해야 한다. 참여자 80명을 포함하는 집단 업무를 관리하는 건 그 자체가 하나의 훈련이다. 그룹 테이블을 서로 가깝게 배치하고 자연스럽게 공간의 중심이 연단을 향하도록 만들어라.

테이블 배치

우리가 앉는 방식은 우리의 행동에 영향을 준다. 어떤 테이블 배치가 당신의 프로세스에 가장 잘 어울리는가? 테이블 배치는 조직의 위계를 뒷받침할 수도 있고 중화시킬 수도 있다.

회의 테이블

중간에 테이블이 하나 있고 그 주위에 의자들이 있는 고전적 배치는 회의의 모든 참여자들이 타인의 얘기를 듣고 공동으로 쓰는 프로젝터나 화면 또는 화이트보드를 볼 수 있게 도와준다.

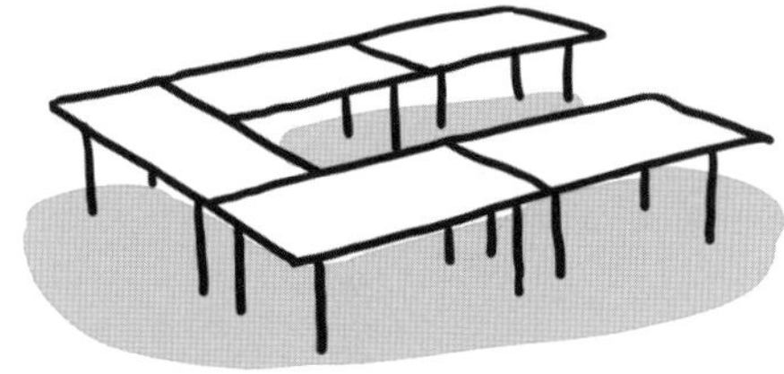

U자형 테이블

참여자들이 방의 중간을 바라보며 다른 사람 옆에 나란히 앉는 형태는 한 번에 한 명의 화자가 있는 발표나 회의에 잘 어울린다.

분위기

적정량의 빛과 소리와 공기는 참여자들의 집중력에 영향을 준다. 음식 공급 서비스와 휴식 시간의 수도 마찬가지다.

조명

참여자들이 자기들이 그리고 있는 걸 볼 수 있고 그걸 타인에게 보여줄 수 있다면, 시설 안에 좋은 조명이 있는 게 중요하다. 반드시 추가적인 광원들을 구비해두자.

음향

늘 좋은 음향 장치를 갖춘 시설을 얻으려고 시도해보자. 그럼 참여자들은 얘기되는 내용을 쉽게 들을 수 있다. 또한 고요함과 대화, 열린 대화, 음악이 교대로 이어지도록 프로세스를 짜는 것도 좋다.

그룹 테이블

그룹 테이블은 집단 작업에 초점을 제공한다. 여기서 참여자들은 집단 작업에 천착하기에 좋은 기회를 갖는 동시에 여전히 더 큰 전체의 일부로 남아 있다.

줄지은 테이블

참여자들이 긴 줄로 늘어진 테이블에 앉아 시설의 한쪽 끝을 바라보고 있다면, 당신은 일방적인 소통 환경을 조성하고 있는 것이다. 하지만 집단 작업은 두세 명이 참여하는 소규모에서 기능할 수 있다.

의자만 놓인 경우

당신의 시설에서 의자만 쓸 수 있는데 당신은 참여자들의 시각 업무를 계획하고 있다면, 모든 참여자에게 클립보드를 하나씩 준비시켜서 이웃한 사람들끼리 시각적 숙고를 할 수 있게 한다.

공기

산소가 충분하지 않은 공간은 참여자들의 모든 에너지와 집중력을 떨어뜨릴 수 있다. 또한 시설이 너무 춥거나 더우면 효과적인 업무가 어려워진다. 온도와 공기 순환을 꾸준히 관찰하자.

음식

두뇌에는 영양이 필요하다. 하루 종일 집중하고 초점을 맞추려면 더 많은 영양이 필요하다. 참여자들이 요구하기 전에 그들의 예리한 마음에 물과 과일, 차, 커피, 몸에 좋은 간식을 미리 제공하면 긴장이 완화된 편안한 분위기를 만들어낼 수 있다.

휴식

참여자가 집중력을 잃기 전에 정확한 시간의 휴식을 취하는 게 좋다. 업무 형태를 바꿀 때, 그리고 숙고하거나 휴식하기 위한 공간을 만들어야 할 때 휴식을 취하게 한다. 이렇게 프로세스를 나누면 역동적인 느낌이 생긴다.

장비

보다 시각적으로 일하고 싶다면 장비를 아껴선 안 된다. 여기서는 일반적으로 곁에 두고 써야 할 장비와 많은 사람들이 참여하거나 국제적인 팀 작업을 하는 대규모 프로세스에서 쓰면 좋을 장비를 개괄적으로 살펴본다.

아날로그 장비

화이트보드

화이트보드는 유연하게 스케치를 할 수 있는 도구이며, 정기적으로 시각적인 업무를 할 경우 기본적으로 갖춰야 할 자원이다. 이 도구는 21cm×28cm (A4) 용지보다 작은 것부터 매우 큰 것까지 매우 다양한 크기와 포맷으로 이용이 가능하다. 어떤 표면이든 페인트를 칠해서 이용 가능한 화이트보드로 만들어보라. 지속 가능한 재료로 화이트보드를 만들어볼 수도 있겠다.

이동식 벽체

당신의 시설에 벽체가 충분히 있지 않을 때 이동식 벽체가 꼭 필요할 수 있다. 이런 벽체는 집단 작업 도중 칸막이벽으로 쓸 수도 있고, 열어둔 채로 쓸 수도 있다. 이동식 벽체를 쓰면 시설에 구애받지 않은 채 프로세스를 진행할 수 있고, 늘 당신의 프로세스에 가장 잘 맞는 학습장을 구성할 수가 있다.

플립차트

플립차트는 소규모의 집단 작업 프로세스나 단시간 모임에 쓰기에 좋은 도구다. 플립차트는 옮기기가 쉽고, 대부분의 조직에서 어렵지 않게 구할 수 있다.

디지털 장비

태블릿

매일 시각 커뮤니케이션을 활용하는 당신이라면 태블릿은 필수 도구다. 태블릿은 템플릿을 미리 디자인하고, 여러 프로세스를 모아서 정리하고, 다른 사람들과 함께 실시간으로 그림을 그리는 데 활용할 수 있다. 시중에 나와 있는 태블릿은 매우 다양하며, 가격과 특징이 천차만별이다. 사용을 시작하기 전에 복잡한 드로잉 프로그램을 배울 필요가 없을 만큼 충분히 간단한 소프트웨어를 알아보라.

프로젝터

프로젝터는 대규모 집단의 사람들과 정보를 공유해야 할 때 효과적인 도구다. 당신의 집단 작업용 템플릿들을 발표하거나, 그날의 시각 의제를 살펴보거나, 전체의 복잡한 이미지들을 슬라이드별로 보여주고 싶을 때 프로젝터를 활용하라.

카메라

요즘 사람들은 대부분 휴대폰에 고기능 카메라를 탑재하고 다닌다. 그걸 활용해 당신의 프로세스를 기록해보라. 특히 완성된 그룹 템플릿과 기타 자료들을 사진으로 촬영해두는 걸 잊지 말자. 당신이 수행해야 하는 프로세스나 화이트보드 스케치가 많을 경우, 고해상도 이미지를 촬영하는 카메라를 하나 장만하는 것도 좋은 투자일 수 있다.

대형 멀티터치 스크린

대형 디지털 화이트보드는 꼭 같은 사무실에 있지 않아도, 또는 마찬가지로 같은 나라에 있지 않아도 몇 사람이 함께 그림을 그리고, 글을 쓰고, 함께 정보를 조직할 수 있게 해준다. 이런 스크린들은 여전히 비싸고, 숙달이 되어야 사용할 수 있다. 하지만 잘만 활용한다면 시간도 아끼고 이산화탄소 배출도 줄이고 항공료도 절약하면서 아날로그 회의와 디지털 가상 회의 모두를 훨씬 더 효과적으로 진행하게 될 것이다.

물품

양질의 멋진 물품들은 중요한 것에 집중할 수 있는 자유를 제공한다. 다양한 물품을 시도해보고 당신에게 가장 맞는 것들을 사용하라.

세필 검정색 마커

개인적인 사색용 도구나 공책 또는 접착용 쪽지와 같은 작은 포맷에 글씨를 쓰고 그림을 그릴 때 쓴다. 볼펜으로 쓰면 멀리서 보거나 사진으로 보면 잘 안 보이니 대신, 세필 검정색 마커를 사용하라.

중필 검정색 마커

플립차트와 템플릿에 글씨를 쓰고 그림을 그릴 때 쓴다. 당신의 프로세스 참여자들이 길고 세세한 문구를 적느라 여백도 없이 빽빽하게 글을 쓸 때는 그들이 핵심 요점만 적게 도와주자.

회색 브러시 마커

글씨나 그림에 간단한 음영을 넣고 깊이감과 투시 각도를 만들어내는 데 쓴다.

진한 컬러 마커

컬러 마커를 쓰면 색상 코드를 활용할 수 있다. 당신이 활성가 역할을 할 때 진한 컬러 마커를 사용해보라. 집단 작업 중인 그룹 테이블 위에 마커들을 두고 참여자들에게 색상 코드를 활용해 작업하도록 지도하자.

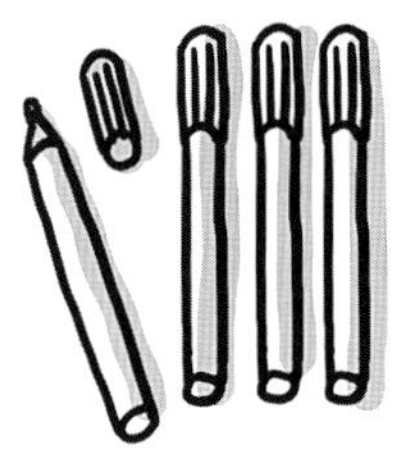

화이트보드 마커

당신만의 화이트보드 마커 세트를 구성해 늘 소지하고 다니자. 아주 다양한 범위의 색상으로 구성된 세트는 시각 협업에 필수적이다.

색분필

넓은 영역에 분필을 활용하면 쉽게 색을 구분하면서 생동감과 깊이를 더할 수 있다.

접착용 쪽지

이 작은 접착용 쪽지들은 여러 색상과 포맷으로 활용할 수 있으니 그 균형을 맞춰서 사용해보자. 당신이 사용할 접착용 쪽지들에 맞춰서 템플릿을 디자인하라. 집단 작업에서 모두가 참여할 필요가 있을 때 이런 쪽지를 활용하자. 여러 화두를 분류할 때 쪽지들의 색상을 전략적으로 활용한다. 재구성하고, 우선순위를 매기고, 불필요한 걸 버리고, 새로운 걸 더할 때 이런 쪽지들을 유연하게 활용할 수 있다.

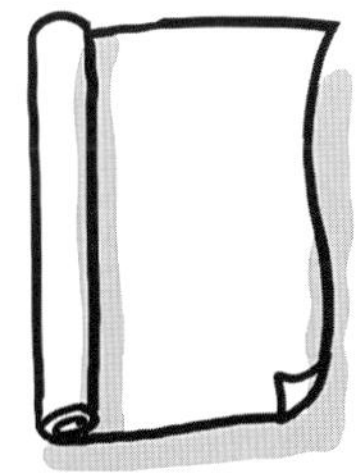

롤지

대형 롤지는 주어진 벽체 공간의 크기에 구애받지 않고 작업할 수 있게 해준다. 길이를 재고 찢어서 벽에 붙이면 폭넓은 포맷으로 활용할 수 있다. 롤지는 대부분의 공급업체에서 60-90cm 높이짜리로 판매한다.

테이프

늘 가까운 곳에 두면 좋은 세 종류의 테이프가 있다.

- 마스킹 테이프: 당신의 템플릿과 큰 종이들을 어떤 종류의 표면에도 붙여둘 수 있게 해준다.
- 셀로판 테이프: 포스터를 수정하거나 정보의 순서를 새롭게 배열할 때 가까이 두면 좋다.
- 수정 테이프: 당신이 하는 작업을 수정하고 지울 수 있는 커다란 자유를 제공한다. 실수하거나 변경이 필요한 부분에 수정 테이프로 흰색의 띠지를 덮을 수 있다.

메모장

매모장은 빠른 스케치를 하며 기억해야 할 정보와 생각을 모으기에 좋은 도구다. 선이나 격자가 그려지지 않은 빈 페이지의 메모장을 활용하라. 오랜 시간이 걸리는 프로세스에서는 모든 참여자들에게 메모장을 나눠주는 게 중요할 수 있다.

가위/칼

롤지는 잘라서 써야 하며, 한 맥락에서 따온 내용을 잘라서 다른 맥락에 합칠 수가 있다. 가위와 칼을 사용해 새로운 포맷을 활용하고 결합해서 콜라주를 만들 수 있다.

요약

참여자: 참여자들이 책임을 맡고, 소유권을 갖고, 프로세스에 참여하도록 그들의 적극성을 유도하라.

시설: 당신의 시설을 위한 요건을 확립하라. 이것이 당신의 학습장을 뒷받침하는 틀을 이루게 된다. 때로는 비용을 들이지 않고 몇 가지의 간단한 변경만 하고도 프로세스를 성공으로 이끌 수도 있다.

장비: 장비를 아끼지 말라. 시각 협업에는 아날로그 방식과 디지털 방식의 장비와 도구가 여럿 필요하다.

물품: 당신 스스로가 양질의 도구상자가 되어 늘 필요한 도구들을 소지하고 다녀라.

당신의 조직이 더 시각적으로
일할 준비가 되어 있으려면
뭐가 필요할까요?

9. 참고사항과 주의사항

참고사항과 주의사항

목적: 시각 협업의 강점과
약점 조명하기

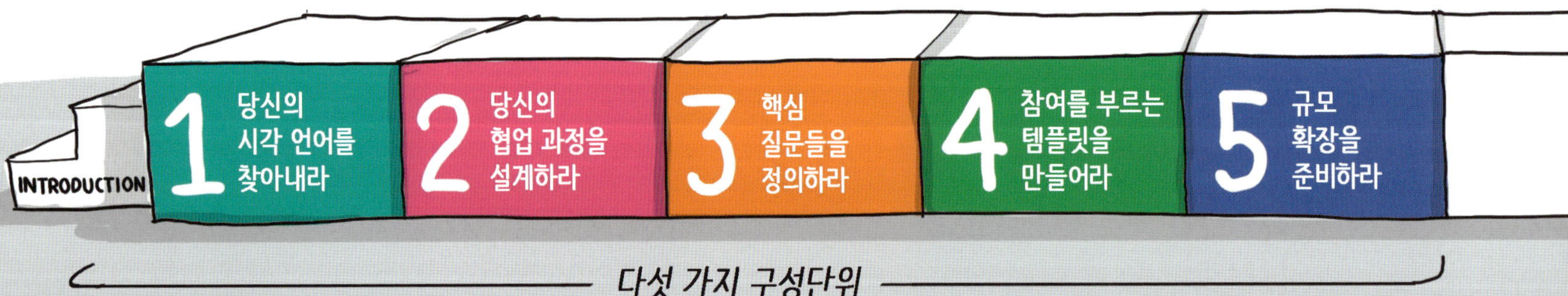

9장

목표: 성공적인 시각 협업을 위한 준비 완료

돌아보기

우리는 '시각 협업의 다섯 가지 구성단위'와 시스템 시각화가 당신을 비롯한 여러 사람들이 더 나은 시스템 이해를 달성하기 위한 시각화 활용법에 대해 새로운 시각을 제공해주었기를 바란다.

이제부터는 다음과 같은 내용을 접하게 될 것이다.

— '시각 협업의 다섯 가지 구성단위' 한눈에 보기
— 시각 협업에 대한 몇 가지 견해: 크고 작은 규모에서의 활용, 계획할 시간이 없을 경우, 참여자들이 당신과 함께 그리게 하는 문제
— 시각 업무 중 맞닥뜨릴 수 있는 몇 가지 약점들
— 시각 협업이 전할 수 있는 가치에 대한 견해

6 집단 학습이 일어나게 하라
7 당신의 보유 기술 지도를 그려라
8 당신의 자원을 활성화하라
9 참고사항과 주의사항

시각 협업의 다섯 가지 구성단위

구성단위	1. 당신의 시각 언어를 찾아내라	2. 당신의 협업 과정을 설계하라
방법	내용과 상관없이 회의, 프로세스, 프로젝트를 위한 시각 언어를 개발하는 방법	내용과 상관없이 프로세스를 개발하고 시각화하는 방법
대상	일곱 가지 요소(The Seven Elements™), 여덟 번째 요소(The Eighth Element™)	10개의 프로세스 관련 질문들
도구	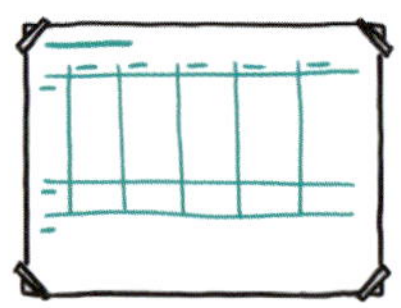 아이콘 디자이너	 프로세스 디자이너
결과	커뮤니케이션을 지원하는 시각적 작업물	응집력 있는 시각적 프로세스 디자인

3. 핵심 질문들을 정의하라	4. 참여를 부르는 템플릿을 만들어라	5. 규모 확장을 준비하라
프로세스에 맞는 활성화와 시각화 질문들을 정식화하는 방법	모든 회의, 프로젝트, 프로세스에 쓸 만한 템플릿을 개발하는 방법	시각 플레이북을 개발하는 방법
프로세스 디자인을 위해 질문들을 범주화하고, 그 우선순위를 매기고, 검증하기 위한 디자인 지침	템플릿의 기능, 형식, 크기, 구조를 디자인하기 위한 지침	프로세스의 상황과 결과를 묘사하고 스토리보드와 일정표를 만들기 위한 디자인 지침
 퀘스천 디자이너	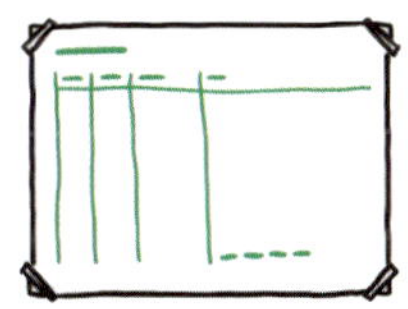 템플릿 디자이너	 플레이북 디자이너
우선순위를 매긴 활성화/시각화 질문들	정보와 대화를 관리하기 위한 템플릿	확장 가능한 프로세스 디자인

용도

크고 작은 규모에 활용하라

여기서 제시한 구성단위들은 당신이 요건에 맞게 무수히 많은 버전으로 변경할 수 있는 하나의 방법이다.

이 방법을 활용해 동료 한 명과 깨끗한 화이트보드 하나를 두고 좋은 질문 두 개만을 다룰 수도 있다. 어떤 행사를 계획할 때 시각 도구를 활용하는 것도 가능하다. 펜과 종이를 사용하는 행사를 계획하는 게 아닐지라도 말이다.

방법은 가변적이므로 소규모에 활용할 수도 있고, 이 방법의 모든 부분이 다른 부분들과 함께 작동하며 전체적으로 전개되는 매우 큰 규모의 프로세스에 활용할 수도 있다.

계획을 못할 경우

뭔가가 바뀌어서 당신이 계획해온 프로세스가 더 이상 적절치 않게 된다면 어떡할까? 또는 당장 시각 협업이 필요한데 그걸 계획할 시간은 없다면? 즉석에서 프로세스를 진행하는 방법을 몇 가지 소개한다.

회의 도중 바로 필요할 때 이 모든 걸 어떻게 해야 할까? 그 답은 간단하다. 연습하라! 즉흥적으로 화이트보드를 배치하고 대화를 시각적으로 활성화하는 일은 연습이 필요하다.

다행히도 시각 업무는 보람이 있는 일이다. 우리의 기억은 시각 자료를 즐거워하기 때문이다. 우리는 우리가 만들어내는 그림과 스케치, 시각 언어, 템플릿 등을 쉽게 기억한다. 이런 시각 자료는 우리의 기억 속에 각인된다. 늘 똑같은 그림이나 템플릿을 판박이처럼 재사용할 수는 없다. 하지만 다양한 프로세스에서 써본 템플릿을 네 개에서 여덟 개 정도 모았다면 당신은 이미 가치 있는 프로세스 경험을 한 것이고, 회의 중 갑자기 필요할 때 기억 속에서 끄집어내어 영감을 찾을 수 있는 강력한 시각 자료실을 구축해놓은 것이다.

예전에 작업했던 주제의 시각 언어 아이콘들을 결합할 수 있고, 이런 식으로 주어진 맥락에 어울리는 아이콘들을 즉흥적으로 개발할 수 있다.

예전 템플릿에서 쓴 시각 구조들을 떠올려 새롭게 조합하면 현재 프로세스에 쓸 만한 새로운 틀을 만들어낼 수 있다.

준비를 반복할수록 그 순간에 쓸 수 있는 더 강력한 기초가 만들어질 것이다. 그렇게 당신의 시각적 레퍼토리를 확장해두면 나중에 기억을 되돌려 새로운 아이콘과 템플릿을 만드는 데 활용할 수 있다. 관련된 질문과 시각 도구를 활용해 프로세스를 디자인하고 그걸 활용할 때마다, 당신은 프로세스를 즉흥적으로 책임지고 활성화하는 데 더 능숙해진다.

어떻게 참여를 유도할까

시각 협업은 많은 사람들에게 새로운 영역이다. 프로세스를 시작하기 전에 당신이 시각 업무를 왜 하고 어떻게 할 것인지를 참여자들에게 알리는 게 유용할 수 있다.

소개

늘 프로세스 참여자들에게 시각 업무가 좋은 이유 몇 가지를 전달한다. 참여자들의 그리기를 유도하기 전에, 당신이 어떻게 작업할 것이고 왜 그런 작업을 하는지를 보여준다. 우리가 시각 협업의 중요성을 알리고자 가장 흔히 언급하는 이유 몇 가지를 들어보면 다음과 같다.

— 말이나 글만 있을 때보다 더 기억하기 쉽다.
— 참여를 유도하고 좋은 에너지를 만들어낸다.
— 말 그대로 '당신이 뭘 의미하는지를 볼 수 있다.'
— 시각화는 맥락과 관계를 볼 수 있게 도와주고, 타인의 관점이 제공되지 않으면 볼 수 없을 '전체'를 구성하는 데 도움을 준다.

장비

모든 참여자들이 반드시 적절한 장비를 이용할 수 있게 한다. 좋은 장비는 시각 업무를 진지하고 전문적으로 할 수 있게 도와준다. 품질이 좋은 세필과 중필 마커, 메모장, 대형 종이, 접착용 쪽지 등에 투자한다. 가치를 더해주는 디지털 장비와 도구를 활용한다.

연습 과제

처음부터 바로 그림을 그리고 공유하는 데 참여하는 사람들은 보통 소수에 불과하다. 참여에는 약간의 연습이 필요하다. 모두가 연습할 수 있고 당신의 시각 업무 참여자들에게 도움이 되는 간단한 소규모 과제들을 다음과 같이 만든다.

— 모든 참여자가 자신의 기능이나 역할 또는 프로필을 작은 아이콘으로 보여주는 이름표를 만들게 한다. 각자가 만든 이름표를 서로에게 발표하는 시간을 갖는다.
— 참여자들이 각자 최근에 그린 그림을 공유하게 한다. 실제로 별 생각 없이 그리는 사람들이 많다. 화이트보드에 그린 그래프나 모델도 모두 일종의 그림이다..

훈련

우리는 늘 참여자들이 스스로 이미지를 그리고, 스케치하고, 생각하도록 유도할 수 있기를 갈망한다. 대부분의 사람들은 몇 가지 비법과 요령만 알면 더 쉽고 빠르게 그릴 수 있다. 5분 내지 10분을 들여 기본적인 기호와 '일곱 가지 요소', 그리고 특히 당신의 프로세스나 맥락에 맞는 몇 가지 아이콘을 도입해보라.

진지한 게임

가족이나 친구들과 함께 하는 오락용 게임인 픽셔너리(Pictionary)를 즐겨 해본 사람들이 많다. 우리는 동료나 사업 파트너와 함께 이 게임을 진지하게 한다. 하지만 이 과정에서 웃음을 피하긴 어렵다. 게임을 할수록 에너지가 생기고, 대부분의 사람들에게 경쟁심이 발동하며, 듣기와 연상을 반복하며 두뇌의 좌반구와 우반구를 잇는 훈련을 하게 된다. 우리는 무려 1,500명의 컨퍼런스 참여자들과 픽셔너리 게임을 했다. 당신의 특정 회의에 맞는 참여자들과 게임하면서 강력한 시각 언어를 구축해보라.

길을 인도하라

주저하지 말고 자유롭게 스케치하면서 길을 인도하라. 작은 실수나 좀 유치해보일 수 있는 스케치에 대해 고민하지 말자. 당신이 만들어내는 게 의미가 있고 적절하면 되지 세련되게 만들 필요는 없다. 당신은 그렇게 시각 자료를 발표할 때 '실수해도' 괜찮다는 모범을 보일 수 있고, 입으로 말하는 내용을 시각적으로 뒷받침하는 습관을 확립하게 된다.

약점

우리의 접근에는 세계를 관찰하거나 재현하는 하나의 '바른' 방법은 없다는 사실이 암묵적으로 전제된다. 모든 관찰에는 자체적인 '맹점'이 있다. 시각 협업도 마찬가지다. 그 또한 자체적인 한계가 있다.

어떤 대화나 코멘트나 회의는 시스템 속에서 시각적으로 재현되는 혜택을 받지 못하곤 한다. 중요한 건 이런 상황이 일어날 때 그걸 인지할 줄 알아야 한다는 점이다. 어떤 구상이 시작하고 나면 특정한 접근이 효과적이지 않다는 판단이 들어도 방향을 바꾸기 어려울 수 있기 때문이다.

때로는 시각적으로 포착하기에 너무 복잡한 경우도 있다. 언제나 하나의 스케치나 개괄적인 이미지 한 장으로 정리되는 것은 아니며, 그럴 수 있다는 생각이 결국 좌절되거나 지나친 단순화로 끝나기도 한다.

시각적인 구성 요소들에 모두가 똑같이 만족하지도 않는다. 어떤 사람들은 시각 자료가 부담스럽고 혼란스러우며 걸림돌이라고도 여긴다.

이제부터는 시각 협업이 맞닥뜨리는 몇 가지 도전과 한계를 묘사한다. 우리는 이를 세 가지 범주로 분류했는데, 각각은 다음과 관련이 있다.

— 생산물(Product): 시각적 생산물 또는 구체적인 그림
— 시스템(System): 사람들, 집단들, 조직들
— 프로세스(Process): 시각 프로세스의 집행

다음 목록은 당신이 펜과 종이를 활용해 그릴 때 알게 될 약점들이다. 당신만의 경험을 바탕으로 그 목록을 추가해보라.

생산물

그림이 프로세스나 대화를 얼어붙게 만들 수 있다

그림이나 아이콘 또는 시각적 생산물이 잘못된 맥락이나 형식 또는 타이밍에 활용되면 의도를 거스르는 효과를 낼 수 있다. 그럴 경우 프로세스나 대화를 얼어붙게 만들어 주어진 주제에 대한 혁신과 탐구를 진척시키기 어렵게 만들 수 있다.

우리의 시각 언어는 종종 과거에 기반을 둔다

오늘날 우리가 사용하는 많은 아이콘들이 철지난 인지방식과 사고방식에 기반을 두고 있다. 우리의 언어는 진부한 은유들로 가득하고, 기술의 발전은 그에 맞춰 우리가 소통 방식을 바꿔 적응시키는 능력보다 훨씬 더 빠르다. 과거를 지향하는 시각 언어는 우리를 지나치게 과거에 몰입시킬 수 있다.

아날로그 도구는 다루기가 불편하다

우리 모두가 포스터와 종이, 접착용 쪽지 같은 아날로구 도구들을 디지털 플랫폼으로 손쉽게 옮길 수 있게 될 때까지, 아날로그 시각 작업은 설치와 후속 조치에 시간과 물리적 조직이 소요된다는 단점이 좀 있다. 시각 작업은 시설과 장비를 요하고 종종 공간을 마련하고 해체하는 시간을 요하며, 후속 조치와 디지털화, 공유를 위한 전략도 필요하다.

좋지 못한 그림도 기억에 남는다

우리의 기억은 이미지와 그림을 기억하는 방향으로 구성되어 있다. 안타깝게도 기억은 나쁜 결과물을 따로 분리하지 않는다. 어떤 프로세스나 경험 또는 진술이 부정적이거나 부정확한 함의가 담긴 시각 형식으로 포착되면, 참여자들이 이런 함의를 지우기까지 노력이 필요하다.

시스템

정치와 종교

정치와 종교에 관한 회의는 펜과 종이로 재현하며 진행하기 어렵다. 많은 사람들이 자신의 정치적 기반이나 종교적 기반을 정해두고 있지만, 우리가 대변하거나 우리의 정체성을 이루거나 우리가 믿는 것에 대한 내용을 그리기는 매우 민감할 수 있다.

문화

유머와 아이러니와 위계는 문화와 조직에 따라 매우 다르다. 하나의 그림이나 색상 또는 질문이 당신의 문화권과 조직에 따라, 또한 당신이 누구와 얘기하느냐에 따라 완전히 다르게 이해될 수 있다. 다문화 집단에서는 시각적인 요소가 큰 문제가 될 수 있으니 더 세심한 주의를 기울일 필요가 있다.

피로

많은 조직에서 새로운 도구와 프로세스와 방법이 연속적으로 집행되는 걸 경험한다. 새로운 시각 업무 방법을 피로감에 젖은 조직에서 실행하면 실패할 수 있다. 특히 경영진의 강력한 지원이 없고, 인내심 있게 결과를 기다리지 못하는 조직에서 그러하다.

등은 듣지 못한다

참여자들이 얘기되는 내용을 그리려고 말하는 중인데 당신은 시각 작업을 하느라 어쩔 수 없이 참여자들에게 등을 돌려야 할 때가 있을 것이다. 하지만 등을 돌리고 들어선 안 된다. 이런 자세는 무례하게 느껴져 참여자들의 반발심을 불러일으킬 수 있다.

펜과 종이만 있을 때

당신의 조직에서 최초로 시각 업무를 시작하기가 어려울 수 있다. 그럴 경우 용기와 회복력이 요구되는데, 조직과 특히 그 조직 문화는 바뀌기 쉽게 바뀌지 않기 때문이다. 설득력 있는 논거와 강력한 지원자들 그리고 인내심이 필요하다.

또 하나의 그림…

다른 모든 것과 마찬가지로 시각 요소도 지나친 게 될 수 있다. 모든 단일 프로세스마다 시각 업무를 적용하려고 하면, 필요한 만큼의 주목을 더 이상 받지 못해 의도한 방법과 도구를 그만 쓰게 될 수 있다.

프로세스

시간이 소요된다

시각 업무에는 시간이 소요된다. 어떻게 하는지를 배우는 데 시간이 들고, 그걸 이해하고 난 후에도 시간이 든다.

시각 요소는 프로세스의 내용 부실도 드러낸다

프로세스의 내용은 시각화될 때 분명해진다. 하지만 내용이 없어도 역시 시각화할 게 없으니 프로세스의 결과는 분명해진다. 서투른 발표, 교착 상태에 빠진 집단 작업, 또는 똑같은 얘기가 맴도는 일반적 논의들은 모두 안타깝게도 내용 없는 빈칸을 남긴다.

즉흥성에는 한계가 있다

많은 시각 도구가 프로세스 이전에 개발되며, 프로세스 도중에 필요에 따라 바꾸는 데에는 경험이 필요하다. 따라서 기존 틀에 따르는 만큼 즉흥성이 줄어들 위험이 있으며, 각 단계가 이미 계획된 상태로 다음 단계에 영향을 미치기 때문에 프로세스에서 필요한 변화가 간과될 위험도 있다.

가치

어떤 조직이든 시각 협업의 혜택을 볼 수 있다. '다섯 가지 구성단위'는 시각 협업을 더 쉽게 시작하면서 보다 시각적인 업무 문화를 지원하고 개발할 수 있는 방법을 구성한다.

지난 15년간 우리는 1만 명이 넘는 사람들에게 시각 업무를 훈련시켜왔다. 훈련받은 사람들은 교사, 발표자, 회의 관리자, 학생, 정치인, 컨설턴트, 변혁 주체, 경영자, 디자이너, 엔지니어 등으로 다양하다.

우리는 다양한 범위의 조직을 위한 크고 작은 전략 도구를 500가지 이상 개발해왔으며, 다수의 회의와 워크숍, 컨퍼런스를 위해 디자인하고, 활성화하고, 그림을 그려왔다.

시각적으로 일하는 문화가 사람들의 사고방식과 소통방식, 협업방식을 강화할 수 있다는 게 우리의 경험이었다.

시각 업무가 빠른 특효약은 아니다. 학습하고 시행하려면 인내심이 필요하고 계획과 후속조치도 유지해야 하는 업무 방법이기 때문이다.

이 방법은 초기에 몇 사람이 학습하여 소규모로 활용하며 그 효과성을 시험해볼 수 있다.

우리는 시각 협업이 다음과 같은 가치들을 전해준다고 믿는다.

효율성과 명확성

시스템 시각화를 활용하면 우리의 목적과 목표를 보여줄 수 있으니 다른 사람들을 더 쉽게 끌어들일 수 있다. 시각 도구는 우리의 결정(또는 그것의 부족)을 명확하게 보여준다. 우리는 시각적으로 일할 때 우리의 소통 방식이 유용한지, 올바른 길을 인도하는지, 현실적으로 실행 가능한지를 더 빨리 깨닫게 된다.

강력한 지식 체계

시각 학습장은 집단 학습을 자극하고 지원한다. 맥락에 맞는 시각 언어를 활용해 지식을 시각적으로 구조화함으로써, 우리는 시스템에 대한 이해를 높이고 개인에게 의존하지 않는 강력한 지식 체계를 구축한다. 지식이 지도처럼 시각화되어 조직 속에서 쉽게 공유할 수 있게 된다.

다양성과 포용

언어학적 측면에서 보면 우리는 모국어가 아닌 언어를 쓸 때 더 느려지고, 뉘앙스도 약해지며, 더 머뭇거리게 된다. 시스템 시각화는 말과 글과 그림을 활용하는 3부 구성의 커뮤니케이션으로서 모국어가 아닌 언어 속에서도 소통을 활성화하는 만큼 다양한 언어를 쓰는 모든 조직에 도움이 된다.

참여와 소유권

시스템 시각화는 참여를 증진하고 더욱 투명한 결정과 기대를 만들어낸다. 또한 전반적인 관점을 제공하며 이해를 만들어내고, 이런 요인들이 우리의 업무를 더 의미 있게 만든다.

요약: 시각 협업은 더 나은 결과를 더 빨리 만들어낸다. 그리고 더 즐거운 과정이다.

요약

용도:

- 크고 작은 규모: 소규모로 시작하라. 깨끗한 화이트보드와 좋은 질문, 그리고 그걸 함께 탐구할 동료 한 명만 있으면 충분하다.
- 어떻게 참여를 유도할까: 프로세스 참여자들에게 당신이 시각 업무를 왜 하고 어떻게 할 것인지를 설명하며 공감을 유도하라.
- 계획을 못할 경우: 시각 업무를 즉흥적으로 하려면 연습이 필요하지만, 평소에 시각적으로 더 많은 프로세스를 디자인할수록 예전 기억을 더 구체적으로 떠올리며 새로운 뭔가를 만들어낼 수 있게 된다.

약점:

때로는 그냥 펜을 내려놓는 게 더 나을 때도 있다.

가치:

시각 협업은 다음과 같은 가치를 전한다.

- 효율성과 명확성
- 다양성과 포용
- 강력한 지식 체계
- 참여와 소유권

당신의 다음 그림은 무엇인가요?
그걸 언제 어떻게 사용할 건가요?

부록

본서의 학습장

다음에 하게 될 회의나 프로젝트 또는 프로세스에 이 같은 물리적 환경을 활용해볼 것을 권한다. 이런 도구들을 다운로드해서 프린트해도 되고, 직접 그려도 된다. 이 도구들을 활용하여 이 파노라마식 환경이 당신의 전반적인 내용을 어떻게 향상시키는지를 경험해보라.

QUESTION DESIGN
TEMPLATE DESIGN
PLAYBOOK DESIGN

영감의 원천

아래에 열거하는 인물과 이론과 단체는 이 책의 다양한 부분에 영감을 제공해주었다.

시각화 시각 활성화

선구자인 데이비드 시베트는 우리가 시각 활성화 분야에 처음 뛰어들기 시작했을 때 중요한 토론 상대였다. 우리는 국제 시각 실천가 포럼(International Forum of Visual Practitioners)과 비즈씽크(VizThink), 유비즈(EuViz)의 실천 공동체에서도 영감 어린 동료들을 발견했다.

프로세스 디자인, 프로세스 자문, 활성화

우리의 활성화 접근법은 카오스필롯에 크게 빚지고 있다. 이 학교에서 우리가 프로세스 디자인을 다루는 방식은 특히 디 혹(Dee Hock)과 그의 '카오딕(chaordic)' 이론에서 영감을 받았다.

질문

우리의 질문 관련 작업은 윌리엄 아이잭스, 샘 카너, 와니타 브라운, 데이비드 아이잭스에게서 영감을 받았다. 또한 카르스텐 옴(Carsten Ohm)과의 많은 대화뿐만 아니라 블리스 브라운(Bliss Browne)과의 많은 비공식 마스터 클래스에서도 도움을 받았다. 두 사람은 강력한 질문을 던지는 기술의 전문가들이다.

시스템 이론

우리의 시스템 이론적 바탕은 니클라스 루만의 개념적 얼개에 기초하지만, 루만의 개념에 대한 우리의 이해는 덴마크의 수많은 시스템 이론가들로부터 큰 도움을 받았다. 특히 닐스 아케스트룀 안데르센(Niels Akerstrøm Andersen), 올레 튀센(Ole Thyssen), 옌스 라스무센에게서 영감을 받았으며, 닐스 아케스트룀 안데르센은 6장에 대한 피드백을 주었다. 옌스 라스무센은 이 책 전체에 대한 비평과 조언을 비롯한 길잡이를 제공해주었다.

조직 학습

우리는 조직 학습의 두 선구자인 피터 센게(Peter Senge)와 오토 샤머(Otto Scharmer)에게서 영감을 이끌어냈다. 두 사람은 시스템 사고와 시스템 변화 분야에 개입해왔으며, 각자만의 방식으로 대규모 시스템 내의 학습을 연구해왔다.

인용 출처

인용문, 모델, 도구, 삽화

1장: 아이콘 디자인
44쪽: 데이비드 시베트는 1996년에 우리에게 이 별모양을 소개해줬다. 그 이후로 우리는 이 간단한 방식으로 사람을 그려왔고 다른 사람들에게도 이 방식을 훈련시켜왔다.

2장: 프로세스 디자인
81쪽: 2장에 등장하는 수많은 질문들은 비자(VISA)의 창립자이자 카오딕 조직 이론의 창시자인 디 혹에게서 영감을 받았다.

3장: 질문 디자인
108쪽 (인용문): 아인슈타인이 이 말을 했다고 인용될 때가 많지만, 이에 대한 증거는 없다.
110쪽 (모델): '대화로 가는 길'은 윌리엄 아이젝스의 책 『대화(*Dialogue*)』에서 따왔다. 우리는 이 모델의 시각화 버전을 만들었다.
112쪽 (모델): '의사결정의 다이아몬드'는 샘 카너의 『활성가를 위한 참여적 의사결정 가이드(*The Facilitator's Guide to Participatory Decision-Making*)』에서 따왔다. 우리는 이 모델을 단순화했고, 오로지 질문의 기능과 시간상 배치에만 초점을 맞춘다.
116쪽 (모델): '좋은 질문의 체계'는 에릭 E. 보그트, 와니타 브라운, 데이비드 아이잭스의 논설「강력한 질문의 기술(The Art of Powerful Questions)」에서 영감을 받았다. 그들의 논설은 샐리 앤 로스(Sally Ann Roth)의 작업에 기초한다. 우리는 '질문 구조'를 위한 시각 모델을 만들었고, '더 강력한 질문들(More powerful questions)'과 '덜 강력한 질문들(Less powerful questions)'이라는 표제를 '협의의 질문들(Narrow questions)'과 '광의의 질문들(Broad questions)'로 바꿨다. 우리는 그 삼각형을 뒤집어 꼭짓점이 하단('협의의 질문들')을 향하고 밑변이 윗변('광의의 질문들')이 되도록 삼각형을 뒤집었다. 이러한 모델의 심화 개발은 와니타 브라운의 허락 하에 이뤄졌다.
134쪽 (질문 테스트): 이에 대한 영감은 「강력한 질문의 기술」에서 받았다. 우리는 이 논설의 테스트 질문들을 출발점으로 삼아 우리의 목록을 정리하고 새로운 질문들을 추가했다.

4장: 템플릿 디자인
173쪽 (비즈니스 모델 캔버스): 이브 피뇨르와 알렉산더 오스터발더가 개발했으며, 그들의 책 『비즈니스 모델의 탄생(*Business Model Generation*)』에서 묘사된 바 있다. 여기서는 알렉산더 오스터발더의 허락 하에 단순화된 버전을 사용했다. 우리는 이 사업모델 생성 캔버스에서 또 다른 두 버전이 가능함을 보여준다. 둘 다 우리가 '상상한' 예시들이다.
174쪽 (스워트 분석): 이 모델을 누가 처음 만들었는지에 대해서는 합의된 바가 없다. 다만 많은 이들이 1960년대와 70년대에 스탠포드 연구소에서 일한 앨버트 험프리(Albert Humphrey)가 이 모델을 만들었다고 말한다.
174쪽 (게임플랜): 데이비드 시베트와 그로브 컨설턴트 인터내셔널이 개발했으며, 여기서는 데이비드 시베트의 허락 하에 단순화된 버전으로 사용했다.
175쪽 (공감 지도): 데이브 그레이(Dave Gray)가 개발했으며, 여기서는 데이브 그레이의 허락 하에 단순화된 버전으로 사용했다.
175쪽 (보스턴 매트릭스): 보스턴 컨설팅 그룹의 브루스 헨더슨(Bruce Henderson)이 1970년에 개발했으며, 여기서는 단순화된 버전으로 사용했다.

6장: 시스템 시각화
208쪽: "사회 시스템", "커뮤니케이션", "자기생산"에 대한 설명은 니클라스 루만의 『사회 시스템(*Social Systems*)』(1995)에 기초한다.
214쪽: "관찰"에 대한 설명은 니클라스 루만의 『사회 시스템(*Sociale Systemer*)』(2000)과 닐스 아케스트룀 안데르센의 『담론 분석 전략(Diskursive analysestrategier)』(1999)에 기초한다.
218쪽: 집단 학습에 관한 정의는 카르스텐 옴과 올레 퀴스트-쇠렌센의 논문 『집단 학습(*Group Learning*)』(2000)에 기초한다.
220쪽: '시각 학습장' 개념은 올레 퀴스트-쇠렌센과 웅에 페다고게르(Unge Pædagoger)의 논설 "학습 집단: 이론에서 실천으로(The Learning Group: From Theory to Practice)"(2003)에서 영감을 받았다.

추천도서

프로세스 디자인, 활성화, 시각 활성화

Graphic Facilitation. David Sibbet (2006). Grove. 그래픽 활성화를 다룬 최초의 책.

Visual Teams. David Sibbet (2010). Wiley. 그래픽 활성화의 선구자가 쓴 시각 활성화 시리즈 네 권 중 첫 번째 책.

The Facilitator's Guide to Participatory Decision-Making. Sam Kaner et al. (2007). Jossey-Bass. 공동 의사결정을 향한 대규모 프로세스 활성화 기술 입문서.

Facilitering. Ib Ravn (2011). Hans Reitzels Forlag. 회의나 기타 집회에서의 활성화 활용법.

두뇌, 시각화, 드로잉, 일러스트

Brain Rules. John Medina (2010). Pear Press. 시각이 어떻게 나머지 감각을 압도하는지를 비롯하여 두뇌의 작동 방식에 관한 열두 가지 법칙을 다룬 책.

Visual Language: Global Communication for the 21st Century. Robert Horn (1998). Macro VU Press. 시각 언어가 왜 효과가 있고 어떻게 작동하는지를 보여주는 이 분야의 선구적 작업 중 하나.

UZMO: Thinking With Your Pen. Martin Haussmann (2017). Redline. 다른 무엇보다도 펜과 종이로 생각과 아이디어를 제시하는 법을 묘사한다.

The Sketchnote Handbook. Mike Rohde (2013). Peachpit Press. 시각적으로 메모하는 데 도움을 주는 책.

Back of the Napkin. Dan Roam (2008). Penguin. 간단한 스케치로 문제를 풀고 아이디어를 설득시키는 법을 보여준다.

The Graphic Facilitator's Guide. Brandy Agerbeck (2012). Loosetooth.com Library. 듣기와 생각하기와 그리기를 통해 의미를 만드는 법.

Generative Scribing, Kelvy Bird (2018). Presencing Institute Press. 시각화를 사회적인 예술 형식으로 제시한다.

The Doodle Revolution. Sunni Brown (2014). Portfolio/Penguin. 생각 없는 낙서 같은 것은 없다.

Steal Like an Artist. Austin Kleon (2012). Workman Publishing Company Inc. 당신의 창의성을 해방시키는 법.

질문하기

The Art of Powerful Questions. Eric E. Vogt, Juanita Brown, and David Isaacs (2003). Whole Systems Associates. 무엇이 좋은 질문을 만드는지를 보여주는 논설.

A More Beautiful Question. Warren Berger (2014). Bloomsbury. 질문과 혁신을 연결하는 법.

은유

Metaphors We Live By. Georg Lakoff and Mark Johnson (1980/2003). University of Chicago Press. 은유는 어떻게 우리가 세계 속에서 사유하고 존재하는 방식의 일부가 되는가.

Images of Organization. Gareth Morgan (1997). Sage. 조직 내에서 활용하는 이미지 은유의 강점과 약점을 묘사하는 조직 이론 입문서.

스토리보드

The Art of the Storyboard. John Hart (1999). Focal Press. 스토리보드의 기원과 발전과정, 용도, 구성을 살펴본다.

시각 도구와 발표 기술

Business Model Generation. Alexander Osterwalder and Yves Pigneur (2010). Wiley. 시각 도구가 어떻게 당신의 사업 모델 디자인을 도울 수 있는지를 묘사한다.
Value Proposition Design. Alexander Osterwalder et al. (2014). Wiley. 시각 도구가 당신의 사업에 중요한 제품과 서비스를 개발하는 데 어떻게 도움이 될 수 있는가.
Design a Better Business. Patrick van der Pijl (2016). Wiley. 더 나은 회사를 설계하는 시각 도구와 방법에 관한 책.
Bikablo 2.0 (2012). Bikablo® akademie. 크고 작은 프로세스를 위한 아이콘과 템플릿의 카탈로그.
Game Storming. Dave Gray, Sunni Brown, and James Macanufo (2010). O'Reilly. 가치 있는 창조적 프로세스를 개발하는 연습 과제들.
Slideology. Nancy Duarte (2008). O'Reilly. 좋은 서사와 올바른 시각화 사이의 상호작용과 프레젠테이션에 관한 책.

사회 시스템 이론, 시스템적 사고, 변화 관리

Social Systems. Niklas Luhmann (1995). Stanford University Press. 사회적 접촉의 모든 유형에 대한 분석 방법을 다루는 루만의 주요 저작.
Diskursive analysestrategier. Niels Akerstrøm Andersen (1999). Nyt fra Samfundsvidenskaberne. 의미 형성의 관찰에 관한 이론들.
Iagttagelse og blindhed: Om organisation, fornuft og utopi. Ole Thyssen (2000). Handelshøjskolens Forlag. 우리의 세계 관찰에 관한 책.
Leading from the Emerging Future. Otto Scharmer and Katrin Keufer (2013). Berrett-Koehler. 새로운 지속가능 경제를 만들기 위한 지침서.
The 5th Discipline. Peter Senge (1990/2003). Random House. 학습하는 조직을 만들기 위한 입문서.
Dialogue: The Art of Thinking Together. William Isaacs (1999). Doubleday/Random House. 질문과 듣기에 접근하는 법을 다룬 책.
Open Space Technology. Harrison Owen (2008). Berrett Koehler. 대규모 회의를 하는 한 방법.
Communities of Practice. Etienne Wenger (1998). Cambridge University Press. 사회적 학습 시스템에 관한 책.
Start with Why. Simon Sinek (2009). Portfolio. '왜'가 왜 가장 중요한가.
Change by Design. Tim Brown (2009). 디자인 사고법이 어떻게 조직을 바꾸고 혁신을 불어넣는가.

기타 출판 준비 도서

Enabling Clarity. Transform your work with the power of visual tools. Holger Nils Pohl. 2019년 말 출판 예정. 다양한 유형의 시각 도구를 식별하기 위한 모든 새로운 척도를 비롯해 '이해, 창조, 공유'라는 명확성 체계(Clarity Framework)를 제시한다.
Business Model Shift: 6 New Ways to Add Value for Customers. Patrick van der Pijl. 2020년 봄 출판 예정.

감사의 글

오랜 시간 얘기하며 응원과 함께 올바른 방향으로 부드러운 자극을 준 나탈카와 마스에게 감사를 전한다. 우리의 삶을 풍요롭게 해준 알렉산드라, 헤르만, 루카스, 그리고 루이기여, 고맙다. 늘 모든 것에 참여해준 레나르와 비어기트, 루밀라, 리셀로테, 부에, 안네, 아스비요른, 기테, 울리크도 고맙다.

믿을 수 없을 정도로 많은 모든 크기의 삽화를 그렸고, 늘 예리하고 타당한 자극을 주었으며, 참여 의식을 전파했을 뿐만 아니라, 우리가 눈물 날 정도로 웃게 하는 그림 실력을 갖춘 소피에게 감사를 전한다. 일관된 전문가적 토론을 나눈 토마스도, 원고를 읽고 언어적인 부분을 개선해준 앤-소피도 고맙다. 좋은 파트너십을 나누며 우리에게 좋은 질문을 던져주고 이 책의 디자인을 제공해준 토마스 울릭에게도 감사를 전한다. 브리지타, 이다, 한스 헨리크, 안네, 브리안, 마리우스도 고맙다.

많은 결정적 회의와 대화를 함께 한 블리스 브라운, 로테 다르쇠, 우페 엘베크, 토케 묄레르, 데이비드 시베트, 디 혹, 와니타 브라운, 데이비드 아이잭스, 톰 커밍스, 팀 메리, 타티아나 글래드, 피터 센게, 오토 샤머, 파트릭 반 더르 페일에게도 감사를 전한다.

우리가 만났고, 함께 일했고, 우리가 배웠던 모든 이에게 감사를 전한다. 줄리안 버튼, 라인하르트 쿠첸뮐러, 마리안 스티펠, 유리 엥겔하르트, 레슬리 샐먼-주, 로버트 호른, 낸시 마굴리스, 댄 롬, 톰 우젝, 리 르페버, 팀 호단, 브랜디 아거벡, 데어드레 크롤리, 데이브 그레이, 낸시 두아르테, 수니 브라운, 데니스 루이저, 귀도 노일란트, 마틴 하우스만, 홀거 닐스 폴이 바로 그들이다. 그리고 마이크 로데, 오스틴 클레온, 알렉산더 오스터발더, 이브 피뇨르의 덕분에 더 폭넓은 청중에게 시각적 메시지를 전할 수 있었다.

그동안 우리는 실패의 위험에도 불구하고 새로운 무언가로 담대하게 뛰어드는 창의적이고 지칠 줄 모르는 비전의 소유자들과 함께 폭넓은 범위의 혁신적 조직들을 다뤄왔다. 오웨 뭉크 오웨센(노보 노르디스크), 알렌 벤델부(발레루프 지자체), 헬레나 닐슨(이케아), 리스베트 베슈(노보자임스), 마스 키에르(키에르 그룹), 마리안네 야콥센 베르트(세계야생동물기금), 슈테판 징어(세계야생동물기금), 요한 시스고르(A.P. 몰러-머스크), 수자네 누어(덴마크인권연구소), 이다 율러(겐토프테 지자체), 아넬리제 골드스타인(노보 노르디스크), 라스 프루어고르(노보 노르디스크), 레네 에이낭 플라크(노르웨이 방송협회), 다넬 맥도벨(이케아), 스테판 크뤼센(이케아), 비르지니 에마르(유엔 대학교), 쇠렌 뤼베케르(덴마크 공대), 그리트 보에센(노보 노르디스크), 크리스티네 안토리니(덴마크 교육부), 라스 에웬 라스무센(A.P. 몰러-머스크), 율리야 보이티쿠테(A.P. 몰러-머스크), 크리스티안 라르센(GEA 그룹), 마이켄 뵈넬리케(레고), 존 굿윈(레고), 크리스토프 아이젠하르트(로체), 도나토 카르파렐리(쉰들러)에게 감사를 전한다.

이 책의 사례 연구에 기여한 기관들—A.P. 몰러-머스크(율리야 보이티쿠테와 미카엘리터 크리스티안센), 덴마크 교육부(크리스티네 안토리니), 코펜하겐 도시철도와 그레이터 코펜하겐 경전철(레베카 뉘마르크와 루이세 회스트), 이케아(스테판 크뤼센과 헨리크 엘름)—에도 큰 고마움을 전한다.

프로세스를 진행하는 동안 우리에게 시간을 내어 귀중한 피드백을 해준 모든 분들—엔스 라스무센, 로테 다르쇠, 에아 에스킬센, 엘리사베트 메스테르톤 그라에, 율리야 보이티쿠테, 레네 에이낭 플라크, 오웨 뭉크 오웨센, 라스 콜린드, 크리스테르 리젤리우스, 쇠렌 뤼베케르, 안네 스카레 닐슨, 모니카 니센, 마티 슈트라우브-피셔, 야콥 스토르슈, 카르스텐 옴, 헨리크 샬리스, 루네 보스트룹—에게도 커다란 감사를 전한다.

이 책을 덴마크어에서 영어로 통째로 옮겨준 노르딕 인터내셔널과 이 책을 검토하고 간략하게 정리해준 블리스 브라운, 와일리로 넘기기 전에 최종 편집을 해준 로버트 벨에게 감사를 전한다. 이 책을 와일리에 추천해준 파트릭 반 더르 페일과 이 책을 믿어준 와일리의 리처드 내러모어에게는 이루 말할 수 없이 감사하다! 그리고 와일리의 우리 팀에게 감사를 전한다. 빅토리아 앤로, 비키 아당, 사만다 하틀리, 에이미 핸디는 책의 최종적인 출판을 훌륭하게 마무리해주었다.

그리고 마지막으로, 이 책을 골라주신 친애하는 독자에게 감사를 드린다.

찾아보기

지은이 **올레 퀴스트-쇠렌센**(MA)은 전략 커뮤니케이션과 시각 활성화를 전문으로 하는 컨설팅 업체 비거 픽처의 창립자 겸 파트너다. 로아 보스트루프는 전략 컨설턴트 겸 시각 활성가이자 비거 픽처의 파트너다. 두 사람은 사기업과 공공 및 시민 단체를 포함한 500개 이상의 조직에서 이 책의 방법과 도구를 개발하고, 테스트하고, 적용해왔다.

옮긴이 **조순익**은 연세대학교에서 건축을 전공하고 건축과 디자인 중심의 번역가로 활동해왔다. 여러 건축 관련 매체 및 기획 단행본의 번역과 편집, 서평 기고에 관여했으며, 번역서로는 『정의로운 도시』, 『공유도시』, 『건축가의 집』, 『건축의 욕망』, 『색, 영감을 얻다』, 『디자인의 역사』(공역) 등이 있다.

김민재는 포춘 500대 기업에서 인사기획 담당자로 근무하였으며, 성균관대학교에서 Global MBA를 취득하였다. 현재는 국내 메이저 인사/조직 컨설팅 회사에서 수석 컨설턴트로 재직 중이며, 국내 4대 그룹/ IT 기업 / High Tech 기업 / 바이오 기업 / 제약사 등을 대상으로 HRM, HRD 컨설팅을 해오고 있다.

시각적으로 협업하라(Visual Collaboration)

초판 1쇄 2020년 7월 10일

저자 : 올레 퀴스트-쇠렌센과 로아 보스트루프(Ole Qvist-Sørensen and Loa Baastrup)
그림 : 소피 린 메스테르톤(Sofie Lind Mesterton)
역자 : 조순익 · 김민재

발행인 : 김기현
발행처 : 시공문화사(Spacetime)
출판등록: 1993년 3월 12일
주소: 서울시 서대문구 독립문공원길 13 (03733) 극동프라자 5층
전화: 02) 3147-1212
팩스: 02) 3147-2626

http://www.spacetime.co.kr / mail: spacetime@korea.com
ⓒ2020 시공문화사. 파본은 교환해 드립니다.
ISBN: 978-89-5592-434-3
정가: 20,000원